探究生活經驗

建立敏思行動教育學的人文科學

RESEARCHING LIVED EXPERIENCE

Human Science for an Action
Sensitive Pedagogy

2nd edition

Max van Manen
The University of Alberta
原著

高淑清　總校閱

高淑清/連雅慧/林月琴　譯

濤石文化事業有限公司
WaterStone Publishers

■━━ 目 錄 ━━═══

第一章 人文科學　　　　　　高淑清

第二章 轉向生活經驗的天性　　高淑清

第五章 詮釋現象學的寫作　　連雅慧

第六章 維持一種強大且導向性的關係

林月琴

第七章 考慮部分和整體以平衡研究情境脈絡

林月琴

前　言

　　本書以詮釋現象學取向來介紹並闡述人文科學研究與寫作。受到歐洲運動精神和特定的北美發展精神的影響，本文以日常生活經驗的經驗領域為研究出發點，提供研究的教育學基礎概念。基於詮釋現象學取向的意涵，解釋性的現象學研究和理論化，無法與文本的寫作實務分開。因此，當教育學生活世界的可實行本質所要求的是教育探索這種形式時，並非轉變成無實際行動的哲學化或抽象的理論化的形式，語言學所啟發的層面也成為這種研究取向的一部份。

　　我接觸到人文科學（現象學和詮釋學）是在荷蘭研讀教育學時。主導六十年代期間師資教育的取向，德文叫做*Geisteswissenschaftliche Pädagogik*，荷蘭文則叫做*Fenomenologische Pedagogick*。在德國「人文科學教育學」（Dilthey-Nohl學派）的傳統採用了解釋的或詮釋的方法論，而荷蘭「現象學教育學」（Utrecht學派）運動則較具描述性的或現象學的傾向。然而，歐陸取向的教育學特徵之一是幾乎完全不關心方法的問題，本書則反映了上述兩種傳統的觀點和特色。那些致力於解釋性的教育現象學研究者（例如Langeveld、Beets、Bollnow）對於家長和老師與孩子和學生分享的教育生活世界，通常寫出很有敏銳反思的研究報告。但是研究的方法，或者如何擠進學術界的問題就都沒提到。在六十年代後期，在某種意識形態和社會壓力下，德國的詮釋教育學運動和荷蘭的現象學傳統呈現衰退的現象；一方面是受北美行為主義學派的影響；另一方面則是受德國新興的教育社會批判理論的影響。近來早期的人文科學推動力雖以不一樣的形式再度重現，卻很值得注意。

　　在本出書計畫過程中，我和同事、朋友們（Ton Beekman、Bas Levering、 Antoinette Oberg、Helmut Danner、Robert Burch、

Alan Blum等）之間的討論讓我受益良多，而且特別是受到過去這幾年來一起工作的學生們的激勵，其中有許多人現在已成為我的好友和同事。在此我要特別感謝David G. Smith、Vangie Bergum、Carol Olson、Rod Evans、Stefan Baldursson、Kim Krawchenko Chizuko Maeda、Mikio Fujita、Stephen Smith，他們以特有的方式盡力幫忙促成這個人文科學教育學的計畫，並使它成為令人激賞的努力成果，也要謝謝Geoff Milburn對出版本書的信心和鼓舞。

最後，筆者和出版商共同感謝Phyllis Chesler博士，他允許我們在本書72-73頁中節錄引用他在1979年發行的著作With Child: A Diary of Motherhood（New York：Crowell出版）。

1997年版前言

在專業領域像教育、護理、醫學、法律、精神病學、諮商、心理學的研究者逐漸覺察到解釋模式的重要性，因為將人類放置在情境的中心，而且基於相信我們可以從人們的生活世界經驗到的實體來更加了解他們。我們如何經驗生活世界呢？一方面它是已經在那裡了，另一方面，我們參與形塑及創造它。換句話說，世界是被給予我們的，也主動地被我們建構：現象學式地來反思它，我們可能藉個體與整體的自我了解與深思熟慮的論辯式實踐來表現其可能性。

雖然1997年版仍保留未改變，這新的前言讓我對於讀者就文本所提出的問題可以有一些新的評論。一些產生困難的問題是跟詮釋現象學的方法沒有提供一套系統的程序有關，而且，其方法需要能力去做反思、有洞見、對語言敏感，並得經常要開放到經驗中。另外的問題是由不同的研究觀點旨趣所提出的。

這個領域的研究在循環上是感受性相當強的。當在寫這本書時，俗民誌、傳記、內容分析、女性史、性別研究、行動研究、結構論與批判理論控制質性研究領域，而後結構論、心理分析閱讀當代的文化、媒體研究、文化研究、解構論與敘述將要變成de rigueur，而在質性研究者中有更大的不確定性。在我們進入這個千禧年，某些這種取向現在已經褪色了，而其它的也已經與存在的方法論結合在一起了。

這些發展的許多持續貢獻在傳統人文科學有其根基，而且證明反思性的解釋、敏感的經驗理解、文本的意義、與人本主義的推動都是具有生命力的考量。舉例來說，解構主義已經證明意義與文本之間曲折關係的複雜，傳記（自傳）帶給家庭個人經驗獨特性與自我優先性的價值，敘述的探究也顯示出故事塑造個人的與集體歷史

的力量，女性主義與文化研究證明根據上下文解釋的意義之重要性，而且後結構主義讓我們更能覺察到主觀的與互為主體性的意義根源。因此，似乎擴散式的探究模式有助於我們了解持續長久的與分享的人文科學所顧慮的。

　　受後結構主義、性別研究等影響所提出的問題蠻多的，有一些顯出我們需要將更多深奧的主題予以激進化，如：理解的主體性、生活世界的複雜性、其他事物的重要性、承諾要真正聽到易受傷害的聲音，與我們需要捍衛與爭論性的道德的自我公正相反者。經常產生的主題必須與經驗的獨特性、重要性假設、與文化和性別研究同量或不同量、與語言與經驗二者之間的關係有關。我會簡短地觸發上述每類議題。

獨特性的主題

　　文本提供的方法是開始轉向生活世界，而且需要我們以儘可能沒有偏見的態度傾向經驗：我們必須驅逐與面對我們未經檢驗的假設。但是什麼才是我們要轉向的經驗？我如何知道我所經驗到的事物是與別人同樣呢？我們的每一個經驗都不是獨特的，而我們甚至於可能用同樣的字來描述那些經驗？確定地說，不保證我們對其他人的主觀感覺經驗是同質的。例如：如果我經驗到痛苦或焦慮，那麼那似乎像是內在的經驗是如此的特殊，如此地不容懷疑自己，而沒有其他人可能正確地了解與描述我已經進行的東西。形容詞無法抓住我經驗到的這種焦慮的方式，甚至於對我自己而言，我也完全不能給出我在特定時刻或地點所經驗的一個理由。屬於我內在的生活似乎超乎字句所能表達的，人最精心刻劃的詩太短，無論他／她可能如何辛苦地嘗試，沒有人能相當了解我所感覺的，也沒有人能看到我如何看，或所看到的是什麼。這是說在任何特殊的情形下，我們不能了解周遭的人在做什麼。而且，在某些文化的限制與背景

下，我們用相同的字、相同的語言來描述我們的經驗。那語言描述什麼呢？

答案之一是語言只是不適當地描述經驗，最終的字失去我們個別字句的完整性與獨特性。字少是因為語言是重要地社交性，只有經由語言的彙集，我們才可以進入他人與我們自己的經驗。而如此重要的內在經驗的獨特性與私人特質，最終是超過語言所能表達的。但是當我們說寫文字時，可能從沒與我們生活經驗的真實敏感性相協調，它可能仍然是可能的，而且值得試著用生活世界的敏感文本去與我們之前的反思性的生活競爭。在這種感受上，科學可以練習將獨特予以理論化的反論。

另外一個答案是語言創造與描述一個主觀的世界。藉由學習一種語言，我們學到在意義的集體領域中生活。這意謂語言對於我們經驗的可能性具暗示性。一個人在家使用數種語言，會知道一個人可以用一種語言說一些事情，但是卻相當不能用別種語言去說。因此，我們公認區分意義的可能性是依附在社會文化背景裡頭的，而那個背景就是那種語言所歸屬的。甚至於，我們的生活世界是由不同的經驗領域所組成的，一個挨一個，部分是重疊的，而且是彼此互存在對方之中。維根斯坦(Wittgenstein, L.)試著要顯出這些生活的不同型式有它們自己環繞的意義範圍，經過現象學的語言，我們探索這些經驗的可能性，而且我們引導生活世界與他們的詮釋經驗。

第三個答案是語言讓我們知道什麼是可經驗的。經由語言我們發現我們內在的經驗，就像我們說，經由經驗，我們發現字所應該歸屬的。同樣地，對個人來說，某些字或表達可以抓住某個私人的意義也同樣是真的，而沒有任何他人可以完全地抓住。在這種感受下，詮釋現象學運用啟發式發現法：我們發現存有與轉變的可能性。

第四個答案是詮釋現象學使用談話的模式試著要合併認知與非認知，知識的(gnostic)與病態的(pathic)知道方式。藉由這些名詞，我們的意思是，不只聰明地或概念性地做我們了解的事，我們

也得經驗肉體的、理性的、主動性的、與情境中的形式。因此，詮釋現象學的方法試著要解釋說明在我們行動中某些暗示性感受的意義。我們知道事情經由我們的身體，經由與他人的關係，經由與我們這個世界的事情互動的關係而來。

當我們能使這些意義成為可以再次被認知，那麼現象學研究／寫作就是成功的。

本質的主題

事物有本質嗎？我們可以提及某件事有特殊的什麼嗎？舉例來說，說人的本質、語言的本質、思考的本質、音樂的本質、花的本質、詩的本質是正確的嗎？去思考事物有本質不會太簡單嗎？這是一個很重要的問題，因為「本質」（essence）與「本質主義」（essentialism）已經成為質性研究的醜陋字眼，尤其是在後結構主義者之間。但是，為什麼？本質的觀念哪裡錯了？似乎這個本質觀念的危險主要在於依附在它之上的道德顯著性。

當我們說有關詩的本質，例如：所有我們意謂的是，在某些方面，詩已經有某些品質或特色使它與其它文學形式，如：小說、戲劇或小品文相較起來是顯著的。換句話說，沒有這些品質或特色，詩就不再被經驗是詩。而幾乎對任何事物而言，這是真的。因此我們可能會問，什麼特色屬於花，如此假如我們把一朵花的特色拿走，一朵花就不再是一朵花。

從某方面來說，有人爭論說，似乎沒有本質能被帶到絕對的位置。詩與短的故事是不同的，花與樹不同，痛苦與舒服不同，信任與不信任也是不同的。關於這種提到本質的方式幾乎沒有爭論，這不是否定詩與散文之間的界線有時候很難畫，或者，一段詩的文本有時也難跟散文的文本加以區分。事物的本質準確地在同異之間依賴戲劇，而維根斯坦（Wittgenstein, L.）已經顯示出這些意義的轉

移是我們生活與家庭類似意義形式的反射。尹高頓(Eagleton)指出，「對某些事物要展現某些重要的特色來說，是不必然意謂我們總是必定知道它的終結與其它開始的客體。一個具有不確定界限的領域仍然可以是一個領域。」

　　從另一個方面來說，現象學者知道本質的觀念是極為複雜的，而且早期胡塞爾派(Husserlian)的觀點傾向對其追隨者簡化本質的搜尋。本質不是我們去知道某件事的單獨、固定的特色，而是，它意謂特色與品質是由一系列複雜的觀點所組成，其中一些是偶發的，一些對事物的存有是較有批判性的。本質這一名詞源自動詞「成為」(to be)，以深奧地存在的概念來定義。它會問對某個問這個問題的人來說，某事物「是」(is)什麼。本質會問某件事是什麼，沒有那些，它就不再是它自己了。當警覺到背景脈絡、(互為)主體性、語言等等時，它也會問這個問題。基於這個理由，人文科學是一個很棒的計畫：每一個解釋可以帶入問題，每一個探索可以開始更新，每一個詮釋現象學的會話都是無止境的。

　　反本質主義者已經提供一個重要的服務，就是藉著爭論本質是虛幻的，他們注意到困擾文化與自然的危險，人文與社會與人文科學間的實質化(reification)。反本質主義者也批判哲學與文化看到像是定義女性、孩童或種族的本性，而結果總會從這些定義當中落到道德的結論。舉例來說，觀念上婦女遺傳上是柔弱的、情緒化的，因此不適合領導；或者，孩童天生是有罪的，因此必須袪除他們傾向邪惡的天性；或某些種族團體擁有內在的特質，是文化或國家必須清除的。反本質主義者也顯示出本質主義者的觀點，就是減少社會現象不能改變的類別與社會團體到特定的類別中。本質主義論的這個類別的多樣性是與實證主義經驗的現象具體化到分享外在目標的。類別的本質主義是危險的，因為它傾向用絕對的語詞來看事物，而且從這些固定的特質中引發道德的信服。

同量（不同量）的主題

　　最常被提到的議題是關於同量（不同量）必須與文化研究及現象學之間有關係。當然，不用說，經驗是個別的，而且被某些因素影響，像是性別、文化等等。例如：現象學的態度與女性主義的相容嗎？最好的答案可能是「是」與「不是」兩者，既然沒有一種女性主義的方法，也沒有單獨的現象學的方法。一些女性主義者指出某些主題，像哲學裡本質的概念、早期胡塞爾的懸置(epoché)觀點、沙特的客觀化看法、或者是梅洛－龐蒂(Merleau-Ponty, M.)的具體表現，都對文化、性別與語言在構成意義上的背景因素相當不敏感。

　　但是，平衡起見，現象學與性別研究可能有許多重要的知識論與本體論課題的共同之處：(1)胡塞爾對自然主義在實證科學的批評，意味著對自然科學事實、客觀與中立的霸權批判；(2)現象學研究宣稱生活經驗對女性是重要的，因為女人或年輕女孩想知道她們的經驗與男人或男孩有何不同；(3)現象學方法與反思式闡釋一樣，對假設進行激烈地詰問，認為其在語言、機構及日常生活實踐中有偏見；(4)現象學強調懸置理論偏見也可能使我們警覺到許多理論性的觀念、語言與醫學、心理分析與教育等的科學結構方法是基於父權的；(5)現象學與性別研究轉變成像我們活在其中的經驗，而非用抽象的理論與對立的範疇如：思考與感覺、認知與情緒、行動與反省去描述經驗；(6)嘗試要發現對話、聲音二者的模式，與表達可以顯露感受到的意義是超越邏輯、認知、預測與控制的典範。在這個感受上，詮釋現象學似乎成為對知道、探求與寫作女性的形式有其改變的空間。

語言的主題

　　開始詮釋現象學研究的人很快就會發現，這一種探求的形式並

不是一個封閉的系統，有許多似是而非的說法標示出一趟人文科學之旅的路逕，當一個人發展出聚焦在生活經驗的現象時，它很快就顯得這些現象是相當排他性而且有問題。如果我聚焦在一個讓我特別有興趣的經驗來觸動我，但卻不易用語言抓住，那麼我可能會疑惑：什麼字我可以來用來抓住這個經驗？有時候可以一則故事來協助：「有什麼發生在你身上的事類似這個？」，有時從電影的一個場景或從一首詩的幾行字可以幫忙溝通我們要探求的主題。而且，經驗總是比任何一個描述可以更立即、更神秘、更複雜、更模糊來公正從事。人文科學研究者是一個學者，也是一個作者，他必須能夠以語言的力量來維持一個幾乎不理性的誠信，使那些總是似乎超過語言的東西可以被了解。

我因被音樂片段喚起而感動；我因肩上的一隻鼓勵的手而感覺到充滿力量；我回憶一段可怕的童年經驗；我也被所遇到的某一個人的愛意打動；我充滿歸屬感地回憶一段假日的冒險；我與某人交換有意義的一瞥，我們如何抓住而且解釋這些經驗的可能意義？我們試著要描述或解釋的不完全真的是一回事，我們真實的經驗在語意上是「沒什麼」（nothing）。而且，當我們在人文科學探索時使用語言時，我們似乎是在創造某一件事。

之後語言與經驗的關係是什麼？似乎是藉由文字，我們創造出來沒有什麼（生活經驗）的某件事（概念、識見、感覺），然而這些字將永遠縮短我們的目標。或許這是因為語言的傾向使我們的警覺變得聰明起來，語言是一種認知的設備，我們試著在現象學研究要做的是，經由語言來引發理解，而似乎是非認知的一種好奇方式。這件事是重要的，因為許多專業（像是教育學、護理、治療、諮商）似乎不只需要訓練有素的技巧與專業的知識體，也需要與有決斷力、直覺、消極的與機智有關的能力。似乎在這些方向中，存在著相關而持續貢獻詮釋現象學的本體論專業實踐。

附註：

1. 看Patricia De Martelaere的「(Een verlangen naar ontroostbaarheid)」. Armsterdam: Meulenhoff, 1966.
2. 看依高頓(Terry Eagleton)的「後現代主義的(The illusions of postmodernism)」, Oxford: Blackwell, 1996, p. 98.
3. 看馬克斯.范梅南(Max van Manen)的「意義與方法(Meaning and Method)」。

作 者 簡 介

　　馬克斯・范梅南(Max Van Manen)是加拿大阿爾伯塔大學(The University of Alberta)中等教育系(Department of Secondary Education)教授、課程與教學研究院主任及國際質性方法論研究院研究員。范梅南教授的教育學論著與論文很多,其中《探究生活經驗》(Researching Lived Experience)一書闡述了教育學與詮釋現象學的關係,且被翻譯成多國語言,影響非常深遠。他是世界聞名的教育學專家,並擔任《現象學教育學》期刊(phenomenology+ pedagogy)的編輯,對於教育與人文科學研究貢獻卓著。

　　馬克斯・范梅南教授認為教育學是教學的條件。教育學意指教育給予每個具獨一無二特性的個體充滿關注。此外,教育學涉及理論與實務,重視如何舉止適當地對待孩子。他在《教學的機智》(The Tact of Teaching)和《教學的語調》(The Tone of Teaching)這兩本書中探究這些觀點。

　　馬克斯・范梅南教授並曾獲得許多項國際性榮譽,包括美國教育研究學會(AERA)課程與教學終身成就獎、美國人文理解國際學院的人文理解傑出貢獻獎、加拿大教育學研究傑出國際成就獎等,並在2002年3月間獲得J. Gordin Kaplan研究傑出獎。

譯 者 簡 介

高淑清

　　1999年取得美國明尼蘇達大學「工作社區與家庭教育學系」(Department of Work, Community and Family Education)博士學位，主修「家庭教育」。曾任教於台北縣立明德國中，現任國立嘉義大學家庭教育研究所助理教授。學術專長爲質性研究方法、婚姻與家庭教育、人類發展與親職輔導、家庭壓力與危機處理、家庭心理學等領域。

連雅慧

　　1999年取得美國明尼蘇達大學「工作社區與家庭教育學系」(Department of Work, Community and Family Education)博士學位，主修「人力資源發展」。曾任國立中央大學助理教授，現任國立中正大學企業管理系助理教授。學術專長爲質性研究方法、人力資源發展、組織發展、生涯發展、訓練與發展等領域。

林月琴

　　1998年取得美國明尼蘇達大學「工作社區與家庭教育學系」(Department of Work, Community and Family Education)博士學位，主修「成人教育」。曾任國立空中大學附設空專校務主任、國立空中大學社會科學系主任、研究處處長等。現任國立空中大學社會科學系副教授，學術專長爲成人教育、職場學習、教育心理學、發展心理學、成人問題與諮商等領域。

譯 者 序

　　人文科學不同於自然科學，在研究的過程講求呈現真實的聲
音，還原事實的真相。為使研究的結果更能浮現具體的人類生活世
界，與人們的實際生活經驗結合，使得研究結果更具有說服力，因
此不用量化派典所慣用的實驗法、問卷調查法、或非參與觀察法等
研究設計來架構研究過程以獲得研究結果，相反地，著重現象本身
的深度探索與解釋。因此質性研究的方法如：以現象學、詮釋學、
符號互動論、批判理論或俗民誌，來揭開人們對於自身經驗的感覺
與理解，藉以探究現象的本質，解析人們對各種親身經歷事件現象
的感受，讓現象從深度對談中重現，而以主體性的理解來發現現象
的意涵，從而藉詮釋來確定、加深當事者對其所遭遇經驗的切身感
受以及物象潛藏的真義，通常此類研究注注能使後來的閱讀者產生
宛若身歷其境的體會。

　　在加拿大阿爾伯塔大學(The University of Alberta)任教的
馬克斯‧范梅南(Max van Manen)教授於1990年所著的《探究生活
經驗：建立敏思行動教育學的人文科學》(Researching Lived
Experience—Human Science for An Action Sensitive Pedagogy)
一書，挑出了研究人文科學的核心價值，尤其是有關於詮釋現象學
對人文科學的實用性。倡言澈底將人類每天的生活經驗以細膩的描
述，不厭其煩地勾勒出事情發生的過程，並且就現象本身加以旁敲
側擊地解釋，以求從深入的詮釋中尋得事實的情境脈絡，而彙集出
人類對各種現象的共通感覺與看法。因此雖然不一定符合自然科學
所認定的研究「科學化」，卻能藉此理出人類對於日常周遭事物的
所感所想。甚至於發現：一定的規則，當有的步驟，藉此種質性研
究的過程，卻可獲得相當寶貴的人類經驗，縱使難以藉此而廣泛推
論，但小眾的聲音與感受，反而能敏感而精確地反應出相當可信的

人類日常生活經驗。因而把握此種研究的原則與方向，則是質性研究「科學化」的另一種表徵。

　　這本書所探討的詮釋現象學成為質性研究者必須參考的明確指針，值得好好加以研讀。透過出版社的聯繫，取得版權，譯者並在范梅南教授的質性研究研討會上當面取得范梅南教授的翻譯許可，於2001年暑假由任教於中正大學企管系的連雅慧助理教授，空中大學社會科學系的林月琴副教授，會同嘉義大學家庭教育研究所的高淑清助理教授一起聯手翻譯。因為吾等當年同在美國明尼蘇達大學的「工作、社區、家庭教育系」攻讀博士學位，都曾在明大普立霍教授(Dr. Jane Plihal)的指導下修習鑽研詮釋現象學，當時即以范梅南教授1990年的第一版著作為主要研討藍本。我們從中獲得難以言喻的踏實感，也悟知的確有可與自然科學研究相抗衡的人文科學研究方法，而其質性研究過程亦相當「科學化」，甚至需要研究者更細膩的敏感性，以抽絲剝繭地還原個體感受的真實面相。翻譯期間，透過范梅南教授網際網路的討論區及電子郵件，范梅南教授對吾等直接或間接的關心，更令吾等深刻領會身為敏思教育學學者所呈現於我們日常生活中對人、事、物所顯現的敏感與溫暖。當然，更增加我們翻譯過程的領略與充實感。

　　本譯書是以范梅南教授1997年的再版書為依據。經過比對，一、二版並無差別，僅於二版增列「1997年版前言」。由於三人各有教學及研究的繁忙工作，從2001商定先分別負責翻譯章節後，再於台北定期集會研商。其間為求相關名詞譯名之統一，參考哲學有關譯著成書及國內已出現之既譯用法，斟酌選定妥善之譯名，並先將「索引」部分定稿，以作為各自翻譯之準據。另採三人迴轉互審、同儕檢核之方式，就個人所譯部分加以提供修正意見數回，凡此歷經一年餘，幾近完成譯著。唯其間吾等或因公務繁忙、罹病休養，或因結婚生子而擱置前所譯妥章節，亦中斷例行之會商研討竟幾達一年！之後由於高淑清教授之居中聯繫、催生及擔任起總校閱之重任，致有此譯著之完稿。其中感謝高淑清教授家教所的研究生

陳景莉、林斐霜、蔡秋雄、鄭淑芬、吳靜宜、劉佩榕、蘇佳玲以及黃美惠在譯稿修定與校稿上的協助！更感謝嘉義濤石文化出版公司負責人陳重光先生及責任編輯郭玉滿小姐的耐心與協助，促成本譯著之順利出版，不勝感激！

　　鑑於吾等不揣寡陋，雖捫心自問，吾等已盡力盡心，然自思初次定稿仍有頗多不盡妥善之處，希冀各方賢達能不吝賜教，惠予指正，則當感激莫名，作為修正之參考，期望能於再版時更臻完善。

　　　　　　　　　　　林月琴、連雅慧、高淑清
　　　　　　　　　　　　詮釋現象學的研究團隊
　　　　　　　　　　　　　　　2003.12.10

人文科學

高淑清 譯

第一節　緒論

　　在此先說明本書的意圖以及讀者可能從中產生的興趣。一方面，本書會介紹一種人文科學研究取向，展現出現象學和詮釋學方法上的語意學的運用。另一方面，本書會讓身為家長、教師和教育者的讀者們，對於自己該如何與孩子一起生活進行教育學方面的反思。

　　所以，本書主要可以當成一本方法論作品來讀；對於想從事人文科學研究和寫作的讀者，當成是方法論方面的一套建議來讀。但是本書中也提到，在人文科學的領域中，我們不會只為了研究而去作研究。我們已假定人本著先前的興趣進入人文科學的領域，比如老師、護士、心理學者等人，因此，本書試圖與護理、心理學和其他相關的專業領域的研究者保持密切關係。但是，此書最根本的取向是教育學方面的。

　　本書所提供的各種例子將牽涉到教學、親職、及其他與教學職業相關的意義之研究。當然，它並不假定教學和親職是完全相同的現象。也因此當我們提出問題、收集資料、描述一個現象、和建構文本詮釋時，我們是以教育學的方式立身於此世界的研究者自居。

　　個人要能分辨人文科學領域中各種不同的取向，研究方法只是研究某些特定問題的方式而已，問題本身與研究者對問題的瞭解才是重要的出發點，而非先去考量方法。但是當然囉，一個研究者能夠清楚表達其研究問題，也和他想要使用的研究方法有關，所以，問題和方法之間總存在著某種可討論的辯證。那為什麼個人會採取這種研究取向而非另一種呢？這種決定反應出的應該不只是一時興起的念頭、個人偏好、品味、風潮而已；所選定的方法應該要和一個人之所以選擇成為教育者（父母或老師）最初所抱持的那種深厚興趣，維持一種特定的和諧。

　　本書的人文科學取向事實上是傾向於現象學、詮釋學、語意學或語言學的，並非只因為作者特有的興趣或偏見，而是因為教育學本身需要一種對生活經驗（孩子的實體與生活世界）的現象學敏思。為了要看到與孩子為伍的情境和關係中教學關係的重要，教育學也需要一種能對生活世界的現象作出合理解釋的詮釋學的能力；再者，為了要讓研究過程中所進行的文本反思能有助於個人教學關係上的深思熟慮與機智，教育學也需要以語言作為一種工具。

　　教育學是包含了教學、親職、教育的活動；或者籠統的說，就是與孩子在一起的活動。這種活動需要在具體情境和關係中持續不斷的付出實際行動。由本書之前所提到的人文科學方法論所產生的知識型式，就是要為教育學的實質目標效勞。「人文科學」（human science）一詞在本書中的用法可能較其他書籍所指的狹隘些，這裡所指的「人文科學」(human science)常與「現象學」(phenome-nology)或「詮釋學」(hermeneutics)互換，這種用法與德國（約從1900到1965年）和荷蘭（約從1945到1970年）的詮釋現象學傳統一致，本書企圖從「人文科學教育學」(Human Science Pedagogy)傳統的某些特定層面，作現代化的擴充。

　　本書為了呼應源自歐洲傳統的程度，已試著閱讀德國和荷蘭作者在方法論方面的作品，德國的Geisteswissenschaftliche Pädagogik與荷蘭的Fenomenologische Pedagogiek很明顯的特色是向來都相當不關心方法和認識論。傑出學者如諾爾（Nohl）、李特（Litt）、弗列特納（Flitner）、包諾（Bollnow）、蘭奇弗列德（Langeveld）、梵登柏格（van den Berg）和包田迪克（Buytendijk）等人，他們的學生都是透過漸層透析（osmosis）和見習（apprenticeship）的歷程來學習，在德國有時稱為Bildung。只有最具才華的學生才會成功，就像一位荷蘭現象學傳統的學者說在他們的研究中並沒有平庸這回事，作品要不是非常好就是非常差，而且，當然只有好的才會存留下來，這也成就了作品品質的一個標準。

　　哲學家嘉達美(Gadamer)在他的《真理與方法》(True and Method

）(1975)一書中，他認為研究者事先被（客觀的）方法或技術所佔據有違人文科學流派的精神。他提出狄爾泰(Dilthey)或是後來的胡塞爾(Husserl)都以事先的建構發展他們的客觀人文科學，而導致一些異於實際的生活概念內涵之學說。這個論述中諷刺的是《真理與方法》標題中的「方法」(method)兩字大大提升了其在北美學者間受歡迎的程度。無論如何，在本書中，我希望展現一種處理方法論議題的方式，該方式若純粹以規範或技術著眼，無疑地是不合乎方法論的。此方法(approach)的基本命題是幾乎任何一個對人文科學研究有強烈興趣的人，都能從檢視它的方法論面向中獲得助益。然而，並不保證所有學習人文科學的學生都能夠寫出「非常好」(very good)的作品，個人必須不斷地提高警覺以免陷入技術的誘惑幻象(Barrett, 1978)。

　　北美的人文科學領域（包括符號互動論、現象社會學、俗民誌、俗民方法論、批判理論、性別研究、語意學等）涵括了研究的幾種取向並具有歐陸根源的理論，而有別於當時北美其他的本土化發展。區分「人文」(Human)科學和「自然」(Natural)科學，通常會提到狄爾泰（Wilhelm Dilthey）。他提出Naturwissenschaften（自然或物理科學）和Geisteswissenschaften之間的對照，並為後者發展出方法論的課程。對於狄爾泰而言，Geisteswissenschaften特有的內容就是具有Geist—指心智、思維、意識、價值、感覺、情緒、行動和目的—其客觀性外顯於語言、信念、藝術和制度特徵的人類世界。若冒著過度簡化的風險，個人或許會說自然科學和人文科學的差別在於研究的對象：自然科學研究的是「自然的客體」(objects of nature)、「事物」(things)、「自然事件」(natural events)以及「客體行為的方式」(the way that objects behave)；相對地，人文科學研究的是「人」(persons)、或者說是具有「意識」(consciousness)的存有以及在世界上表現出「有目的的行動」(act purposefully)的生命體（有目的的行動指的就是藉由創造具有「意義」(meaning)的客體以「呈現」(expressions)人類如何存在於世）。

　　自伽利略（Galileo）以來，自然科學較偏好的方法是超然的觀察、控制的實驗、以及數學或量化的測量。當自然科學方法應用於行為社會科學時，維持了實驗法和量化分析的程序。相對地，人文科學偏愛的方法牽涉到描述、解釋、自我反思、或批判分析。正如狄爾泰（Dilthey, 1976)所說：我們雖然在解釋自然，但是我們必須瞭解人類生活。自然科學傾向將自然現象進行分類（如生物學）、解釋事物的行為的因果與或然率（如物理學），然而人文科學卻旨在闡述人類現象的意義（例如文學或文本的歷史研究），以及瞭解意義的生活結構（例如生活世界的現象學研究）。

　　本書最初的信念是相信由教育者所進行的教育人文科學研究，應以教育學的標準作為指引。此取向的基本模式是對生活經驗進行文本的反思並於日常生活中實際行動，以增進個人深思熟慮的能力和左右逢源的機智。現象學描述個人對生活經驗的態度；詮釋學描述個人如何解釋生活的「文本」(texts)，而此處語意學則用以發展成現象學和詮釋學方法上實際的寫作或語言取向。本書新奇的地方在於看見研究和寫作之間息息相關，更是教學活動中實際上密不可分的兩部分。以詮釋現象學為寫作方法、以日常生活現象的意義和重要性為主題的這類反思，是教育學方面研究的基礎。故，本書在教育學的理想有兩個層次：一則提供對教育學歷程極重要的研究取向；一則在討論方法的過程中，將重點導向教育學的問題，藉以應用本書所鼓吹的主張。

第二節　爲什麼要做人文科學研究

尼采（Neitzsche）（引自Buytendijk, 1947,頁22）曾說過「凡

是想要尋找人類的人，要先找到明燈」，這句格言的文獻可追溯至哲學家狄爾吉尼斯(Diogenes)。尼采當時提出兩個問題：從人（他/她）的人性去研究人類意謂著什麼？還有，這種研究需要什麼樣的方法論？狄爾吉尼斯(Diogenes)是西元前四世紀的希臘哲學家，他以鋒利機智的才能與不墨守傳統的思想聞名，他大多運用戲劇表演式手勢和例子來教導人民。據說有一天狄爾吉尼斯在大白天帶著一盞燈逛完整座城市，就好像正在找弄丟了的東西一樣。有人就跑來問他在找什麼？他回答：「就算在大白天帶著一盞明燈，我還是找不到一個真正的人」！當人們指著他們自己是人時，狄爾吉尼斯拿著棍子緊迫他們，並喊著：「我要找的是『真』人」。當然，大多數的人們嘲笑這個演出，但是這個軼事卻流傳下來了，因為狄爾吉尼斯的這個戲劇表演的確引出一些最原始的問題可供反思：人類的天性是什麼？還有，問這個問題的意義是什麼？狄爾吉尼斯的示範也同樣刺激了那些總是尋找簡單答案者的道德意識，也就是說，人並非自然天成的，你必須試著去實踐才能成為人。而且，顯然狄爾吉尼斯暗示著他很難找到一些好例子。在大白天裡提燈的怪異作為，說明了他無法「看」(see)到任何一個人類，他覺得有必要對這個議題拋磚以引玉。或許更恰當地說，狄爾吉尼斯(Diogenes)用他的燈做了一個具體的實踐，不是夢幻的抽象哲學論述，而是生命的具體與完整所體會到的實際見解。

　　以現象學的觀點來看待做研究，就是質疑我們所體驗世界的方式，想要知道身為人類的我們所生活的世界。而且既然「知道」(know)世界就是以某種特定的方式深刻地「存在」(be)於世上，所以探索－質問－理論化的行動乃是人們自己與世依附的意向性行動，讓自己更完全地變成世界的一部分，更甚者，讓自己轉化成為世界。現象學把這個與世界不可分離的連結稱為「意向性」(intentionality)原則。做研究時，我們質問構成世界所特有的秘密和親密，也使世界為我們而存在並存在於我們當中。那麼，研究可說是一種關懷的舉動：我們想要知道存在最基本的特質是什麼？關懷就

是去服務我們所愛的人，並且與我們所愛之人分享我們的存有。我們渴望真正認識我們所愛的人的真正本質，而且我們的愛如果夠強烈，我們學到的就不只是關於生命本身，也會看到它的神秘就近在身邊。

　　奧地利的心理學家賓茲維格（Ludwig Binswanger, 1963，頁173）曾提出：反面也同樣真。通常我們只會去瞭解我們所喜歡的人和事。由此來看我們如何去認識一個人，郭史（Goethe）的話就特別令人信服：「一個人對於他所愛的才會想要去學，而且所得的知識若是越深、越完整，愛就必定越強大而鮮明，更真切地說這愛就是熱情」（1963，頁83）。我並不認為愛或關懷本身是一種知的方式或方法，但如同包田迪克（Frederik Buytendijk）在他1947年的就職演說提到，愛是欲知曉人類存在所有的根本。在教育研究中我們偶而會同意的原則是，認識本身並不純然是一種認知的行動。當代的現象學者像雷明納斯（Frenchman Emmanuel Levinas, 1981）就曾企圖展現上述所洞察的深層哲學真理。特別是當我接觸到別人正陷入軟弱、弱點、或無辜時，我感受到自己存有不可抗拒的愛的責任：例如一個引起我注意的小孩，可能以我毫無選擇的方式對我有所訴求。大多數的父母都曾經歷這種道德上的訴求，很多以忘我的方式投入教學關係的老師和教育者們，也已經歷到孩子們在他們生命中的影響。當我愛上一個人（小孩或成人）我想要知道怎樣才能讓這個人幸福，所以引導我的行動原則是教學關係上的善（Van Manen，1982b），同時在這特殊的情境下，對這個人獨特性，我仍然保持敏感。

　　詮釋現象學是一種研究人的人文科學。以研究的術語來說，一個人通常使用「主體」（subjects）或「個體」（individuals）來指稱研究中所涉及的人。但是，就如同奧登（W. H. Auden）曾說的：「個體」（individual）最初是生物學上的一個詞，用來表示與樹木、房子、男人、女人不同的類別；而「個人」（person）一詞指的是每一個人類的獨特性。「身為人是不可比較、不可分類、不可數、以

及不可取代的」(1967)。個人可以對詮釋現象學所進行（或應該進行）研究的領空提出派別（partisan）的宣稱。感覺上，那些傳統的、假設性的、或實驗性的研究大多對於可類推的知識或世間唯一的真理感興趣，若說這是研究氣氛中某種根深蒂固的精神也不為過。傳統研究把行動和介入視為運動一樣，是可重複的；如同受試者與樣本，像軍人一樣，是可取代的。相反地，以廣義來看，現象學是一種哲學或「獨特的理論」(theory of the unique)，感興趣的是本質上不可取代的事物。我們要謹記：心中老是渴望要去發現什麼是有效的系統性介入（從實驗研究的觀點來說）時，我們往往會忘記了所致力的改變可能對不同的人有不同的重要性。

　　現象學研究的首要特色是它總是從生活世界開始。這個生活世界包含著日常生活的自然態度，也就是胡塞爾（Husser1）所描述的最原始、前反思與先前於理論的態度。將該態度所體驗到的事件本質帶入反思式覺察的過程中，我們才能夠真正的以教化（Bildung，即教育）來轉化或重建自己。詮釋現象學研究能培養個人的洞察力（Rorty, 1979），有助於個人的深思熟慮，以及對待他人（小孩或成人）時表現出機智或圓融的能力。如此看來，人文科學研究本身就是一種教化；也是人類存在和成為一個人的課程。我們可以說詮釋現象學是一種個人或個體的哲學，與大環境中以往標榜了解所謂的他人、整體、地方與社會等理念中令人難以捉摸的特徵，可說是背道而馳。大部分的教育研究傾向於將生命粉碎成細碎的抽象片段和分子，這對於實務工作者而言派不上用場。所以，一種試圖要免於片段化的人文科學若是得到較多的注意，或許並不意外。詮釋現象學特有的訴求在於詮釋現象學透過教育學觀點來表達整體，以及透過經驗情境觀點來剖析真實的教學行為，試圖去瞭解教育的現象。

　　本書所介紹的取向即採取一種嚴正自明卻少被彰顯的主張：詮釋現象學研究基本上是一種寫作活動。研究和寫作皆是過程中的一部分。具有反思特質的寫作對教育學的重要性何在，本書後面的章

　　節會繼續探討並進一步說明。詮釋學和現象學分別都是源自於哲學的人文科學取向之一；兩者都是哲學、都是反思性質的學派。因此，教育方面的人文科學研究者應當對哲學的傳統有所涉獵。但是那不表示在學術界研究者必須要成為專業的哲學家，而是對哲學所知的程度當足以使研究者有能力整合現象學和詮釋學研究在知識論或理論上的啓示，而不至於在自己有興趣的教育學實踐研究上失去對事實的洞見，亦即，由教育者所實行的人文科學研究就是一種教育學的人文科學。

　　對於教育者而言，人文科學研究的終點目標是批判性的教育學能力：基於細心教化的深思熟慮，使之在教學情境中知道如何機智圓融地行動。為了達成此目標，詮釋現象學研究再次整合部分與整體、特例與本質、價值與慾望；鼓勵我們對日常教育生活中的細節和看似瑣碎的層面應給予特定的專注覺察；詮釋現象學研究讓我們仔細地覺察到看似無因果可言的事物其實有因有果、看似平凡無奇的事物也自有其意義。現象學描述，如能做得好，作品是令人信服且具有洞察力的。而文本的說服力可能會與研究/寫作過程中的辛苦、混亂、以及困難恰好形成強烈對比，「你說這花了多久時間來寫？」「改寫了七次草稿呢！」。

　　整個研究/寫作過程的冗長似乎有點荒謬不合理，直到我們開始領悟到寫作過程之中的沈靜，荒謬不合理之感方休。沈靜中，進行著個人內在的耕耘，字在個人的猶豫躊躇之中，開始激增繁殖成群，最後字字句句結成了一本精心之作，雖然中斷多次，談不上一氣呵成，雖然報於說出值得說的事物、言之確鑿的訴求，不過思及這樣的作品也是學術論述，內心深處不由得升起暢快之感。

第三節　何謂詮釋現象學的人文科學

　　什麼是詮釋現象學？理智上理解現象學的設計和發自內在地了解現象學，兩者並不相同。我們往往掌握了現象學在概念或理論層次的基本主張，就覺得滿意了，然而，唯有透過付諸實踐，我們才可能真正了解現象學。在此先從許多介紹性的作品來描述出現象學取向的哲學觀念，如此一來對詮釋現象學的研究和寫作的本性，才能更完整與生動的描述。

現象學研究就是生活經驗的研究

　　以不同的方式來說，現象學是對生活世界的研究，生活世界是當我們反省之前當下的立即體驗，而不是將它概念化、分類或加以反思(Husser1, 1970b；Schutz&Luckman, 1973)。現象學旨在對於我們日常生活經驗的本質或意義，獲得更深入的了解。現象學會問：「這種或那種經驗像什麼？」現象學和其他科學幾乎都不同的地方，在於現象學試圖對於我們在反思之前，如何經驗到這個世界的方式，獲得具洞察性的描述，而不將經驗世界分類、分級、或抽象化。所以，現象學並不提供我們用以解釋或控制世界的效能論，而是提供我們合理洞察的可能性，引領我們更直接的貼近世界。這樣的設計既創新又不失傳統，創新指的是現代思潮和學術界過去一直困在理論、科技的思維，所以現象學的人文科學可能觸動人心，帶來一種思想上的突破和解放。而傳統指的是，過去以來，人類發明了藝術的、哲學的、公共的、肢體模仿的以及詩的語言，就是為了以人類的生活經驗為根本，設法將人類(再)結合起來。

現象學研究是當現象本身自顯於意識時的說明

　　凡是可自顯於意識之中的事物，都有可能是現象學感興趣的，不管此事物是真實的或者是假想的；可以實際測量的還是主觀感受的。意識，是人類通往世界的唯一通道！或者說，我們人是靠意識的力量和世界有所連結，因此，我們所有知道的事物必定能在意識中自現。凡意識之外的事物，也就落在我們生活經驗的可能範圍之外。意識老是在游移，保持覺察也就是對世界的某些方面要能有所覺知。因此，現象學對人類有意義的世界極感興趣。同時也要了解意識本身無法被直接描述（直接描述可能會使人文科學淪為意識或看法的研究，這是理想論的謬論）。同樣地，世界本身如果沒有經驗中的人或意識為參照，也無法直接被描述（這樣的看法可能忽略世界上的真實事情，總是由有意識的人類意義建構，是唯實論的謬論）。所以，萬一意識本身就是意識的客體時（當我反思自己的思維過程時），那麼意識所展現出來的行動就和意識所呈現的不一樣了。這也表示了真實的內省是不可能的！一個人正當體驗經驗之際，就無法反思他的生活經驗，舉例來說，假如當一個人正處盛怒之際，又試著要反思他的憤怒時，這個人就會發現，其實怒意已經改變或者消失了。因此，現象學的反思並不是*內省*，而是點點滴滴的*回溯*。對生活經驗的反思總是要不斷地再整理，而且總是對於已經逝去的、或體驗過的經驗，才會有所反思。

現象學研究是對本質的研究

　　現象學要尋求現象的真正天性，要尋求造就某個「事物」(things)到底是什麼一也就是沒了它就不可能成為該事物了(Husserl, 1982；Merleau-Ponty,1962)。現象的本質是一種普遍性，此種普遍性可以透過研究整治該現象的本質例子或特殊外貌的結構，得以被描述。換句話說，現象學就是有系統的企圖去揭露和描述生活經驗的內在意義架構。只有透過生活經驗中所遭遇到的特殊事件或實例，一種普遍性或本質才可能被直覺到或被掌握（此處的直覺，指的並不是那種「不確實」(problematic)的直覺。例如，有人宣稱自己「直覺地」(intuitively)知道瓊斯先生是個壞蛋，這種直覺就很可疑）。以現象學的觀點，我們很少會對於下列特殊實例的事實狀態感興趣：事情是否真的發生？多常發生？或一個經驗的發生和其他情況或事件的普遍性如何關連？例如，現象學不會問：「這些兒童是如何學習這個特定的教材？」而會問：「學習經驗的天性或本質為何（所以我因而比較了解對這些兒童來說，此一特殊學習經驗的樣貌為何）？」假如所描述的內容，以一種更完滿或更深入的方式，重新喚起或顯示出經驗的生活品質和重要性，那麼該經驗的本質或天性就已用語言做適切的描述。

現象學研究是對於我們生活的經驗意義之描述

　　現象學人文科學是生活的或存在的意義之研究，它想要以某種深度和豐富性的程度來描述和解釋這些意義。既然焦點放在意義上，現象學自不同於其他焦點不在意義的社會或人文科學，後者關注的是各變項之間的統計關係、社會觀點的事前支配或某種社會行為的發生率和頻率等等。而且，現象學和其他人文學科訓練也有所不

同，它並不針對特殊文化的意義（俗民誌）、也不針對特定社會團體
（社會學）、不針對特定的歷史階段（歷史）、也不針對特定的心智類
型（心理學）或個人生命史（傳記）；而是想要闡述生活世界中，我
們每天存在的意義。

現象學研究是現象的人文科學研究

「科學」（science）一字源於scientia，意思是去知曉。廣義來
說，現象學宣稱算是科學的，因為現象學對它的主體事件—我們的
生活經驗—所採取的是系統化的、明確詳盡的、自我批判的、互為
主體的一種研究。*系統化*，指的是它特別運用了提問、反思、聚
焦、直覺等模式。現象人文科學研究是*明確詳盡的*，透過文本的內
容與形式，隱藏在生活經驗中的意義結構，試圖將描述清楚（而非同
詩作或文學作品的文本，讓意義隱而不顯）。現象學是*自我批判*
的，不斷地檢視它自己的目標和方法，以因應此取向與成果的優缺
點。它是*互為主體*的，指的則是人文科學研究者需要與他人（比如
說讀者）針對該現象發展出對話的關係，且由此來確認所描述的現
象。現象學是一種人文科學（而非自然科學），因為現象學研究的
主體事件，一直都是人類所經歷的世界意義結構（相對地，自然界
的物體不具備有意識的生活經驗和有意義的生活經驗）。

現象學研究就是深思熟慮的專注實現

假如要找一個能代表現象學的字眼，確實可以說是「深思熟慮
」（thoughtfulness）。在最偉大的現象學者作品中，深思熟慮被描
述為一種心智的、留意的、關懷的調和（Heidegger，1962）。對生

命、生活、過生活的意義等議題，有著一份深切留意的、心智的質疑。對我們而言，從事現象學研究的興趣就源自我們身為家長、教師、師資培育者、心理學者、兒童照顧的專門人員、或學校行政人員，於日常生活中實際上所關心的種種現象。凡是與孩子、青少年、或者與我們教學有關係的人，身為教育者的我們，就必須表現出有責任感並敏於回應這些關係。所以，對於教育者而言，現象學研究的理論實務立基於教學實務的一般服務：也就是要展現出深思熟慮。現象學的教學研究所培養的那種深思熟慮的能力，正好有助於表現出實際教學中所需要的機智圓融。

現象學研究是要探索身為人類的意義為何

當我們在探索我們生活經驗中可能的意義結構時，如考慮到社會文化和歷史傳統所賦予我們存在世上的意義，我們就會更完整的瞭解在世上身為一個男人、一個女人、一個小孩的意義。例如，要瞭解做為一個當代的女性的意義何在，也就要對限制、放寬、質疑女職天性和背景的這些意義結構，對女性所造成的種種壓力有所瞭解。詮釋現象學研究尋求一種生活的完整性，身為女人可能體驗到這個世界的方法，以及身為女人是怎麼回事。當然，對男人也是這樣。現象學研究的描述帶有一股道德的力量。假如身為父親意謂著要對小孩的成長積極負責，那麼，真實的例子中就很可能無人配得上為人父親！所以，現象學研究有一個最終的目標是實踐我們人類的本性，也就是更完滿地成為我們是誰。

現象學研究是一種饒富詩意的活動

現象學在某些方面和其他研究很不相同。我們所碰過大部分的

教育研究，把獲取結果的手段當作是結果。而現象學不同的是，與結果的連結不能被打破，誠如馬叟（Marcel, 1950）的解釋：對於結果的所有實體不能有任何遺失。那也是為何當你在聽一個現象學本質的發表時，聽不到結尾警告、最後的訊息、或重大消息。就如同詩集一樣，要求一個現象學研究有結論或有摘要，並不適當，因為了要呈現一首詩的結果而去做摘要，可能會摧毀了詩的結果。因為詩本身就是結果，詩本身就是事物。現象學和詩集沒有不同，都是詩意的設計，試著以如咒如喚的言談，一種原始的述說，旨在進入世界本然的吟唱之聲（Merleau-Ponty, 1973）。但是，詩意並「不只是」（merely）一種詩的類型、一種詩的創作，而是對原始經驗的一種思考，之後更原原本本地說出來。將世界據實以告而非抽象以告的語言，才是能反映世界的語言，就如梅洛－龐蒂（Merleau-Ponty）所說的：一種唱出世界的語言！我們必須妙用語言如咒如詩，讓人傾聽到字句之間低吟著沈靜之聲。我們該做的是，去發現存在於我們人類的本體核心，如此一來，從字裡行間之中—甚至有字也好、沒字也好—我們都會驚然發現到以前從不曾想過或感覺過的「記憶」（memories）流洩出來。

第四節 何謂合理的意義

「人文科學」（human science）這個字是從德文的 *Geisteswissenschaften* 一字翻譯而來，其中包含了 *Geist/wissen/schaften* 三個部分。*Geist* 通常翻譯成「心智或精神」（mind or spirit），但並不是令人滿意的翻譯，因為 *Geist* 指的是我們人性，包

括內在靈性品質、和精神精鍊的其中一面。相對地,「心智」(mind)
一詞有認知上的寓意以及更多實際的涵義。*Geist*一字,其意義的複
雜與豐富可能集自多個用詞,諸如Zeitgeist的意思是「時代的精神
」(spirit of the age);*der Heilige Geist*指的是「聖靈」(Holy
spirit);*geistig*的意思是一種精緻或更聰明的機智,也可能意
指遍及家庭、學校或某一生活空間的情緒氣氛或道德氣氛。包諾
(Bollnow, 1974)指出在人文科學當中,知識不是只追求合乎規則
的思維能力而已。用以瞭解知識,才是*geisting*—關乎靈魂、靈性
、知的體現和存有的深度。因此,*Geisteswissenschaften*這個字通
常被翻譯為「人文科學」(human sciences),以免對*Geist*該字僅
有狹隘的認知解釋。

　　當我們想到世界上有意義的經驗如何帶有一種可分享的與歷史
的特質時,對*Geist*這個字的客觀層面就不證自明了。人類透過藝術
、科學、法律、醫藥、建築等等,特別是語言,來表達在世經驗,
但也會發現自己所用的語言之中,早已有意義地建構了世界。我們
不該把「客觀的人性」(objective Geist)當作一種絕對的想法或
質感(如:黑格爾學派),而忽略了客觀的人性本身就是人類生命的
一種動態現象:也就是說,它告訴我們,我們是誰,但是,在我們
形塑自我的過程中,它也繼續地成型。所以,如以本書所要追求的
人文科學取向的教育學為前提,*Geist*一字所指為何又暗示著什麼呢
?該字的意思是,人類是被當成有血有肉的意義製造者——「人」
(person)來研究。人為世上「萬物」(things)賦予意義,也同樣地從
世上「萬物」(things)獲得意義的。換句話說,世上「萬物」(things)
是被人有意義的經驗到,而且以此為基礎,人才得以親近「萬物」
(things)並處理「萬物」(things)。

　　*Geisteswissenschaften*一詞的下個語意元素是:*wissen*,指的
是「求知或知識」(knowing or knowledge);*schaffen*指的是「創
造、產出、工作」(creating, producing, working);而
*wissenschaft*則通常翻譯成「科學」(science)。當然這裡又出現

了直譯的問題，當德國人說*wissenschaft*，和北美洲的人說science
的同時，兩方人所擁有的意向和心智並不相同。德文的*wissenschaft*
通常較為廣義，包含了藝術和人文。在北美洲「科學」(science)
一字馬上會令人聯想到研究自然(研究物理和行為)科學學科所持的
方法論態度。所以德文的*wissenschaft*難有恰當的英譯。因此，若
無體會到當以廣義來解釋人文科學學科一詞當中的「科學學科」
(sciences)該字，那麼「人文科學學科」(human sciences)實際上
是一種謬稱。

　　人文科學取向的教育學有一個特色，即該理論和研究的主張與
生活的實踐有關。相對於較實證的、行為的經驗科學學科而言，人
文科學並不認為理論先於實務，而是理論啟發了實務。必定先有實
務（或生活），隨之而來的才是反思後所得的理論。誠如史萊爾瑪赫
（Schleiermacher）所說的：「實踐的統整(the integrity of praxis)
不需仰賴理論，但是藉由理論會使實踐本身更具自覺」(1964，頁40）。
他接著指出「理論本身不能控制實踐，任何一種教育科學的理論都
在實踐之後才出現。一旦實踐已經固定了，理論才有了發展的空
間」（頁41）。如果說，在實際情境中，理論總是來得遲，來得太遲
以至於在技術上無法做為行為實踐的指導，這樣的說法在現象學上
為真的話，我們對於日常生活中的行為實務，會永遠不知道該如何
是好。不過呢，換個較不技術性的說法，可以這樣說：我們通常不
是真的那麼無助，因為理論老早就已經讓我們的身體或存有準備好
有所行動。這種準備即是上述的教化過程。

　　那就表示相較於行為科學學科或實驗科學學科，人文科學學科
較不理性或不嚴謹嗎？答案端賴適用於人文科學學科的理性準則為
何而定。如果和自然科學的理性準則無異，那麼人文科學學科似乎
就稱不上有理性的訓練。但是，理性準則對兩者的意義當然不同，
否則兩者在本質上就沒有差別了。重點是，準則的意義或科學的標
準都有限制，這些限制就像經緯座標定義出我們可以研究些什麼、
我們如何使研究合理顯得很科學。人文科學主張的意義諸如「真理

、方法、瞭解、客體、主體、有效的言談」、以及「描述、分析、解釋、寫作、文本」的意義等，它們的意義唯有以某種特定的理性觀點，才得以被了解。「瞭解」（verstehen）一詞的解釋，在行為科學學科中比在人文科學學科中更加狹隘，於是理性的瞭解和同理的瞭解之間有何差別，也就因此爭論時起（例如，Wilson, 1970）。人文科學哲學家一直強調人文科學學科中所謂的「真理和瞭解」（truth and understanding)的概念需要對理性主張有更寬廣的界定（例如，Gadamer, 1975；Ricoeur, 1981）。然而，反對者則批評，教育人文科學的言談通常太含糊、太模稜兩可，做為觀察和測量的資料並不適切、無法複製，且難以類推到母群體，不合理性、不科學化、以及太主觀等。

　　無疑地，在教育上，所謂的現象學的、詮釋學的、或俗民誌的人文科學研究，有某些部分可能過不了任何理性標準的測試。不只不符自然科學觀點的理性標準，而且也過不了由人文科學學科所定的標準。也有從事教育方面的人文科學研究者高傲地放棄所有準則或標準，而宣稱他們的研究不是一種「理性的」（rational)科學，他們認為有理性就是要有智能、經實證、合科學，而且對於直覺、對於真理和瞭解更多經驗上的層面，要遲鈍不敏銳。但他們卻沒能看到，拒絕理性標準，意味著一個人假定人類沒有達成共同瞭解的基礎、假定人文科學學科當中並沒有共同標準。不過，事實上，人文科學學科最強調個人必須以自我反思和訓練的方法來表明自己對人文科學學科的態度，因此並非全無準則。

　　在本書中，我不否認理性基礎的必要，但是我將努力拓寬理性的主張意涵。因此，我們人文科學教育研究重新定義了一些概念，像「客觀」（objectivity)、「主觀」（subjectivity)，而且並不會把事實和價值、經驗的和標準的硬生生的二分。

　　人文科學之所以是理性的，就在於它所操作的假定：以較廣泛或完滿的意義而言，人類生活是可以被明瞭、是人的理性可觸及的。做為一個理性主義者，就是要相信思考、洞察、和對話的力量。

就是要相信藉由與世界保持深思的和對話的關係，就有可能瞭解世界。理性表達一種信心，那就是我們可以共享世界；我們可以讓事物為我們彼此所瞭解；經驗是可以被明瞭的。但是，人文科學觀點同時也假定，人類生活經驗比起再怎麼奇妙的描述結果都來得更複雜，而且生活總會有難以言喻的部分。然而，確認生活根本上或終究還是神秘的，並不需要使得一個人變成博學的不可知主義者。

所以，相信思考的力量，也就是坦承最初正是生活的複雜和神秘喚起了人的思考。人類生活需要知識、反思、以及思考，好讓生活本身變得可知，而這包括了生活的複雜性和終究是神秘的天性。很天真的理性主義才相信生活的種種現象可以藉由理智分析透徹，或者憑藉理論的力量，使之完全透明。人文科學試圖要公平看待人類經驗全部的範疇，然而理性的概念又是如此侷限在一般智識者的解釋，人文科學無法運作，原因在此。再者，面對令人毫無感覺的抽象概念，使得我們對人類生活的瞭解更加貧乏，而非更深遠的邏輯系統，改用言談式的論述做為思考的語言以捕捉人類經驗的真貌，也不該受到責難。許多社會科學所產出的知識，硬是把活生生的生活扭曲成符合科學理論的術語和文法，弄得生活本然面貌都面目模糊、難以辨認了。特別強調這一點很重要，就是因為人文科學通常被指責其文本模糊、不準確、不精確、不嚴謹或曖昧不明。當梅格－龐蒂（Merleau-Pony）、海德格（Heidegger）、雷明納斯（Levinas）、戴瑞達（Derrida）等學者採用了看似不可捉摸的、甚至是詩化的寫作風格和方式來述說一些難懂的事，這樣的風格和表達方式很可能就是衍生自他們對人類的理性有著更豐富的主張。然而，反過來說，那也有危險：一個才華不夠、學術經驗不足的人，可能會想把自己缺乏洞察力的缺點，隱藏在撲塑迷離、華而不實或縱容自我的論述背後。

再者，我們應該認清人文科學對於準確性、精確性和嚴謹性自有它的準則。量化科學學科當中，準確性和精確性常常被視為代表測量的精細和研究設計的完美。相對地，人文科學則是透過詮釋性

的描述，也就是堅持細節的飽和與完整、針對文本所探討之概念的
根本本質，一探究竟，來提昇準確性和精確性。「嚴謹性」(rigor)
一詞最早的意思是「嚴厲」(stiffness)、「強硬」(hardness)。
一份壯碩又嚴謹的科學研究通常在方法論方面要冷靜、嚴格、不向
「主觀」(subjective)和質性方法妥協。所謂「嚴謹的資料」(hard
data)，指的是以量化數據或可觀察測量的方法最能獲取的知識。
相對地，人文科學研究的嚴謹指的則是道德上和心靈層次上的「壯碩」
(strong)或「強硬」(hard)。一份熱心又嚴謹的人文科學文本之所
以突出，就在於有勇氣為其主張的獨特性與重要性挺身而出、暢所
欲言。然而，如果文本準備不足，要它挺身而言，有什麼意義呢？
這也就是說，嚴謹的人文科學應當是「柔和的」(soft)、「靈性的」
(soulful)、「微妙的」(subtle)、和「敏感的」(sensitive)，
努力將生活現象的意義範圍，帶入我們的反思覺察中。

　　我們生活世界（例如對生活的時間、生活空間、生活形體和生
活的人類關係等經驗），基本上是先於語言的，所以難以描述。因此
更需要有敏銳度和敏感度：「這和巴爾傑克（Balzac）、布洛斯特（
Proust）、維勒利（Valery）、錫忍安（Cézanne）的文學作品一樣地
煞費苦心，因為要讓意義進入存有，同樣要付出專注和質疑、敏於
覺察、想把握住世界或歷史意義的那份心」(Merleau-Ponty, 1962,
p. xxi)。而這賦予了現象學取向的人文科學根本魅力，做詮釋現象
學研究就是想要去完成不可能的事：針對生活世界的某些層面，建構
完整的解釋性描述，並且隨時提醒自己，被經歷過的生命永遠比任
何意義解釋能顯露的來得複雜。現象學的還原概念教導我們：完完
全全的還原是不可能的，完整或最終的描述是不可及的。因此，我
們必須加倍努力做研究，而不是就此全然放棄人文科學。

　　詮釋現象學取向的人文科學對於具有各種繽紛面貌的人類世界
很感興趣。不像是其他社會科學那樣利用實驗或人為情境測驗做為
研究方法，人文科學希望能遇見自然地投身於世的男性、女性和小
孩等人類。換句話說，現象學研究要在情境中才會發現研究的出發

點，為了進一步的分析、描述和解釋，情境的功能就好比典型的意
義匯結點，因為意義就涵藏在該情境之中。有時候，研究者或理論
家被比喻成從神話時代來的旅行者，航向陌生的異國，最後終歸要
回到平凡人群之中，為的就是要告訴人們有關世界「真實」(really)
面貌的種種引人遐思的故事（Jager, 1975）。因為這樣，一想到身
穿白袍漫遊在微觀物理學、宏觀物理學、天體物理學的神秘世界或
令人驚嘆的電腦科技等世界的自然科學家，就不由得生起敬畏感。
相對地，人文科學的學者哪裡也不去，他(或她)只待在同是我們人
類所共享的這個世界。人們若以為人文科學學者沒有令人嘆為觀止
的「故事」(stories)可說，那就錯了。最令人神魂顛倒的故事，不
就是那些幫助人們能更瞭解最普通、最平凡無奇的事和最平常、最
直接影響我們的事情的故事？

　　現象學訴諸我們立即的平常經驗，是為了把對我們而言最平常
、最熟悉、最自我驗證的事件，加以結構性的分析。目的在於把我
們人類的生活世界中所遭遇的行動、行為、意向、經驗等，建構出
一份栩栩如生的描述(文本)。為此目的，人文科學學者喜歡引用詩
人、作家、藝術家、電影攝影師的作品－因為在這樣的素材中，可
以發現到人類是情境中人，而且在這種作品中，作品的形式雖屬簡
潔而超越的，還是能體會到人類經驗的多樣性與可能性。荷蘭的現象
心理學家包田迪克（Buytendijk, 1962）指出，比起在心理社會科
學的書籍和期刊中所刊載的典型學術理論，一個人或許可以從偉大
的小說家，如杜斯托也夫斯基(Dostoevsky)獲得更大的心理學洞
察。因為作家、詩人、藝術家將人類慣常的經驗做了無限的轉化
（科幻化、詩化、重塑），但是那並不表示人文科學就會和詩作、故
事或藝術混為一談，也不表示詩作、故事、藝術就可以被視為是人
文科學的形式。文學敘說和人文科學敘說，兩者的魅力都在於情境
中的生命及情境中的人，不過兩種敘說的出發點並不相同、在知識
論上所展望的終點也不相同。現象學的目標在於讓意義清楚明確以
及尋求意義的普遍性，然而詩和文學則要保持意義的隱晦不明和特

定性，此是不同點之一。這可能就是為什麼許多詩人、作家或藝術家不想要和那些想從某些詩、書、畫中抽取共通課題的藝文評論者有任何瓜葛的原因。總之，兩者的部分不同在於現象學以不同的感覺在表達直接性。林休滕（Linschoten，1953）精確的點出現象人文科學的定位，他說：「詩的終點，方是人文科學的起點」。

　　現象學的研究和寫作，是一種對於一般科學上的客觀性和主觀性的要求或標準，需要再重新構思的設計。在人文科學學科中，客觀和主觀並不是互斥的範疇，研究者和所要探究的客體所建立的特定（例如：個人的）關係之中，都可發現到主觀性與客觀性的意義與重要（Bollnow, 1974）。「客觀」(objectivity)意味著研究者從某個角度轉向客體(也就是站在其眼前的事物)；客觀也意味著研究者要對客體保持真實。研究者好比是客體真實本質的護衛者和防禦者。維持對客體忠實的同時——也就是時時警覺到一個人很容易因為其他無關緊要的元素而走偏、出軌或迷惑——研究者會想要去呈現、描述、解釋客體的真實本質。「主觀」(sub-jectivity) 則意味著一個人必須盡其可能的有感知、有洞察力、眼光敏銳，為的就是使客體現出最完整、最深層的本質。主觀也意味著我們強烈地以一種獨特而個人的方式趨向研究對象，同時又避免自己變得獨斷且自我縱容、或者被未經反思的偏見給牽著鼻子走的危險。進入人文科學研究領域者，有必要瞭解到「知識」(kno-wledge)、「科學」(science)、「理論」(theory)、和「研究」(research)的真義，乃基於不同的假定而來。傳統實驗或行為科學的研究是一種歸納性的調查過程，旨在求得實證的類化，再加以公式化或建構成理論。故本文並不沿用傳統實驗或行為科學對上述概念的觀點。本文中所謂的「理論化」(theorizing)，其過程也不等同於哲學家或理論科學家所做的演繹式或冥想式的推理。就反思人類生活經驗，人文科學所要研究的各種活動的過程而言，研究和理論化是可交替使用的兩個概念。有時候我們會把重點會放在做研究，例如，當我們投入所謂的訪談資料蒐集或文本的詮釋分析之時；另外，當主要目標在

於把我們對某事物的反思瞭解化作言談（透過述說或書寫）時，我們就比較強調理論化。

　　在自然或物理科學學科方面，我們認為要更新或改進理論都有賴更精密的新技術。像電腦技術就是一個理論進展成功的好例子。在社會或行為科學學科方面，對知識的進展也存有著類似的期望，但是，在現象學取向的人文科學研究中，進展代表什麼意義？進展並不一定意味著健全的人文科學必將走向增進對人類行為有效的管理或控制。事實上，正好相反。人文科學的運作乃在以體認到人類生活中自由的存在為原則。再者，對於某些人類經驗或現象的意義已經具有深度瞭解的人，自我意識上是自由的，他們實際上就不會輕易相信所謂的有效管理或控制他人。

　　現象學取向的人文科學也倡議某種進展的概念。進展就是要讓人類的生活和人類的機構變得人性化，來幫助人類變得更為心思縝密，能夠在各情境中有更好的準備，能反應機智。換句話說，本文所提倡的這一種健全的人文科學研究，幫助了那些參與研究、追求*敏於行動的知識*的人。儘管這樣的知識只能以文本的形式來書寫與呈現，不過這樣的知識終究還是會鼓舞和文本對話的人們，並且活在他們的心中。本書第七章會說明人文科學研究和寫作是多麼相似，都必須同樣確實產出有方向的、強而有力的、豐富的及深度的文本，邀請讀者與之對話。史特勞（Straus, 1966）用「引路似的」（pathic）一詞來描述世界所有邀請的特質，例如，涼水邀請人們來喝；沙灘邀請孩子來玩；舒適的椅子邀請疲憊身軀的人們來躺等等。類似這樣，現象學取向的人文科學文本邀請我們發出對話的回應。

第五節 人文科學有何不為

　　有時候，對研究感興趣的人走向現象學取向的人文科學，態度好像是僅僅把現象學取向當做另一套工具，用這套工具處理實際上是屬於其他研究方法論範疇的問題。因此，在此有必要說明，現象學取向的人文科學不是什麼？或者說它有何不為？

(1) 現象學不是一種實證分析的科學

　　現象學不去描述事件的確實狀態。換句話說，現象學不是驗證事實和科學性類推的科學，如推問什麼人做了什麼事？何時做？在哪兒做？做多少？程度多大？在什麼情境下做？等等問題。當然，這並不表示從現象學的觀點，我們對經驗就不深感興趣（那也是對實證經驗的一種興趣）。現象學的知識是實證的、基於經驗，但不是自實證歸納而來。也就是說，現象學感興趣的研究不「只是」(mere) 針對特殊性而已。例如，個案研究和俗民誌很適合把焦點放在某一特定情境、群體、一種文化、或一個機構，去研究那裡發生了什麼事？群體的成員或個人對事物如何感知？與在不同時空中的其他族群或情境有何區別？當研究者要人們談談自己的經驗時，可能會有現象學的質感存在該研究之中，但個案研究和俗民誌的最終目的是要正確地描述事件的既存狀態、或一種目前或過去特定的文化。而且事件的狀態或文化說不定隨著時間、地點而有相當劇烈的變遷。因此，諸如「West Side 高中的現象學研究」、「溫哥華中國城的現象學研究」、「多倫多兒童醫院的現象學研究」的研究題目都是錯誤的名稱。也因此，調查法、統計和其他量化研究程序都不適合用於現象學的人文科學研究。

　　現象學不能用來顯示或證明諸如某一種閱讀方法比另一種有效
、或者某種教學策略有助於達到較高學業成績等說法，瞭解這一點
也很重要。現象學不容許實際經驗上的可類推原則、制訂法律似的
條文或者建立有功效性的關係。現象學唯一的類推通則就是：絕不
類推！強調人類經驗的類推，真是一種令人厭煩的價值觀。某位現
象學者就淘氣地引用小說家伊里歐特（George Eliot）在其小說
Middlemarch所寫的：「類推的力量使人類誤以為自己比愚蠢的動物
優越得多」（1871/1988）。太想去類推，可能使我們不再努力去發展
並持續聚焦於了解人類經驗的獨特性。

（2）現象學不僅僅是超脫世俗的反思所做的冥想式探索

　　現象學研究總是以生活經驗和經驗資料為出發點。某些「冥想」
（meditative）哲學可能和人文科學特有的反思有類似之處，但是現
象學研究的興趣更超乎「全然」（sheer）的普遍性。現象學取向的人
文科學是西方的一種研究方法，不應與旨在洞察生命意義的某種「神
秘的」（mystical）或東方的冥想技術混淆。其中一項重要的區別是
西方人文科學旨在透過語言表達，對具體生活經驗獲得瞭解，不過
東方的方法可能運用的是非文本導向的他種反思技術。

（3）現象學既非僅有特殊性，也非全然的普遍性

　　梅格–龐蒂（Merleau-Ponty, 1964a）曾說，現象學的態度比起實
證經驗主義和理想主義的綜合體更加複雜。現象學感興趣的對象「既
不是永恆不變的、現今無根可尋的；也非明日注定要被另一事件取
代，故而不具任何內在價值的小小事件」（92頁）。因此，現象學在於

以個人的方式去調解特殊性（就是對具體、差異、和所有獨特的事感興趣）與普遍性（就是對本質的、造成不同的差異點感興趣）之間的矛盾。

（4）現象學不做問題解決

麻煩的問題尋求的是解決之道、「正確」(correct)的知識、有效程序、致勝策略或精確的技術等等，獲致結果的「方法」(methods)！而尾隨某個特定問題而進行的研究，一旦問題解決了，研究也就完成了（Marcel, 1950）。但是現象學的問題都是意義性的問題，要問的是，某些現象的意義和重要性為何。意義性的問題不可能「被解決」(be solved)，然後被處理掉（Marcel, 1949）。意義性的問題有可能被瞭解得更多或更深。因此，基於這樣的瞭解，我們可能在某些情境中能夠表現得更細心、更機智。但是意義性的問題可能永遠都無法結案了斷，這些問題將一直是人們暢談過往人生時的主要話題。凡是想從洞察中有所收穫者，都必將以個人的方式深究這些問題。

且讓我們對以上的說法提出實例，許多社會的或人文的研究都處理「談話」(talk)的議題，生活中發生很多談話，談話是人類的言論中具體的材料，也就是說可以錄下來、謄寫、編碼、分析其內容和某個字詞或概念出現的頻率等等。事實上，有許多研究把焦點放在談話，或者運用抄下來的或口頭的談話內容當作基本資料來源。但是，談話到底是什麼？我回想我母親有一回曾在返回她娘家的前夕對我們說：「我們都不曾真的談過話。」我當然知道她的意思，不過我當時可能是這麼回答她的：「拜託，媽，我們過去幾個禮拜可是喋喋不休呢！」當我們在一起的時候、一起用餐的時候、出遊的時候、訪友的時候，的確是吱吱喳喳說了很多，但我媽說的對，她和我的家人在一起的時候，我們之間並沒有「真正的」(true)談過話。在

那天下午我們沿著河邊散步，才算有了一次真正的「談話」(talk)。

　　然而這裡的議題或問題是什麼？為了要瞭解這個情況，我們需要把它當成一個正式的研究「問題」(problem)嗎？有需要運用特定知識來解決像這樣的問題嗎？要怎樣才能區別「真正談話」(real talk)和「純屬閒聊」(mere chatter)的不同？萬一我們打算對此行為做概念化的研究，我們就會去調查在家庭聚會中沒有「真正」(real)談話的發生率。我們可能還會假設這個現象是某種因素造成的（例如子女在不在現場、缺乏共同時間、失和的年數等等）。但是我們會因此更深入地瞭解到「真正的」(real)談話和其他談話的區別究竟何在嗎？所以呢，一個現象學取向的人文科學家，會把該主題視為一個生活意義有待澄清的問題。現象學者可能會從實際的例子中，去研究真正談話的具體例子、人際關係的品質、「有助於」(good)談話的空間有何性質（例如沿著河邊散步）。現象學者可能不會到處發問卷；或把個人放在實驗的情境中，看看在哪些人為控制的狀況下，真正的談話會出現；也不會就直接對真正談話的性質賣弄一番「哲學上的大道理」(philosophize)。現象學者不會把「談話」(talk)此一題目當作一個有待解決的問題，而是把它當做一個有待探索的意義性問題。

第六節　描述乎？解釋乎？

　　沙特（Sartre）在《The Look》(1956, pp. 252-302) 一書中著名的分析，眾所皆知是對生活經驗能加以細緻描述的例子。偵察別人是什麼樣子的經驗？被別人用偵察的方式盯著看又是怎樣的經

驗？沙特（Sartre）描述從門的鑰匙孔偷看別人的經驗（出於嫉妒、好奇或惡習等動機），是「在世界上純然失去自我的一種模式，使自己醉倒在事物之中，有如墨汁落到吸墨紙一般」。然而，當我突然聽到了腳步聲，知道有人在偷看著我，那麼我的覺察模式就產生了本質上的改變。之前我存有的模式被未反思的意識所統治，現在則「因為別人看到我，所以我也看到了我自己，我經驗到我自己就好比別人眼中的客體」。沙特（Sartre）極其詳盡而精準敏感度地描述這種生活情境的存在結構。沙特（Sartre）對臉紅經驗的描述則是他現象學取向的另一個例子：

　　「感到自己臉紅了」、「感到自己冒汗」等等是害羞者描述自己⋯⋯的狀態，但並非正確的表達，害羞者真正的意思是，他鮮活且持續地意識到自己的身體，並非為他自己，而是為他人而存在⋯⋯。我們常說害羞的人是因為「自己的身體而感到窘困尷尬」，這樣的表達實際上是不正確的。我不會因為經驗到我自己身體的存在而感到窘困。而是我的身體狀態在他人眼中，這才可能叫我窘困尷尬。
（Sartre, 1956，頁353）

　　以上所舉的，可說是描述存在現象學的好例子。現象學一方面是描述生活經驗中所經歷過的質感；另一方面，是描述生活經驗背後所要表達的意義。兩種方式似乎有點不同，第一種是對體驗過的生活世界當下的直接描述，第二種則是對於以符號形式表達的生活世界予以居中的（間接的）描述。因此，當描述受到表達方式（例如，臉紅、說話、行動、藝術作品、文本等）的中介影響，描述似乎就包含較強烈的解釋意味了。事實上，所有的描述終歸是一種解釋。海德格（Heidegger, 1962）曾說：「現象學的描述作為一種方法，其意義就在於解釋...現象學...這個字原本的意義就是一種詮釋的。就字義來看，現象學就是要做解釋」（頁37）。
　　不過，區分人文科學研究中的現象學（生活經驗的純粹描述）和

詮釋學（透過某種文本或符號形式對經驗所做的解釋），是有可能的。例如，哲學家如席勒弗曼（Silverman, 1984）就曾提出描述性的現象學和解釋的或詮釋現象學之間的分別。另外，胡塞爾先驗方法（transcendental method）忠實的追隨者，就堅稱現象學研究是純然描述的，解釋（詮釋學）不屬於現象學研究的範圍。一些跟隨胡塞爾這套嚴謹方法的人文科學學者（如Amedeo Giorgi，1985）向來都認為，正當現象浮現於意識之中，要直接抓取（直觀intuiting）現象的本質結構，「僅」（solely）憑著這一點，才算完全達成現象學描述的客體。由此觀點可知，詮釋學或解釋的就已經暗示著容許扭曲、容許不完全的直觀。

嘉達美（Gadamer, 1986）認為解釋有兩種不同的意思。他說，解釋最初的意思，是指向某個特定事物；其次，解釋就是「指出」（pointing out）該事物的意義（頁68）。第一種的解釋，所指的「並不是讀入了某些意義，而是清晰地顯露出某事物本身已經指向的......我們設法解釋已有指向但同時卻潛藏不明的某物本身」（頁68）。

這種解釋非常接近胡塞爾和海德格對現象學描述的想法。而第二種的解釋適用於當我們所面對的是已然經過解釋的東西，例如藝術作品。誠如嘉達美（Gadamer，頁68）所說「我們去解釋某事物背後的意義時，我們實際上是去解釋一項解釋」。將此運用於人文科學研究的文本品質，我們可能會說：現象學文本是描述性的，因為它命名某個東西，而且在命名的過程中，它指向某個東西，旨在讓這東西顯現出它本身。此外現象學文本是解釋性的，因為它有居中加以解釋的感覺。就語源學上來看，「解釋」（interpretation）一詞，指的是在兩派想法之間居中說明（Klein, 1971 ，頁383）。它居中被解釋出來的各種意義和解釋所指向的某物，顯然有許多議題和這些差異有關。本書中的「描述」（description）一詞涵蓋了解釋的（詮釋學的）、和描述的（現象學的）兩種成分。當強調描述功能的時候，就用「現象學」（phenomenology）一詞；強調解釋功能的時候，就用「詮釋學」（hermeneutics）一詞。在本書中，這兩個

詞常會交替使用。

　　人文科學研究的入門者，有時候很難分辨現象學的（解釋的）描述和其他社會和人文科學學科中會看到的描述有何不同。是什麼使現象學的描述不同於其他種類的描述呢？切記：現象學的描述，如前所述，旨在闡明生活經驗。當然，重點是生活經驗的意義通常隱而不顯。因此，我們可以說以下幾點不能算是現象學描述（但這並不表示那些描述在其他方面就沒有優點）：

(1) 描述未能針對生活經驗，而有概念化的、新聞報導式的、個人觀點的特徵或者描述了與事件不相干的其他狀態。有時候，以現象學方法來探究經驗的興趣，卻和新聞報導式的、自傳式的、或其他類型的寫作混為一談。

(2) 描述可能正確無誤地針對生活經驗，但卻未能闡明該經驗的生活意義。這種情況的描述其實無法達到它自己的目標。

(3) 描述可能所闡明的不是生活經驗，反而變成是意義上的概念澄清或理論說明。

　　好的現象學描述能對生活世界的某些層面給予適當的闡明─對我們所經驗感受過的生命激起了共鳴。包田迪克（Buytendijk）在一場演說中曾經提到「現象學式的認同」（nod）就是一種點頭的舉動，代表好的現象學描述可以讓我們點頭表示認同，認可文本所描述的確實是我們曾經有過的經驗。換句話說，生活經驗集成了好的現象學描述，而好的現象學描述能再次收集到生活經驗─生活經驗確認了現象學的描述為真，而該描述又確認了生活經驗。這種現象有時候被稱之為「探究的確認循環圈」（validating circle of inquiry）。為了讓自己擅長這一個確認的過程，研究者就必須學習讓自己進入學術傳統之中，成為積極參與學術傳統的一員。

第七節 研究的程序、技術和方法

　　我們必須區別研究方法和研究方法論之間的不同，以及研究方法、研究技術、和程序之間的不同。「方法論」（methodology）指的是哲學架構、基本的假定、和所抱持的人文科學觀點之特徵，方法論包含了對生命的一般導向、知識的觀點、做為人的意義（這和採用某種特定研究方法有關聯）。我們會說方法論是方法背後的理論，包括研究一個人應該要採用什麼方法和為什麼要用這種方法。希臘文 *hodos* 的意思是「方式」（way），而方法論的意思則是方法（方式）背後的法則（研究）。所以方法論意謂著「知識的追求」（pursuit of knowledge），而「方法」則暗指探究知識的過程中所運用的某些特定形式。

　　另一方面，「技術」（techniques）一詞指的是在理論上和實務程序，而個人發明運用這些程序，以便完成某一特定的研究方法。「程序」（procedure）一詞，和前者很類似，指的是與研究實務相關的各種規則和例行流程。例如，選擇研究樣本，或預試一份調查問卷，研究者會採用社會科學學科皆奉為標準的某些程序。當訪談沒有涉及特殊的技術，例如，使用特殊的診斷工具或調查工具去建構訪談的進行時，可能就被視為一般的研究程序。所以，為了確定訪談所得的訊息能有助於準備研究報告的準備，一般就有心理學的程序和新聞報導的程序進行。程序會讓我們開始著手、前進並完成某件事。例如，一個研究者可依循著特定的程序來選取受試者，而且確定受試者被匿名。

　　技術一詞有時候很像程序一詞，除了前者具備了一種與技術有關的專門性（*tekhne* 意指「藝術」、「手工」）的成分之外。以專業或技術性的角度來看，專門技術的涵義很像是為了解釋量化資料所發

展出來的統計設計。含藏在技術這個想法當中的是一個更大的概念——科技。某些技術即是由此而來。科技指的是對藝術所做的科學化研究，例如「電腦科技」(computer technology)、「出版科技」(publishing technology)等等。

　　相對地，方法的概念，會受到方法論上如何考量以及應用何種哲學或知識論觀點的影響。例如，「訪談」(interview)對俗民誌學者的意義可能大不同於心理治療師或從事調查的新聞記者。訪談的概念端賴對實在的假定、真理的準則以及所抱持方法論的一般目的，而有不同的訪談功能。雖然訪談和分析也是其他社會或人文科學所共有的程序，不過在本書中提到的「訪談」(interviewing)或「分析文本」(analyzing transcripts)，指的是特殊形式的訪談和分析，在方法論上實則相當不同（參見本書討論訪談的章節，頁78-80）。針對特殊的研究，有必要發明研究用的某些「程序」(procedures)和「技術」(techniques)。而且構思這些程序和技術，不應超出目前方法論的一般定位。一位研究者不該把詮釋現象學的文本分析搞混成只是一種眾所皆知的內容分析技術，或者是俗民誌和紮根理論方法中常用的分析編碼、分類或資料分組等方法。因為，現象學的方法和內容分析所不同的是：內容分析已經預先鎖定了想要從文本中知道些什麼。例如，藉由認定某些特定字詞會顯露出一個文本內含性別偏見的程度如何，內容分析就可以預先設定分析的準則。內容分析方法早已知道所要檢視的主體其意義為何：例如，「性別」(gender)、「女性特質」(femininity)或「性」(sexuality)所代表的意義。相對地，現象學取向的人文科學是以發現為導向的，想要找出某一個特定現象的意義為何，以及該現象如何被經驗。

　　現象學的方法論，就是抱持毫無預設的一種研究取向。換句話說，現象學方法論就是要試著去防止任何想要建構一套掌控研究計劃的預定研究程序、技術、和概念的企圖。但是，如果我們說本書所描述的現象學和詮釋學確實有特定的方法，那也不盡然全錯。很顯然地，海德格（Heidegger）就意味深長地提到，現象學的反思就

是必須跟隨的特定的路徑，而那些「木頭築成的小路」(woodpaths)，將會引向「清澈透明」(clearing)之境，在那兒，事物的本質天性得以展現、顯露或澄清。然而，那些路徑（方法）非固定的指示牌所決定的，而是研究者為回應手邊的問題因而發現或發明的。

　　詮釋現象學取向的人文科學研究方法牽涉到什麼呢？這個問題，也許最棒的回答就是「學識」(scholarship)！一位人文科學研究者就是一位學者：對日常生活的細微之處能敏銳觀察；博覽人文科學傳統中的人性、歷史、哲學、人類學以及社會科學學科中與自身興趣相關的領域。一本書中所指的是對教育學以及對如何與孩子相處的實務與理論需求。所以，嚴格來講，沒有一個真正的「方法」(method)稱得上是一套快速易用的探索程序。的確有人曾說：*現象學和詮釋學的方法，就是沒有方法*(Gadamer, 1975；Rorty, 1979)。然而，現象學想要宣稱以上兩種說法都可以。現象學的方法就是沒有方法，這說法固然為真；然而，舉個例子來說，傳統、知識和洞察、思想家和作家生命的歷史，這些都構成了現今進行人文科學研究的根源以及方法論的由來背景。因此，凡屬現象學學術領域所及，可以視為一套引導與建議，供探索現象時做為原則之用。而這樣的探索，既沒有直接否認或忽略傳統，也非如奴隸般地聽從或屈服於傳統。

　　希望本書所描述一些方法論上的主題，以及人文科學的方法特色，將有助於讀者針對特別的問題選用或發明適切的研究方法、技術、和研究程序。本章接下來要介紹的是有關方法論的六項主題，提供有助於做詮釋現象學取向的人文科學研究的實務取向。從第二章到第七章會有這六個部分詳盡的介紹。老實說，把整體硬生生拆成六個方法是極不自然的，也有別的區分方式。在進行人文科學的研究時，各種不同的措施是不可能單獨使用的。討論方法和方法論並不是為了要規定一套機械式的程序，而是要激發創意以及刺激洞察力。

第八節 人文科學研究的方法結構

　　人文科學研究是如何追求的呢？就其方法結構的根本要素著眼，詮釋現象學研究可以被視為下列六項研究活動之間一種動態的交互作用：

（1）針對讓我們產生濃厚興趣且將我們承諾給世界的現象。
（2）探索我們所體驗過的經驗，而非我們將之概念化的經驗。
（3）反思該現象所凸顯的本質主題。
（4）透過寫作與再寫作的藝術來描述該現象。
（5）與該現象之間，維持著一種強而有力且導向教學的關係。
（6）考慮到部分和整體以求研究脈絡的平衡。

　　首先，我將在本章剩下的篇幅簡要地介紹六個方法論上的主題，然後每一個方法論的主題在接下來的六個章節會有更詳細的介紹。

轉向生活經驗的天性

　　要付出持久的關懷這樣的承諾鞭策著現象學研究的每一個計畫。海德格（Heidegger, 1971）說：「思考，就是把自己禁錮在一個單純的想法之中，這個單純的想法，有朝一日懸於天幕上依舊是閃爍如星」（頁4）。即使只是一個單純的想法，也要詳加深思。這個承諾永不動搖，而其具體表現可見於深思熟慮、思考的豐富性。思考的豐富，意思不是說我們的腦子裡裝了很多很多，而是體會到我們非常注意整體─也就是讓生命豐富和完整的整體。所以，現象學研究適用於某些類型的探求，現象學研究是一個真實的任務、也是一種

深沈的疑問：是什麼才能再找回做為思想家、研究者、理論家原本
的意義所在呢？可想而知，現象學研究的開始必然以活生生的人為
起點，現象學研究的計畫永遠圍繞著某人：一個真實的人，身處在
特定的個體、社會、歷史生命環境的脈絡中，開始去了解有關人類
存在的某些面向。這樣的認知並沒有完全否認從一個現象學作品中
所獲得的洞察也有其可信之處，不過這樣的認知確實反映出一個現
象學計畫本身的視野和特性。一個現象學描述總是「一種」解釋，
而且沒有一個單一的解釋能窮盡人類的經驗，另一個互補性或甚至
可能更豐富或更深入的描述有其可能性。

研究我們所生活的經驗

現象學研究的目標在於與原本的經驗重新接觸。梅格-龐蒂（
Merleau-Ponty, 1962）表示探究生活經驗的種種現象，意謂著藉由
再次喚醒在世的基本經驗，個人得以重新學習如何看待世界（頁viii）
。持久關注生活經驗的這種探究，就被稱為轉向「事物本身」（to
the things themselves, *Zu den Sachen*）（Husserl, 1911/1980,
頁116）的研究。而此種關注所及正漸漸地遍及世界、遍及生活經
驗。「體驗」（being experienced）是一種由於深刻地活過而產生
的生活智慧。在進行現象學研究時，瞭解生活經驗本性的過程中，
要尋求的正是此種生活智慧。這就是說，現象學研究一則要求研究
者以生命的豐富性為立足點，立足在這個充斥著生活關係和共有情
境的世界當中；另方面則意謂著，研究者要主動地探索各種型態和
各種面向的生活經驗。

對本質主題的反思

　　假如反思所抓取的僅是某個特有經驗的事實層面，我們就不算做到了瞭解某些現象或某些生活經驗。其實，對生活經驗真實的反思，是一種認真推敲的、反思式的領會，是什麼賦予該經驗本身有特別的重要之處。因此，現象學研究不像其他類型的研究，它要區辨出表象和本質之間的差異、我們經驗中的事物和這些事物背後的基礎有何區別。換句話說，現象學研究就是要將看似模糊隱晦者、日常生活中以理所當然的態度難以理解者，透過反思，使之可親。只要是和經驗或活動有關的，不管是母職、父職、教學、測驗、閱讀、跑步、領導、借貸、畫畫、駕駛、或者是對時間、空間、事物、身體或他人的經驗，我們都可以透過反思自問，是什麼構成了該生活經驗的本性？

寫作與再寫作的藝術

　　我們會問現象學研究像什麼呢？這個問題既不在於問「現象學研究是什麼」，也不在於問「研究發現要如何寫作」。因為從現象學的觀點來看真的做研究就已經是、立即是、一直都會是「讓事物發聲」。而這種深思熟慮後的發聲最常見的就是寫作的活動。現象學寫作可以被思考為一種發聲嗎？或者發聲現所使用的語言可被視為一種思考？根據經驗來看，語言和思考密不可分。梅格－龐蒂（Merleau-Ponty, 1973）說：「當我說話的同時，就是我發覺到了我想說的是什麼」（頁142）。嘉達美（Gadamer）則解釋（1975，頁366-397）思考和說話、理性和語言是如何來自同一根源—理性—而獲得它們當代的意義。而理性也就一直含藏著會話、探究與提問的意義：提問如何讓談論中的事物被看見。所以，現象學就是理性（語言和深思

熟慮）的應用，應用到一個現象（生活經驗的某個面向）、讓事物
能精確地展現真貌。借用海德格（Heidegger, 1962）的話來說，就
是：「讓萬事萬物一如自身所展現的真貌般地被看見」（頁58）。

維持一種強大且導向性的關係

　　與某些人所想的恰恰相反，現象學取向的人文科學，是一種對
它的實務工作者要求非常多的質性研究方式。研究過程中，除非研
究者能對根本問題或概念保持強而有力的態度，否則往往會有許多
的誘惑，使得研究者走偏了、徬徨地沈溺於徒勞的空想，或者停頓
在先前想法和概念之中，或者迷失於自戀式的反思或個人的成見之
中而不自覺，或者又再跌入強調概念的分類、理論抽象化的陷阱之
中。如要與某一特定的問題、現象、或想法建立強而有力的關係，
研究者千萬不可以採取所謂的科學的冷漠態度。趨近某客體時我們
對於自身當有所定位，這就是說我們是被該客體激起了身為一個完
整的人所具有的生命力；對我們自身的導向要強而有力，意思就是
我們將不會駐足於淺薄的表相和虛假的偽證。

考慮部分和整體以平衡研究的情境脈絡

　　質性研究（qualis意思就是『什麼』）要問的是「是什麼」的問
題（the ti estin question）：它是什麼？這個現象意謂著什麼？
但是，當一個人投入這類問題的研究的同時，也會有忽略現象學研
究之終點目標的危險：現象學研究的終點目標，就是要建構了一個
以對話為結構、以論辯為組織，旨在發揮某種效果的文本。換句話
說，一個人可能會因為非常投入追逐問題的答案是什麼，以至於陷

在叢林中、動彈不得，未能抵達清澈之境以賦予文本揭露的力量。也就是說，研究者必須持續地衡量研究的整體設計，而非僅僅考慮到各個部分在整個文本結構之中的重要性而已。研究者很容易沈浸在寫作中，而不再知道該往哪裡去？下一步要做什麼？要如何跳出自己挖掘的陷阱呢？很多時候，必須退後一步，看看整體、看看所給予的情境脈絡，以及該如何讓每一個部分對整體有助益。該研究確實以問題的揭露為根據嗎？現有的知識形式對研究問題的助益，是否受過檢驗呢？是否看出某些現有的知識形式（理論、概念），反而遮蔽了我們對現象真實的瞭解？

結語

　　以上的方法就是本書進行人文科學研究所要求的方法論架構。現在接下來的問題是：以上六個方法論主題在研究程序上的動態相互作用，要如何進一步釐清呢？雖然剛才以某種特定的順序來討論這六個主題，但這並不表示研究者必定要執行和完成每一個「步驟」（step）。事實上，把下面幾章逐一討論的方法論主題，現在就組織起來一起討論，事實上，反而是一種不自然的、拙劣的呈現方式。在實際的研究過程中研究者可能會時斷時續地、或同時用上述不同的層面。

　　所以，下面六章會進一步詳盡地討論和說明這六個方法。但是，必須再次強調：身為研究者千萬不要把本書當作是一種介紹機械化方法的人文科學入門書籍。這種想法是很有可能發生的，因為下面六章表面上看起來很像是在介紹做人文科學研究時各個程序步驟的順序。這種技術掛帥的想法深信：任何麻煩或問題都可以透過某些技術或方法來解決或解答。然而，一個研究者應該很快就發現到不管本書提供了什麼樣的「實務」（practical）建議，這些建議都要仰賴研究者能更加沈靜地體會、把握此種探索背後的精神。本書

　　並沒有提供一套絕對的研究程序讓人盲從。雖然，把研究過程的各層面都一一道出，對讀者可能有所幫助，不過研究的關鍵時刻終究不是有系統的說明所能捉摸的。像這樣的關鍵時刻，則更有賴人文科學研究者自身能具備的解釋敏感度、有創造力的深思熟慮、學術上的機智圓融、以及寫作的天份。

轉向生活經驗的天性

高淑清 譯

第一節　生活經驗的天性

什麼是「生活經驗」？這是一個很重要的問題，因為現象學人文科學起始於生活經驗，最終也要回歸生活經驗。狄爾泰（Dilthey, 1985）認為生活經驗大部份的基本形式牽涉到我們立即的與反思前的生活意識：也就是一種反映式的或者自我給予的覺知，作為覺知，它本身並不自知。

> 生活經驗並不是被我所覺察或者被呈現給我的某種東西，它並 非被給予我的，事實上，生活經驗的實體就與我同在，因為我對生活經驗有一種反映式的覺知，因為我立即擁有它，正如它以某種感覺屬於我般。只有在思想層次上它才成為客觀的。（223頁）

在此我提出一個類比為例，如果你是一位新老師，站在教室前面，第一次面對這個班級，你可能發現很難忘記所有的學生「正注視著你」（looking at you）。有些老師也有相同的經驗，每次新學年開始時，面對新班級的時候會感覺學生注視著你，這種「感覺被注視」（feeling looked at）可能讓你很難自然的表現並很自由的說話。同樣的經驗可能發生在被電視台訪問或參加專題討論會上。要發表意見的時候，突然之間你發現所有的眼睛都在看你，而這些眼睛會讓你對自己的聲音和身體不再那麼的想當然爾。整個情境強迫我在經驗當時去覺察我的經驗，其結果是令人困窘難堪的。然而，只要我完全融入那個討論情境並且「忘記」（forget）聽眾的存在時，我便能再進入立即的、自然的行動中。然後只有在後來重新去反思它的時候，我才能試著去理解整個討論會像什麼。

很多學者都指出生活經驗在剛開始的時候，有一種生活時間的結構：這種結構在剛開始體驗的時候，無法立即去掌握，唯有以過

去的形式去反思才可得。更進一步來說，生活經驗適切的意義通常總是過去的情事，且無法完全掌握它的豐富性和深度，因為生活經驗隱含著生活的全部，所以我們對生活經驗的解釋性檢證，具有一種方法上的特性，也就是我們只能把特定關連到普遍性，把部份關連整體，把某部份的情節關連到全部。

梅洛－龐帝（Merleau-Ponty, 1968）對生活經驗的意涵提出更本體論方面的表述，他認為生活經驗是一種立即的覺知，稱之為「敏感性」（sensibility）：

> 敏感需要正確地被置放在中庸位置，敏感的可感覺性在於沉默，感知的沉默訴求是存有的獨特方式，是一種製造存有自身卻沒有成為絕對、沒有終止成為曖昧不明或超驗的……敏感就是在沉默中成為證據的可能性，且能夠隱約地被了解。（214頁）

生活經驗是現象學研究的起點也是終點。現象學的目的是想要把生活經驗轉換成一種經驗本質的文本表達—亦即文本的效果就在於一種反思式的再活現，以及對某事有意義的反思其適合度：這意謂著讀者也能夠在他或她自己的生活經驗中有力量地賦予生命。

狄爾泰（Dilthey, 1985）認為生活經驗對靈魂來說就像呼吸對身體一樣。他說：「就像我們的身體需要呼吸，我們的靈魂需要在情緒生活的回響中實現並擴展它自身的存在」（頁59）。生活經驗摒住意義的氣息，在生命的流動中，意識以一種來來回回，反覆不間斷的方式來抓住意義：是一種內在和外在持續的互動，讓事情具體化。舉例來說：我對孩子的期望有一種反映式的意識，以及把孩子當作期望的客體，在生活的流動及經驗生命的呼吸時，有一種確定實體存在的感激。因此，某一生活經驗有某種特定的本質，也就是我們面對過去所認識到的一種「品質」（quality）。

嘉達美（Gadamer, 1975）觀察到「經驗」（experience）這個

字有一種濃烈緊密的意義，他説：「如果某件事被稱為或認為是一種經驗的話，它的意義就會把這個經驗帶入重要的整體中」（頁60）。什麼使經驗具有獨特性以至於我們能夠反思並談論這個特定的「結構連結」(structural nexus)（Dilthey, 1985），也可以説是一種主旨，使經驗具有它特定的品質（中心想法或重要主題）。狄爾泰(Dilthey, 1985) 説：「生活經驗彼此互相關連，就像在歌劇的行板樂章裡面的主曲之間的關連」（頁227）。狄爾泰（Dilthey）所説的「結構」(structure)或「結構的連結」(structural nexus)（頁228），乃屬於特定的生活經驗之某物（就像是組型或意義單元），它關連於經驗的情境脈絡，成為經驗脈絡系統的一部份，只有從意義的反思過程，才能讓它顯現出來。

　　我和我的兒子在鄉村小道上騎腳踏車，騎腳踏車本身並沒有目的性—因為我們並沒有特定要到任何地方，是騎腳踏車時的一種空間，心情以及共享世界的品質，讓我可以聯結到跟我的孩子Mark一起騎腳踏車的一種共有經驗。每當夏天，我們在維多利亞州外圍的鄉間渡假時，每次開始騎腳踏車，我們都有一種一般騎腳踏車時的充實感。我之所以記得某次的單車之旅，主要並不是因為我們騎車所練習的技巧如「貓走路」(cat walks)、「兔跳躍」(bunny tricks)和「前輪躍進」(front wheelies)等—雖然Mark大部分的時間都被這些把戲所佔據；但是練習前輪躍進等技巧時反而提供了一種方式，令人可以回想Mark和他的父親騎單車時在道路邊所創造出來的會話空間。「您在我這個年紀時也做這些單車技巧嗎？」「您騎什麼樣的單車？」「您有比較大的朋友嗎？我的意思是説像Michael Decore那種大孩子？」（Michael是一個很「酷」(cool)的12歲男孩—鄉里的滑板選手冠軍，他常和Mark「打招呼」(greets)並教他如何滑「交錯步」(tick tacks)、「快速降落」(acid drops)和「360度旋轉」(360's)那類技巧。）當我們在鄉間道路上漫遊，上下陡坡或讓路給汽車通過時，我們的會話維持著一種步調。

　　當我們（反思地）以回憶的方式來收集這些生活經驗的時候，這些生活經驗便聚集一種詮釋的重要性，經由靜心冥想、會話、白日夢、靈感以及其他解釋的行動，我們對於我們過去的生活現象賦予意義。例如，跟我的小孩「一起去騎腳踏車」（going for a bike ride），這個行動產生了某種特定的交談與特定的相處，這可能遠不同於睡覺時床邊的交談，也跟早上起來吃早餐時的廚房閒聊的氣氛不同。或者問我是否享受騎腳踏車時的時光，因為它在我們的關係中允許一種特定的調調：一種親近的感覺，然而又有些距離的親密感；一種生理上的接觸，然而又有分開的活力；一種戶外的參與，然而又保有內在的私密空間？和我七歲的孩子「一起騎腳踏車」（Going for a bike ride）是一種生活經驗，也就是說，那是我生命中一種確定的意義層面。在這個經驗裡面，有某種完滿，讓這經驗具有獨特性，而這經驗也讓我在反思的過程中允許我稱它為「和我的孩子一起騎腳踏車」（going for a bike ride with my son）。

　　但是在反思行動之前或甚至沒有反思行動時，我們日常生活中仍存在著隱約的、非主題的或非反思的意識類型，它簡單的呈現出我在做什麼。這種意識可稱為「騎腳踏車意識」（biking consciousness）、「言談意識」（talking consciousness）、「父職意識」（fathering consciousness）、「教學意識」（teaching consciousness）等等。它（還）不是一種騎腳踏車的、言談的、教學的或父職的意識——而是一種自我意識，是在這些行動中的意識。換句話說，在實際生活中，體驗生命意味著在這世界中成為爸爸、成為媽媽、成為老師，或者是去愛、去活動、去感受——是在這世界中非主題式的被意識到。相反的，反思式的意識是持續的由這些非反思式的生活層面提供材料，慢慢的就給予主題化了。所以，就像梅洛-龐帝（Merleau-Ponty, 1962）所指出的，現象學是一種必須去掌握未經反思的生活，並對這些生活給予反思式表達的人文科學研究。

　　現象學的人文科學最終的目標聚焦在對「世界的再次趨近，並

做直接且原始的接觸」（re-achieving a direct and primitive contact with the world）——就如梅洛-龐帝（Merleau-Ponty, 1962，頁vii）所說的一種被立即經驗的世界。而這牽涉到一種文本的練習：反思式的寫作，這種文本活動就是我們所稱的「人文科學研究」（human science research）。這是對人類存在的現象學和詮釋學的研究：為何是現象學呢？因為它是對生活經驗（現象）的描述性研究，企圖透過對生活經驗意義的挖掘，來豐富生活經驗。為何是詮釋學呢？因為它是一種對生活經驗的表達和脈絡（文本）描述的解釋性研究，它企圖決定存在經驗表達文本裡的意義。

　　由於後現代主義、解構主義及其他語言導向的人文科學取向之影響，讓經驗與知覺的認識論，已經某種程度的轉移到語言以及文本的認識論。簡言之，對認識論移轉的信任最主要是我們理解到生活經驗是跟語言有關，感謝語言讓我們能夠回想並反思經驗。人類經驗之所以成為可能，是因為我們使用語言。語言對我們人類而言，是很根本的部分，如同海德格（Heidegger, 1971）曾經提出，語言、思考以及存有是同一回事。生活經驗本身似乎有種語言的結構，根據李克爾（Ricoeur, 1981）所說的，經驗、意識或無意識就像語言一樣被組織起來，所以一個人能夠說出所有的經驗，所有的人類互動，如同某種文本一般。假如將這項隱喻按字面看來，可以說所有的現象學描述是一種文本解釋或稱詮釋學。文本的觀念呈現多元的、甚至相互衝突的解釋意涵，如果整個世界的所有都像文本，那麼每個人就成為一個讀者（以及一個作者），那問題就來了，誰的閱讀以及誰的解釋才是正確的呢？

　　感覺上，文本脈絡的意涵終究具有豐富的隱喻設計用以分析意義，因此，若所有的經驗像是文本的話，我們需要檢視這個文本如何被社會化建構起來，而解釋是為了要使各種潛藏在文本裡的意義顯示出來，如此一來則可能分析社會建構的形式，或者是解構文本的形式，使能夠讓意義顯露出來。然而，我們千萬不要忘記，人類

行動和經驗就是行動和經驗本身，如果我們把整個世界化約成文本，以及把所有的經驗視同文本一般看待，那我們已忘了個人方法論中隱喻的源頭。

第二節　導向現象

　　梅洛－龐帝（Merleau-Ponty, 1962）說：「現象學是本質的研究」（頁vii），不過，「本質」（essence）這個詞不應被神祕化了。所謂本質，我們並不是說是某種很神祕的實體或發現，它也不是意義的最終核心或剩餘物。事實上，所謂的本質，可從語言的建構加以了解，它是一種現象的描述。一個好的描述能夠把某件事的本質架構起來，以揭示生活經驗的結構，讓我們能夠以至今仍未被看見的方式去捕捉這個經驗的本性和重要性。當現象學者詢問現象的本質──一個生活經驗──時，那麼這種現象學的探究，就像藝術家的努力，它是一種創造的方式，用語言的描述試圖捕捉特定的生活現象，此語言的描述既是全貌的也是分析的，既是從線索去感知也是精確的，既是獨特的也是普遍的，既是強而有力也是很敏感的，所以現象學探究何種適當的題目取決於對生活經驗基本天性的提問：在世存有的一種特定方式。

　　而現象學的關注總有兩面特性，一個是生活經驗的具體性（本體的），另一個是生活經驗的基本天性（本體論的）。現象學主要所關心的，並非一種抽象的理論或者某事件純粹的事實層面，現象學總是會問的是：什麼現象的本性被有意義的體驗過？例如現象學對於兒童閱讀經驗的興趣並非著重在運用一些假設變項或者檢驗技巧來比較團體之間、班級之間以及學校之間閱讀經驗的差異。相對

的，現象學問的是：對兒童而言，閱讀經驗本身是怎麼一回事？對一個幼兒而言，閱讀像什麼？

　　同樣地，現象學比較少關心心理學的、社會學的或文化的事實特質，或者是人類經驗的意義結構的差異性這種事情。因此很重要的是，研究者要很小心的把問題焦點放在什麼樣的人類經驗之可能性為何，以形成現象學探究的課題。這個現象學研究的起點，主要在於辨識什麼經驗深深地引起你、我的興趣，且辨識此興趣乃真實的現象，例如某些人類所經歷過的經驗。人類可能的經驗，其性質與數量就像人類生活本身一樣的多變與無限。

　　誠如上述的說明，將自己導向某一個現象總是隱含著某種特定的興趣，特定的情境，或生命中優越的落點。而我對於生活世界的導向是教育者的觀點：我以做為一個家長或做為一個老師的角色來導向生活。這種導向有一種特定的感覺，這並不表示我不是一個丈夫、一個朋友或一個喜歡閱讀的人等等。在本書中，我將以自己在生活世界中做為家長或做為老師對教育學的興趣為例子，來討論現象學以及詮釋學方面的人文科學方法。畢竟，我對教育學上的興趣無法與我對人文科學的興趣切割開來，這是因為我對於兒童有興趣，對於兒童如何成長和學習這個問題有興趣，因此我把自己教育學上的興趣以現象詮釋學的模式導向兒童。

　　所以當個人導向於趨近某一現象時，就是他對於這個經驗有特定的興趣，像我是導向於教育學上的興趣，有些人導向於當個護士、心理學家或醫師等。

　　當我對於成人與兒童生活的教育學層面感興趣的時候，我可能會問我自己：我感興趣的是母職或是父職？從老師的功能*像瘋狂的父母方面*（*in loco parentis*）看來，教學到底像不像親職呢？我採用「父母」（parent）和「老師」（teacher）這兩個字來點出我真正感興趣的生活經驗，我會問：對孩子而言什麼樣的照顧算親職呢？從而觀之，寄養父母算「父母」（parents）嗎？收養父母或其他

履行著照顧兒童功能的人又如何？我到底允不允許並非所有的（親生）父母都像真正的父母這種可能性的存在？我真正要問的是：對於親職的經驗，是否存在某種基本的特質？這類的提問著重在被探究的經驗性質：是質問對現象的認定。做為一個父親以及一個老師，我有很多機會去看看父母和教師所擁有的經驗，而且當我對這些經驗有所反思的時候，很諷刺的是，我卻很難清楚的理解這經驗包括些什麼。當我協助我三歲的男孩吃早餐或晚餐；我們愉悅地創造積木和玩具的世界；我們玩騎馬遊戲；我擔心他會在冰雪中摔的很重；我在孩子睡覺前說故事；幫他們蓋好被道過晚安後，我又被喚回，再來個額外的親吻；或者我們可能閒聊在黑暗中的恐懼。甚至孩子大點，爸媽會討論早期音樂課程的明智之舉，以及如何看待我兒子（Michael）對他朋友的反應等等，這就叫做親職嗎？當然是。但如何是呢？這些經驗是在什麼意義上稱得上是親職的例子呢？父母和孩子遊戲的經驗有別於任何人和孩子遊戲的經驗嗎？受過訓練的老師對我孩子說或讀故事，難道做得不比我對孩子說故事的能力還好嗎？父母談論自己的孩子或與自己的孩子說話，這種經驗與老師或其他人跟這些孩子說話或談論這些孩子的經驗之間有差別嗎？

事情常在快變得清楚時反而轉迷糊了，所以進行任何課題的現象學研究時，不能夠僅僅要求自己或其他經歷過某特定現象的人回憶那經驗而已，而是，如果我們要回憶經驗時，一定要對本質性的層面上著手，也就是對於那個經歷過的經驗之意義結構上著手，是帶回經驗本身，而且以一種方式使我們能夠辨識一種可能的經驗描述，這也就是說對於那個經驗*可能的解釋*，這樣一來就是現象學研究與寫作的任務：去建構某個特定人類經驗本質的*可能解釋*。為了要有一個明確開始，現象學者必須要問：什麼樣的人類經驗喚起我感覺可形成課題而加以探究？

第三節 形成現象學的問題

　　除非我已確認我對所選擇之人類經驗的天性感興趣，否則，一個真正的現象學提問是不可能的。要進行現象學的研究，就是*詢問*具有現象學意義的某事，而且要提出這樣的問題：某事「真正」（really）像什麼；這個生活經驗的天性是什麼？這樣的問題對於一個關心教育學意義的教育者而言，正是專業和個人生活的核心；而對於一個父親或者一個老師所提的問題如身為父親或老師的意義為何，則是每天都會經歷的問題。這是存在性問題的提出，因為我自己的孩子每天讓我能夠反思我做為父親行為的天性以及適當性；同樣的，我的學生以精確又明智的方式提出問題，學生是敏銳的觀察者，他們能夠區辨出專業或理論的教育學釋義，以及這種理論化僅止於闡述或真實於實際生活之間的可能差異。正因為學術和生活領域中存在著所有的緊張，以至於有關親職與教學的意義等問題才能彰顯它本身。許多父母親無疑地感受到在個人的經驗中，孩子出生讓我們感覺到難以置信的轉變與壓力，和孩子生活在一起讓我們很明顯的改變個人對生命的感覺。在教師的專業生活中，兒童進入我們的世界，和上述經驗有些不同，不過，即使在教學生活中，確實存在許多不確定的經驗，如新學期開始的第一個班級。

　　身為老師的意義是什麼？問這種問題似乎有些愚蠢，不過，有關教學研究的文獻中，似乎也或隱或顯的處理這些問題，但事實上有關教學的大量理論素材卻也讓身為老師的我們對此問題感到困窘。什麼是教學呢？身為老師的意義是什麼？老師跟學生的關係是什麼呢？兒童對你的意義以及你對兒童的意義又是什麼？讓教學在本質上可能呈現的又是什麼？

　　對於所有的現象學研究很重要的提醒是，在所有的階段都要不斷地留意個人最初的問題，而這些問題能夠導向於實際的生活經驗

中，使得剛開始所問的「它到底像什麼」（what it is like）的問題成為可能。所以我們會問：關於親職與教學對教育學具有顯著意義的經驗事實是什麼呢？當我們問親職的本質是什麼時，我們也似乎在問：親職的教育學基礎是什麼？同樣的，教學的本質問題是在關心教學的教育學問題。

教學和親職都讓成人涉及與孩子之間的教育學關係，因此我們將使用「教育學」（pedagogy）一詞來涵括或指涉親職或教學。當我們的問題變得更特定化時，那麼身為教師、爸爸或媽媽等較特定的生活模式將會被提及，所以為達到上述例子的目的，我們要訂下問題的型態：「什麼是親職的教育學？又什麼是教學的教育學？」當然，我們並非假定親職的經驗和教學的經驗是相同的，或母職與父職的經驗是相同的，所以身為一個老師像什麼？身為媽媽像什麼？身為爸爸像什麼？這並非意謂著是有關教育學的現象學前提，不過，我們使用教學的意義和親職的意義（母職、父職）等問題為例，來闡明人文科學方法的天性。

嘉達美（Gadamer, 1975）指出「問題的本質是開啓可能性並保持其開放」（頁266）。當我們持續開放於這些問題的時候，我們將發現自己深深的感興趣於，到底在最初時刻什麼情況讓問題成為可能。我們真正對某件事提出問題，是在詢問我們存在的核心，即我們存有的中心。即使比較次要的現象學研究方案，都要求我們不要只提出問題，然後很快地丟下問題；而是，我們「經歷」（live）那問題，同時我們也「成為」（become）該問題。這不就是研究的意義：再度退回原來的地方與事件本身去詢問某件事，直到我們能夠揭露某件事的基本天性？如果我跟孩子生活在一起，而真正有個問題讓我感到生動活潑，那麼我其實就是真心地問教育學天性的問題。

更進一步來說，每個研究和理論化的形式都從價值觀中產生。有關我們與孩子或跟年輕人相處的生活中，某些教育學的層面被理論化，幾乎是在顯示生活的一種形式。我們提出有關與孩子生活的

問題時，無法不關連到研究課題中對象真正的活動，如何讓一個我們所質疑或書寫的某一現象的現象學問題具有現象學的描述呢？在大部分的研究形式中，讓研究者所感興趣的問題，是以清清楚楚的描述來呈現的。在實驗性的研究中，研究問題常以一種虛無假設的形式來呈現。當研究問題越清楚、越少模糊性的時候，則研究發現的解釋也越不模糊。在許多社會與人文科學研究中，都假定一個有生產力的研究問題之形成要非常清楚且平凡的，以致於不管有能力的或「不感興趣」（disinterested）的社會或行為科學家都能夠處理該問題，所以這也就是很多的研究能夠交給助理、研究團隊或機構去執行的原因。

　　對此，現象學的研究則相當的不同，就是現象學的問題不但是要很清楚很容易被理解，而且對研究者來說是「經歷過」（lived）的。現象學研究者不能只在研究的開始寫下他的問題，尾端加個問號就放在那裡不管。不能這樣，在現象的描述中，研究者或作者必須要把讀者拉進問題中，使讀者忍不住好奇人文科學家所進行研究的現象之本性。我們可以說現象學的提問教導讀者好奇地並深入地質問研究問題所問的任何事物。有時候牽涉到要避免在研究開始時，將問題赤裸裸的完全呈現出來，而讓讀者產生錯誤解讀，或低估了問題本身可探測的本性。所以研究者或許可以用具體的故事讓讀者對所提出的課題有一種提問的心情，用海德格（Heidegger,1971，頁189-210）有關語言的論文為例。海德格（Heidegger）問：語言是什麼？海德格（Heidegger）並沒有把問題化約到非常簡略的形式，有時候人們深思地討論著問題不容易提出，因為我們可能忘記問題的核心是什麼了（見「追溯語源」一節的68-71頁）。

　　所以我們採用現象學的觀點，以幫助我們和孩子相處時，為呈顯教育學本身帶來一線曙光。是這種思維方法，引導我們能夠從理論的抽象性走向生活經驗的實體性，這包括兒童世界的生活經驗、學校的生活經驗、課程的生活經驗等等。現象學詢問簡單的問題，

例如：擁有特定的教育經驗像什麼？這真是很無知的問題，但我們可能知道我們有特定的經驗，我們感覺孤單、害怕、戀愛、無聊、亢奮等等，不過當我們被迫去描述到底這些感覺包括什麼時候，我們馬上跑到理智那邊去。然而在課程領域中，我們確信所談的是有關「學習經驗的選擇、規劃與組織」(selecting, plainning or organizing learning experiences)。這種信心隱含一種問題——這問題就是我們是否知道當兒童「有一種經驗」(has an experience)或當兒童「漸漸了解某些事」(come to understand something)的時候，這當中究竟是像什麼呢？胡賽爾（Husserl）的用詞「回到事物的本身」(back to the things themselves)，意謂著現象學的態度在於提醒我們，小心別讓我們用專業的努力去依賴一種再建構的邏輯。我們看任何事都用理論去閱讀它，一旦將理論基模帶入我們的生活當中，我們傾向於尋找一些原則（或nomos），將理論帶進來組織我們的生活。當我們努力於將生活經驗用理論和假設架構，來使得事物合理時，我們已忘記事實是活著的，人類帶著基模和架構進入存有，而非基模和架構帶著人類解釋存有。

有些學者認為現象學沒有實用價值，因為「你不能用現象學的知識去做什麼事」，從工具理性的觀點來看，或許這是真的吧！我們可以說我們無法用現象學的知識來做任何事，不過，從海德格（Heidegger）的角度，他說過，更重要的問題不是：我們能用現象學做什麼事？而是我們應該好奇：如果我們深深的關心自己和現象學的關係，那麼現象學能與我們一起做什麼事？

現象學的態度趨向於關心我們日常職業，因而迫使我們持續地提出這樣的問題：身為教育者像什麼？身為教師像什麼？就為了問這樣的問題，讓我們一開始就能夠去思考及談論有關教育學的議題，我們會問身為教育者的這種生活形式到底是什麼，而使得教學的存在與其他的職業有所不同？在許多情境中我們以成人身分與兒童做社會地接觸，其中教育學並不被允許或不被鼓勵進入其情境。一

個人之所以對孩子有興趣，主要可能是基於其身為運動事件的教練，販賣音樂光碟片或經營一個錄影帶店；不過這樣說會挑戰一個問題，就是做為曲棍球教練、推銷員、幼童軍領導者、數學老師或學校校長之間有什麼不同的經驗。無疑的，教練跟教育者之間有一些共通性，他們都是孩子的老師，所以那些教導孩子的人當中他存在著有本質的與非本質的差異性。然而，老師如同教育者仍會展現出教育學方面的差異。所以我們需要問教育學的天性如何讓它具有一種智識性。現在，簡單且純真的現象學問題，「這像什麼？」有了深層的面向，因為我們會去問這樣的問題：什麼樣的答案能夠滿足現象學智性的要求？我們要如何才可能對老師與孩子之間所存在的教學關係，有深深的了解呢？什麼樣的說法能夠滿足這樣的了解？在現象學中什麼樣的說法才算是一種答案呢？

　　要處理這個問題的方式之一是對知識做理論化，例如透過有關不同知識間的區別，藉由理論化來認識我們的答案，但是，如果我們希望對於現象學的承諾仍維持回應的話，我們必須避免想要發展實徵論的基模、派典、模式或其他知識類目的抽象化。相反的，我們應該把知識的問題回到生活世界中，在那裡知識是透過我們的生活經驗來講話的，因此我們希望去問：我們是如何回答構成現象學知識的問題，且如何讓問題逐漸的清楚；換句話說，我們是如何以一種圖像似的以及回憶的方式表現出教育上的經驗是什麼？從一個現象學的觀點，我們要時時提醒自己，知識的問題經常讓我們回到我們的世界、我們的生活，回到我們是誰，以及回到是什麼讓成為教育者的我們去寫、去讀、去說：這正是在文字、說話及語言背後所呈現的圖像。

第四節 闡述假定和先前理解

　　現象學探究的問題並非總是我們對於所要探討的現象所知太少，而是我們所知太多。或更正確的說，問題是我們的「常識性」（common sense）的先前理解、我們的偏好傾向、假定、以及既存的科學性知識，讓我們在我們還不能夠充分掌握現象學問題的重要性時，便偏頗的去解釋現象的本性。用另外的一個方式來描述這個困境，也就是說不僅是日常生活的知識，科學知識也經常會相信我們已經對這個現象知道很多了。比如說，親職現象是什麼？父母做什麼或應該做什麼？這種解釋是在我們還沒有從剛開始對於身為一個父母的意義是什麼作充分的了解。我們要如何能夠去懷疑這些信念或把這些信念括弧起來呢？胡賽爾（Husserl），早期他是一個數學家，他使用「放入括弧」（bracketing）這個詞來描述一個人如何去掌握那個現象，以及把那個現象放到一個人既有的知識架構之外（1970b，頁33 –42）。但是，一個人如何能夠把他所選擇研究現象的任何既有知識排除在外呢？如果我們僅試圖去忘記或忽略我們已經知道的東西，事實上，我們會發現這些事前假定，還是會偷偷地進到我們的反思中。對我們的了解、信念、偏見、假定、事前的假設和理論，我們最好先把它顯示開來，我們在研究的時候，先確定我們的假定，而不是刻意把它遺忘。比較正確的做法就是把這些觀念小心的放在一個地方，甚至於找到知識自相矛盾的地方，把它淺顯的地方暴露開來。

　　例如我探討一些有關專家對親職研究的文獻之後，發現大部分的研究並沒有提出親職意義的問題，他們只是試圖要對所有年齡層的爸爸或媽媽提出建議。我也注意到所謂親職經常是考慮到一種可用來教導如何做的技巧：例如一些流行的書籍標題寫著：父母效能訓練、如何處理過動兒、如何跟成長中的青少年相處、難為的愛等

等，不管這些書如何提出實用性的內容，它們並沒有讓我們更了解親職本身的天性。

在研究的文獻中，有四個隱喻支配著親職研究：（1）當兒童心理學家認為新生兒只有很原始的感官功能的時候，父母被建議提供好的物理照顧環境給他的小孩，不過嬰兒的房間只是經消毒的空蕩蕩地方，其中擺著嬰兒床，只是奶瓶而已，最好的父母就是對他的嬰兒提供生理需要的滿足，即使是「媽媽」（mother）的愛也被轉化成某種形式的生理照顧而已（例如哈洛（Harlow，1965），有名的實驗，從鐵線母猴和布做的母猴見證了接觸的重要）另外哈洛（Harlow，1965）及鮑比（Bowlby，1978）研究發現餵母乳對孩子的身體營養以及親子依附關係的重要性。即使在今天許多人仍相信數週或數個月的嬰兒，沒有辦法對他們的環境有明顯的知覺敏察力，所以親職的本質在這段時期主要是提供生理的照顧。（2）第二個隱喻從生理的照顧走向心智上，許多研究都指出親職基本上包括的是一系列的態度、心智及對孩子所採取的特定安排，例如，教導媽媽母愛和適當的情感對於嬰兒的健康發展是很重要的。（3）接下來又回到身體上，但這時候不是餵奶、清除大便這樣的功能而已，而是說親職的隱喻是一種刺激，透過行為技巧或刺激的環境，不斷的給被動/反應的孩子刺激，好的父母意謂著藉由行為獎賞技術來增強孩子正向的行為。（4）最近的隱喻是來自於語言學，它界定親職的本質是一種問答或對話，心理學家已經發現透過慢速回溯錄音帶的協助，嬰兒與母親的溝通與互動有不可置信的多樣性與微妙性，這個研究提出新的理論，指出嬰兒與照顧他們的人應有身體的面對面或眼睛接觸。

不過這些理論或隱喻對親職的天性又說些什麼呢？很明顯的，這些有關親職本質的研究，其根本的要素大多包括隱喻與隱喻之間的一種交換，試圖去找出共同的分母。這些研究剛開始都努力想要去探討親職本質的某一概念之多種要素，在那時候，不管是基於任何意識型態的理由或社會歷史環境的原因，這概念只是它多項層面

中的一種而已。換句話説,曾經被考慮為很基本的,現在僅僅是一個層面或一個觀點而已,而那些層面的深層意義仍沒有碰觸到。致力於親職研究的心理學家似乎很清楚的了解到這些模糊性,在經過檢視親職研究幾十年之後,謝弗(Schaffer, 1977)下結論道:儘管所有研究的努力,有關親職天性的問題仍然是個未解決的問題,他説:「某些很本質的東西被遺漏掉了。」他繼續以一種嚴肅的口吻説:「你問任何媽媽,她認為母職的本質是什麼,她會毫無疑問的回答:愛。然而,令人好奇的是」,謝弗(Schaffer)繼續説:「母愛尚未成為可研究的問題」(頁77)。謝弗可能説對了。不過,即使是學者們感覺到親職本質在於無法研究的愛的領域裡,仍然難逃某特定認識論的虛無主義的説法。以科學的感知來看,我們還未能了解什麼是愛,無論是母愛或父愛不外乎是用文化既有的現象去描述它。頂多這樣説,母愛只是一種社會學習的行為,較不佳的説法是,有些當代女性主義者説母愛其實是一種男人對女人的歷史陰謀,要讓女人依附到她的兒子跟丈夫的連結中。

這似乎是一種認識論的虛無主義,強迫我們總是以一種相對的、歷史的、建構的、社會的特徵角度來看所有的真理,而放棄了對於事實的深度的詮釋學的一種理解。但是更妨害我們從一個現象學的觀點來看的是,提醒我們愛只不過也是親職的一種隱喻,文字多用來説明某種特定的(情深的)互動的方式,少用來説明這些互動的深層意義。尼采(Nietzsche)曾經觀察所有的語言以及所有的真理和錯誤,在最原始的地方只不過是隱喻性的(Nietzsche, 1873/1954,頁46)。實質上我們所説的每一個字,最終都來自於某些意象,因此會不經意地顯露它所隱喻的原始起源。我們最感驕傲的某件事,我們最確定的觀念,我們最忽略的某些一般性,都必須去允許附著到隱喻的細譜上,不過這些言説的隱喻性起源,是不是提供了親職專橫的所有真理呢?真理和錯誤無法區別嗎?這是不是意謂著我們沒有辦法確定知道有關親職的任何本質呢?難道這意指沒有一

個基礎或原始的地方能夠產生以支持教育學的論點嗎？如果這是事實，那麼我們能夠做的是去發現有關親職的最近的隱喻以及暴露出它的觀點的性質。而且可能是在某種哲學的意義上，這種缺乏基礎是我們的困境。不過，隱喻並非簡單的只是沒有底的基礎或空的核心或語言最後的目的地。透過隱喻，語言能夠讓我們超越隱喻的內容，走向原始的地區，並在其中透過沉默來言說。這個隱喻的途徑是思考與詩化的言說。渥爾夫(Virginia Woolf, 1932)曾經描述文字如何發現他們不僅在隱喻語意上有限制，隱喻本身也是語言的方式，使詩人能夠超越限制：

> 透過隱喻的大膽以及順暢的使用，詩人能夠豐富的給我們事物……
> 本身，也給予迴響和反思，從他的心智中，形成事物，很接近原始
> 的地方，以至於可以敘說闡示，也可以很疏遠以致於強化、放大並
> 豐富我們對事情的了解。（頁32）

　　那麼了解親職的本質，它又意謂著什麼呢？可能親職的教育學最原始的地方，是我們很難僅僅用命名或概念化的方式去發現、去建構、去認定。相反的，那種原始的真正意義，是讓我們能夠把親職的教育學中最原始的經驗重新帶回、回憶且再呼喚。就如同馬叟（Marcel, 1950）所說的：親職的教育學並非是要解決什麼問題，而是有一個神祕之地，需要我們去理解它。我們對於親職的教育學這個神祕之處想要去理解，因此，並非我們想要去解決那個問題，而是想要重新捕捉某件事：也就是我們要重新達成直接接觸那個與孩子接觸的生活世界，以喚醒最原始實體的靈魂。

　　但是基本上把教育學或親職稱作一個「神祕地帶」（mystery），我們是否因此認為這個地方比較少實體性或真實性在其中呢？不是的，這個親職的神祕性，其實是可知的。我們無法否認我們實體所具有的感覺、直覺、意識、意志及心情。所以，親職並非簡單的

全體，不是行為的特定模式，甚至不是所謂的「愛」(love)或「照顧」(care)的這種情緒或這種感覺。事實上是我們將所謂母職或父職的感覺加進和孩子相處的一種教學關係的現有存在(presence)中，所以說教育學本身並非宣稱它自己是一個全體、行為、感覺或情緒，而是透過它們使教學關係存在。親職是完全神祕的，不過是可以知道的。所以親職的現象學專案計劃，並非去轉換（或減少）親職的原始狀態關係使成為一種比較簡單能夠容易理解、清楚界定的概念以便能夠驅散它的神祕性，而是想要讓這個神祕性更充分的進入我們的現有存在中（Marcel ,1950）。這樣的專案善用語言的方式，要讓我們更接近使用語言之前的狀態，在基本上轉換一套精確的命題陳述。

在結束本節之前，我們必須要進一步評論關於把親職當作愛或照顧的這種假定。心理學家已經主張親職照顧並非是數量上的照顧，而是品質上的照顧對兒童的發展才有意義，這個主張必須再被確認，因為有越來越多的嬰幼兒，由於父母工作而使得他們清醒的「較好」(better)時光在日間托嬰中心度過。然而，不管托嬰中心的環境是多麼能激發教育性的環境，我們仍不清楚這些托嬰中心的工作人員是否能夠或應該提供「親職經驗」(parenting experience)給這些嬰幼兒。這些托嬰中心的工作人員能夠提供親職給這些小孩嗎？如果其他人員（養父母、老師或托嬰中心工作人員）真的對孩子提供真實的親職照顧，那所謂的親職的愛對孩子來講意義又是什麼呢？生父母能夠自然而然的成為（唯一的）真正的父母嗎？

第3章 研究我們所生活的經驗

高淑清 譯

第一節 資料的本性
（資料：被給予或授與的事物）

　　生活世界，一個生活經驗的世界，不僅是現象學研究的源頭，也是現象學研究的對象。為了要對親職或教育的生活經驗進行研究，個體需要強烈要求自己並導向親職或教育意義的問題。教育學（親職或教育）的涵義，不應考慮到任何關於「被給予」（given）或「被授與」（granted）的概念，教育學的意義需要在教育學的經驗中被發現，因為當先前的假定被懸而未決時，所剩下的便是整個教育學的生活經驗。所以我們需要探究生活世界中的每一個生活經驗的素材，基於反思的檢視，這些生活經驗的素材也許將會產生某些基本性質來。

　　在人文科學的觀點中，已經很確定的是，「資料」（data）一詞的涵義很曖昧不明。本章將討論各種「聚集」（gathering）或「蒐集」（collecting）不同型式生活經驗素材的取向。在生活經驗的脈絡，說到「資料」（data）一詞在某些層面上是相當具誤導性的，特別是因為「資料」（data）的概念顯然一直與行為科學和其它實證社會科學等量化研究相關聯。當我們提到「聚集」（gathering）及「蒐集」（collecting）人文科學資料時，就如同人們所說的「客觀的訊息」（objective information），如此一來，就可能被認為企圖借用所謂的「硬」（hard）科學所稱的資料。然而，若論及所謂的「會話式訪談法」（conversational interview）、「靠近觀察法」（close observation）等方法牽涉到的「資料」（data）聚集或蒐集並不完全錯誤。當某人對我而言是關聯到某個有價值的經驗，我就已從中獲得某些東西，縱使這個所獲得的「東西」（thing）並非可量化的實體。

　　對於「資料」（data）的涵義，我們進一步感受到它與現象學有某些關聯。「資料」（datum）一詞最初意謂著「被給予」（given）或「被授與」（granted）的某事，而且我們每天生活中的確可以感覺到經驗是「被給予」（given）的。當然，我們還要了解到經驗的記敘或生活經驗的描述──不管是口頭或書面的言說論述──與生活經驗本身並非完全一樣。所有經驗的再蒐集、反思、描述、訪談錄音及會話錄音謄寫方式，都已經是這些經驗的轉化形式。即使直接以磁性錄音或光感應錄影帶子捕捉生活本身，被捕捉的剎那也已經是轉化過的，若失去這迷人的戲劇性要素來反映留意我們生活過的意義，現象學也許就不必要存在了。所以結論是，當我們了解到個人從深層的生命之海所帶上來的表面意義，事實上它已經失去它們未受干擾前所存在的自然波動時，我們需要重新找到進入生命中各個生活層面的入口。

第二節　　運用個人的經驗爲起點

　　對現象學研究而言，上述重點的自然後果在邏輯上便是以自我為起點。因為我自己的生活經驗除了我自己可以立即進入外，別人都不行。然而現象學者並不想以純隱私的或自傳式的虛擬個人生活來困擾讀者。私人感傷事件或快樂情事的表露，也許會在朋友間、愛人之間、或生活閒聊中分享出來。而在描繪個人生活經驗的敘述時，現象學者知道個人的經驗也可能是別人的經驗。

　　當我在進行個人生活經驗的描述時，我試著盡可能地以經驗上的術語來描寫自己的經驗，並聚焦在一個特別的情境或事件上。正

如梅格－龐蒂（Merleau-Ponty）所說的，我並沒有對自己的經驗提出因果的說明或解釋性的類推，只是試著對自己的經驗本身給予最直接的描述（1962，頁7）。

　　以下我將試著寫下我初為人父的經驗內涵：

　　「擁有小孩」（having children）的經驗如何進入我的生活？……記得有幾次的場合，朋友們談到他們對擁有自己小孩的高度滿意感，以及擁有小孩以後如何改變他們看待生活及世界的方式。當時我總認為我了解他們在說什麼（但現在我知道當時我並不了解）。我曾反駁地說，我感覺一個家庭裡不缺也不需要有小孩；我也曾雄辯並堅信我在學校教書的孩子們就可以給我類似的滿意感，而不需要「擁有」（possess）自己的孩子。對於成為父親的想法，我感受到一股強烈的，幾乎是生理上的厭惡。且私底下，我也認為我那些擁有小孩的朋友們是愚蠢的。我曾向我太太Judith說，和年輕的父母親交談就像在跟異教徒說話一樣。每當我們回到家裡，我們常會談論著我們是何等的幸運，可以享受彼此、享受寧靜、享受書本，而且可以自由地做我們喜歡的事，到我們喜愛的地方。然而Judith偶而會提及她對我們決定不要小孩的疑惑，但都被我說服了，那時我才30幾歲並覺得還年輕。

　　有一天我們拜訪Judith的表姊家，她才剛生下第三個小孩，我回想那個家的混亂－食物的氣味、餅乾、垃圾、污跡、玩具及毛毯.....這林林總總讓我對小孩吵鬧的油膩感產生些許抗拒，那景象如此相對於我們家或教室。就在此瞬間，我很清晰地看到我太太將這個新生兒抱在手臂裡，那時我內心有著莫名的感動—她和這嬰兒，是如此地美妙可愛—那樣的畫面似乎是正當且美好的。當下一次生小孩的話題出現時（可能是我自己提出的），雖然我仍然反對但已較薄弱，我還是懷疑自己是否擁有成為一個熱誠父親的能力。我再次向Judith提出不太信任我們目前所生活的世界時，那次我更脆弱易感。過去我認為將小孩帶進這瘋狂境界是如此地愚蠢、如此地自私自利。但很奧妙地，當下我卻是多麼想要我的第一個小孩出生。然而有時候我感到擔憂害怕，擔心若不能愛Judith所懷的小孩

時，我該怎麼辦？當我對著太太說些支持性的話時，我的內心其實感到內疚，我只對我自己承認我內心的不確定感。

　　當然，上述生活經驗的描述並非現象學的描述，生活經驗的描述是需要處理的資料或素材。在此需要特別強調的是，當我在回憶寫作初為人父的猶豫不決時，我抑制著不作嘗試去「解釋」（explain）我為何對成為父親如此的勉強與疑惑。無論我的勉強是否由於童年經驗、自我概念、我的婚姻及工作的某些影響因素所造成的，或是任何讓人想深究的隱藏或下意識的因素。勉強的父職是我對擁有自己小孩想法的初始反應，這個初始的勉強與後來的生育、遇見以及和自己小孩一起生活時心理上所產生的深刻撼動經驗形成強烈對比，促使我對親職意義這個問題的現象感到興趣。這只是每一個人在成為親職的早期階段，很可能會遭逢的經驗。

　　但是生活經驗的描述，到底用什麼方式幫助我們解開教育學意義及成為父母親意義的疑問呢？從成為父親的勉強轉換歷程中，我可以捕捉到的是經驗上真實轉換的一種言說：一種從男人到父親的轉換經驗。透過經驗性的自我驗證，不可否認地，我馬上就可以捕捉到做一個父親和過去的我（一個男人），基本上是不同的，且這些不同意義的本性是難以闡述的。因此，我們需要一種現象學的人文科學。

　　這裡有另一篇個人生活經驗的描述，這次是重新蒐集我在學校當老師的生活：

　　有一天我再次想到Jonathan，Jonathan看起來是一個再平凡不過的小孩，至少每個老師對他整體評量紀錄中的評語與反應是如此。雖然他就坐在我五年級班上的前排，但他就是那種不會引起你太多注意的小孩。Jonathan的外表看起來已經像個小中年人，有點矮胖、走路有點蹣跚、體育課的行動總是較笨拙的。但不管怎麼樣，Jonathan因為具有濃厚英裔猶太人的腔調，所以常常是被戲謔

玩弄的對象，且幾乎所有的科目都是低平均水準，他的數學能力
肯定是有問題的。但我曾震驚於Jonathan對詩的思想及詞彙竟有
著非凡的感覺。奇怪的是，這個在校所有學科表現如此平凡的小
孩，竟然能夠寫出如此精緻且精心雕琢的詩詞來！事實上，當小學
中的其他老師知道這孩子具有如此潛力時，都大為吃驚，因為他在
同儕中根本不受任何人喜愛。

　　五年級這一年，Jonathan的創作能力令人意想不到，他讓人感
到如此地特別。憑藉著些許的激勵與訓練，Jonathan寫出幼年生命
中很多重要事件的詩。甚至還在一份區域性的文學雜誌中出版。
Jonathan的父母親對他最近被發掘的天份，感到有一些矛盾的心
情，他們寧願Jonathan在數學方面獲得較高一點的及格分數，這樣
他們會比較快樂些。Jonathan盡了最大的努力，但卻從未能夠滿足父
母對他的熱切期望。且當Jonathan升上六年級之後又升上了國中，
父母根本不假思索地要求他減低做他最喜歡做的事，因此詩的寫作
到此就停下來了。有一天我在拜訪他的學校時，無意間遇見了他，
他當時已經是九年級了，我向他問候道：「嗨！Jonathan，很高興
再次見到您，我經常在擔心我的詩人不曉得變得怎麼樣了！」，他
羞怯地承認，這四年來已經沒有再繼續寫詩了，就是這樣。他聳聳
肩不自在地辯解著「您知道的，太忙了！」，而且寫詩真的已經不再
是他的專長了。我當時給了他沉思般的匆匆一瞥，然後跟他握手之
後就各自道別了。但是，一星期之後我從郵差手上接到一封「來自
Jonathan」的信，裡面寫著三首詩，詩作唱著不會錯的諾言，真
的，儘管詩的標題「讚頌一位老師」有些平凡而非獨創性，但我被
征服了，心想：「畢竟是個詩人」。

　　某一天我又想起了Jonathan，沒有任何特別的原因，也沒有任
何清晰特殊的線索讓我聯結到他的記憶，Jonathan的影像突然跳進
我的腦海，這種情形就像早期我剛當老師的日子，會想起某些學生
的影像。Jonathan現在應該已經三十幾歲了，我掛念著他是否還喜
歡詩，我掛念著他到底變成什麼樣子了。

當我現在對自己生活經驗描述進行反思，我試著找出這個描述中整體主題的品質（詳見第四章「詮釋現象學的反思」，頁95-134）。我對於孩子可能佔滿一個老師的生活所代表的特殊意義更敏感覺察。我也了解到小孩的成長與學習是教育學的重點，使小孩也因之了解到其對老師而言是「特別的」（special）。身為老師很明顯的經驗本身就是，在你心裡有孩子們，且你會掛心他們將被期望成什麼樣子。

我的經驗在某些程度上可能就是我們的經驗，這就是現象學者對特定經驗的意義要去反思覺察的，對個人現象經驗的結構有所覺察，可能提供引導研究者本人進入現象的線索，然後再擴展到現象學研究的其他階段。真正的現象學描述經常注意到作者會使用「我」（I）形式或「我們」（we）形式，這種做法不僅強烈喚起真實經驗在此方面被表達的價值，而且也顯示作者確認自己的經驗可能就是他人的經驗，且他人的經驗也可能就是自己的經驗。現象學總是將任何現象解釋成可能的人類經驗，因此在現象學描述當中，就有了普遍性（互為主體性）的特色。

第三節 探尋語源學的來源

關於任何現象經常震驚我們的第一件事就是，我們用來指出現象的文字，已經失去一些它們最原始的意義了。曾經能夠反映生活的意義，並顯示出生活世界的文字，現在已經變得貧弱、鬆散、沉默、空洞，且已經遺忘掉他們過去的力量了。像「泥土」（earth）、「水」（water）、「快樂」（happiness）或「希望」（hope）等這些字詞還能夠繼續再傳達什麼意義呢（Gusdorf，1965）？像「父母」

（parent）、「老師」（teacher）、「家」（home）、「學校」（school）、「知識」（knowledge）或「照顧」（care）等這些字已經變得單調平凡了！值得注意的，例如現今「照顧」（caring）這個字，已經相當氾濫地被使用在社會工作、醫學、法律、教育及諮商的專業領域裡，就在這種被濫用的情況下，我們已經不再知道這個字的真正意義了。我們常說到醫療照顧、托兒、法定照料、健康照顧、課後輔導等等，我們希望具愛心照顧的醫生和具愛心照顧的老師來照顧我們的小孩。但我們是否依舊知道如何將「照顧」（care）和憂傷的原始意義連結到社會服務專業人員。從字源學的觀點來看，「照顧」（care）這個字目前的用法是兼具雙重意義的，一方面是擔心、困擾、焦慮及哀傷之意，另一方面則是寬厚、愛、專注或慈善的意義。所以當我們持正向意義在照顧一個人時，我可以對照並調適「照顧」（care）的另一面負向的困擾、擔心或焦慮的感覺。以荷蘭語為第一語言的我，常被提醒照顧的荷蘭字zoegen的意思要比英文字caring還要偏向困擾、擔憂的這一邊。例如：小孩照顧是kinderzorg，而zorgenkind則指那些特別讓我們擔心且需要特別照顧的小孩，擔心和專注這兩種意義確實是共同用了這個詞。照顧小孩是提供並專注於我們對小孩的擔心及根深蒂固的關心，其中的負擔並不令人訝異。所以在照顧一個小孩時，我將減低我對「照顧」（care）的那份不合時宜、不切實際的擔心、麻煩和焦慮的感覺。但當我是父母或老師時，我也必須意識到，在養育孩子與教學的過程中，照顧孩子可能比教育學所期待的還較會使小孩變得依賴並受大人掌控。而成人的任務就是要以機智熟練且不要取代孩子地位的方式去「照顧」（care for）小孩，這個方式就是為小孩準備一個可以被賦權增能並因此而能轉化的地方。身為一個父母或教師，我對於小孩的「照顧」（care）已能釋懷，不再認為小孩外顯的依賴性及不成熟需要持續地照顧；而是在幫助小孩發展其自我了解、自我責任及提供物質資源性和精神自由。當然，照顧本質的喚醒與回憶，並不是文字用法的簡單語源學分析或解釋而已，相反地，是一種生活方式的重新建

構：一種心甘情願地加深體驗我們生活中的語言，正如當我們把自己稱作是老師或父母時，我們能轉成更加真實的自我。

當我們關注文字的語源開端時，有時候我們會不自覺地與生活的原初型態相接觸，在那種情況下，剛萌芽的語辭仍然與生活經驗相聯結的。例如：「父母親」（parent）、「小孩」（child）、「嬰兒」（baby）、「子宮」（womb）、及「生產」（birth）等字，的確與動詞「孕育」（to bear）有極密切的關聯，這些字也能充分表達出懷孕的經驗及生產的經驗，同時也顯示出親職的許多經驗，例如提供養育小孩的空間，以及小孩之所以為小孩的生活與存在空間。「親職」（parenting）這個字的語源是同時指向*生產與產出*，它有著起源或*源頭*的涵義，對父母親而言是一個開端、一個源頭，從某些事情而萌芽起源。源頭的感覺到底如何在親職的經驗中持續著呢？我確認將小孩帶進這個世界讓我感到驕傲自豪，但是同時我也有很深的體認：並非我協助製造這孩子，而是有比我「更重大」（larger）的某件事情促成的，這些事情促使我將這個小孩擺首位。所以就像初為人父或初為人母一樣，我那驕傲自豪的經驗，受到了一種奇怪的感覺所調和而平衡，那種奇怪的感覺就是，盡量將小孩視為禮物，而不要視小孩為自己生產出來的，然後我的驕傲自豪是真正因這個禮物很值得到來而引以為豪，就好像因為我才將小孩帶到人間。這裡的主題是影響，就深層的感受而言，是小孩影響著父親及母親，小孩並不只像禮物那般簡單地被收下，小孩在我們的生活中製造空間。事實遠遠超過馬叟（Marcel，1978）的解釋，這禮物是喚起我們必須對它做個回應。雖然父母產出小孩，但是這個小孩必須在孕與產的雙重意義之下被生產，進而被帶進這個世界並被世界所覺察。英文字「小孩」（child）可溯自哥特語*kilthe*，意思是指子宮。相同地，類似於「嬰兒」（baby）的一些字也被翻譯成生產的小孩，在子宮中孕育的小孩。小孩這個字的古字目前仍然被保存使用在蘇格蘭語"bairn"上及同語源的盎格魯撒克遜語"bearn"上，意思是孕與生的意思。在我的母語荷蘭語言中，子宮

baarmoeder這個字是指「懷孕的母親」(mother who bears)、擁有、懷著小孩的母親。所以養育小孩和生產這兩個字是動詞「生」(to bear)這個字的不同面向。

　　從以上針對小孩養育及安全照護的語源學介紹，我們可以發現親職或教師意義中的一些蛛絲馬跡，如同瘋狂的父母親一般。父母親在為小孩子提供照養時，如果僅僅給小孩初淺的東西，也沒教導什麼，則小孩根本沒有成長，那麼這小孩一生的生活將變得非常不可能。將孩子生下並養育他們的父母親，為他們製造可用的空間和存有的場地。父母親教他們經驗這世界如同家一樣，家是一個安全的住所，一個人類可以「為人」(be)的地方。在那個地方，我們可以作自己，在那裡我們可以養成我們的習慣：存有與做事的方式。所以廣義地說，生養小孩是提供地方及空間讓他們去生活、去成為人。小孩最早被照顧、撫育在子宮裡，然後被生在這個世界，而當時在這個子宮外的世界對孩子而言，至少大部分是無助的、依賴的，需要養育、溫暖、照顧、趕快被抱及需要安全的世界。反之，世間經驗如分離、迷失、缺乏養育與缺乏安全基礎的安全感等事實，讓我們直覺到親職最原初的本性。

第四節　尋找慣用的詞語

　　當我們允許自己去專注於人類大部分共同使用的表達都與我們想捕捉的現象有關聯時，我們有時會驚訝地發現，語言文字本身是多麼有說服力！這是因為大部分人類慣用的詞語都在現象裡進行著：它們是從生活經驗中產生出來的。例如我們說：「每個小孩都

需要家」（every child needs a home），家或住所的概念有著很強
的看守某事的意思，家並意謂著我們要維持一個空間，使在裡面的
人可以感受到被遮蔽、被保護；因此房子的觀念在於它的牆及圍籬
是安全的守護，支撐並孕育著需要被看護的某物。當我們面對孩子
害怕或受驚嚇的經驗時，親職的關懷形式、養育、遮護以及提供孩
子保護的園地，並不用某種理論的東西來證明或測試，而是一種難
以文字語言和精確定義可形容的某種原初性。

　　一般的語言就像一個巨大的儲存水庫，儲藏著令人難於置信的
各式各樣豐富的人類經驗。然而，問題常出現在，儲存的東西會沉
澱、乾硬，甚至變成了化石，現今我們想要與這些最原始的經驗相
連結，卻已脈斷絡離了。例如，我們常說某人的閱讀經驗，她「迷
失在書裡」（lost in a book），這樣的表達揭露什麼？這讀者真的
迷失了嗎？當讀者專注於一本書時，可能迷失了她對時間、地點及
身體等等的感覺，誰不曾經驗過因為沉迷在書本中，而延誤了晚
餐、約會，或錯過了巴士站而忘了下車。但另外一種感覺，在故事
中迷失的讀者，並非真正的迷失。雖然我們可能一時「被吸引」
（absorbed）到一個某人所寫文章的不同世界裡，但這讀者並沒有
因此缺乏什麼、錯過什麼或需要什麼；也就是說，何以閱讀經驗是
如此地吸引人呀！一個幾乎完全迷失的人就是指出這個經驗的人。
的確，當某人說他的朋友迷失在一本書裡，那麼他的確是有一個迷
失的經驗，因為他關心他的朋友的存在。「她被一本書吸引著」（she
is absorbed in a book）這個表達可以提供給我們關於更多閱讀經
驗本質的線索。空間感覺的意義也屬於本書所要探討的問題，閱讀
空間的本性是什麼呢？讀者的空間經驗與我們所看到的讀者被書本
淹沒的空間經驗又如何連結起來的？為閱讀而設立一個好地方，這
是怎樣的一個空間？時間經驗和個人形體經驗在這些不同的層面下
又是什麼本性呢？同樣地，關於親職的現象，有什麼其它的表達可
以提供有助於生活經驗現象學反思的機會，使能夠在反思這些表達
所衍生的意義？這語源學源頭的尋求，在現象學「資料蒐集」（data

collecting）上是很重要的（但卻經常被忽視）。

　　我們說「有其母必有其女」（like mother, like daughter）、或「有其父必有其子」（like father, like son），這些片語在經驗上的重要性是什麼？母親這個字關聯著多樣的表達：「地母」（mother earth）、「母語」（mother language）、「本國語」（mother tongue）等等，我們常說的「祖國」（fatherland）、「祖先」（forefathers）等等。而「親職」（parenting）這個字也經常被關聯到「創造」（creating）、「起源」（originating）、「產生」（begetting）、「某事的源頭」（to be the source of something）等字。重點並不在於個人可以盲目地去蒐集眾多與現象相關的語言學詞句項目，而是，應該將重點放在真正現象的描述，以充分掌握解釋的意義，以鮮明的語辭充分表達出來。慣用的語言（和作家及詩人用的語言）對現象學的分析是一種永無窮盡的源頭。

第五節　取得他人經驗的描述

　　現象學研究總是強調生活經驗的意義，現象學研究的重點就是要去「借用」（borrow）他人經驗及他人對經驗的反思，使能夠在人類經驗的整體脈絡裡，更加了解其深層意義或人類經驗層面的重要性。所以在親職經驗的現象學研究裡，我們想要了解這個或那個人生活層面的為人父母經驗像什麼，因而可擴展到了解他或她身為人類可能的層面又如何。

　　但為什麼我們需要去蒐集其他人生活經驗的「資料」（data）呢？因為他人的經驗允許我們更能經驗到我們自己，他們對兒童、

　　青少年或成人的某些特定經驗感興趣，因為我們被他們的經驗所塑造與強化而形成某「狀態」（in-formed），以至於能夠描寫意義的完整重要性。傳統上，我們透過對「主體」（subjects）的訪談、引導寫出書面反應及參與觀察等技術來獲取「資料」（data）。而現象學的研究亦可能沿用類似的方式來進行，但是，必須具備一些重要的資格。從現象學觀點來看，我們最感興趣的並非我們所謂的主體或報導人的主觀經驗，為的是能夠報導他們看待某物的特定看法、觀點或有力的論點。當然，我們也想知道從單親、喪偶、勞動階級或有能力請奶媽或褓姆的父母觀點來看母職及父職應該像什麼？然而，推動現象學研究的深層目標，仍維持著問題的方向，直指著人類經驗本質中這種現象（親職）的本性是什麼？為了要將現象學與其他所謂的質性研究方法論（如俗民誌、俗民方法論、符號互動論、概念分析及傳記等等）之間的區別分辨出來，以便更容易聚焦於此，我們應該認清現象學一些基本問題的趨勢，無論任何特定的父母親（或父母團體）與孩子的關係如何，我們總是想知道：親職是如何進行的？這樣做像父母嗎？這對一個母親或父親的意義是什麼？同樣地，當我們在教小孩子讀書時，我們問著：這樣的閱讀如何？這樣教如何？閱讀的意義是這樣嗎？這樣的閱讀經驗又像什麼？

　　因為我們是在討論現象學中各種不同的方法論層面，所以在這個章節及下一章我們必須將「聚集」（gathering）經驗的材料和「分析」（analyzing）這些材料之間作一個區辨。然而在完整的研究過程中，這兩個行動不用真正分開，甚且它們應該被視為相同的過程，例如，依研究計劃的性質及研究過程的階段，會話式訪談的方法，即可當作收集生活經驗素材（故事、軼事、經驗回憶等等）的主要方法，也可作為該情況下與伙伴（受訪者）就手邊題目進行會話關係的反思。或者使會話式訪談漸漸轉變成一種詮釋性的訪談，如此一來，為了與受訪者的對話能夠持續進行以便於訪問文字稿的紀錄，研究者可以自由地進出與受訪者的對話。這種詮釋性的訪

談，有著邀請受訪者成為研究專案的參與者或協同合作者的趨勢，
當然，透過會話式訪談對生活經驗素材的聚集與反思，可能是一個
單一研究專案的兩個步驟，但如果隨時將訪談這兩個不同功能牢記
在心裡，對研究會有助益。

第六節　文稿寫作
（生活經驗的描述）

　　人文科學研究的「資料」（data）是人類的經驗，因此當我們想
要去研究某些特定經驗或現象的本性時，它似乎是自然的，從事這
種研究最直接的方法就是去訪問我們所選定的對象，然後寫下他們
的經驗。「文稿」（protocol）這個詞是從希臘字演變而來的，非常
適用於表示初期的草稿（記載著大量初始資料的第一張薄紙捲軸）。
文稿的撰寫，是研究者所能做的最初始的文本產物。在我們著手於
這個研究之前，不管如何，我們都需要先做好自我的準備，並注意
幾個可能碰到的困難。第一個明顯要注意的問題是寫作這工作本
身，大部分人都將會發現寫作是很困難的，在訪談中他們說的倒是
很輕鬆，口若懸河滔滔不絕，但是若要在紙上寫下他們的想法就永
遠比他們說的還要少得多。另外，除非受訪者受過一定程度的教育
或有足夠的經驗，否則他們可能無法為我們產出很多寫在紙上的文
本資料，特別是要小孩子寫的話，那就更殘缺。教育研究者經常要
小孩子寫下他們的經驗，或者要求他們寫日誌或日記，但到頭來終
究對小孩所能產生的文本資料感到失望。寫作迫使一個人進入反思

的態度—相較於面對面會話，人們有較多立即性的情感投入，這種反思的態度和寫作過程中各種語言學的要求加在一起，使得想要自由獲取生活經驗的描述有些特定的限制。

　　在要求他人提供我們想檢視的現象之生活經驗描述給我們之前，我們應該先自己嘗試描述看看，如此才能更加精確地覺察到我們到底想要獲取什麼？為了練習的目的，最好從個人的描述出發，而不是描述複雜的社會事件。例如，我們可以從身體或空間經驗像「生病在床」（being sick in bed）、「出門去游泳」（going for a swim）或「孩子喜愛的遊戲空間」（a favourite childhood play-space）等等的經驗開始。有時候，研究問題會和人類重要的物體有關，像「孩子的玩具」（the child's toy）、「遊戲場」（the playground）、或「秘密基地」（the secret place），但在此我們必須有個清楚的認知，人文科學問題總是和小孩生活的玩具經驗、遊戲場經驗及秘密基地經驗有關（例如，參見 Langeveld, 1983a, 1983b）。以下針對生活經驗描述的撰寫提出幾點建議：

（一）、您所描述的經驗，是您正在經歷或您已經經歷過的。盡量避免過多的因果解釋、類推、或抽象的解釋。例如，什麼原因引起你的疾病？為什麼你如此地喜愛游泳？或為何你覺得小孩子比較傾向到戶外玩，而較不喜愛在家裡玩？....等等，這些是沒有幫助的陳述。

（二）、發自內心的描述經驗，如同它原貌般，幾乎像您心智的狀態：感情、心情、情緒等等。

（三）、聚焦在經驗的特定事例或客體事件上：對特殊事件、奇遇、快樂、一特別的經驗等的描述。

（四）、試著聚焦在鮮明逼真或是第一次發生的經驗上。

（五）、注意身體是如何感覺的、東西聞起來的感覺如何、或它們聽起來如何等等。

（六）、避免用曼妙的片語或華麗的術語來美化您的說詞。

　　有件很重要的事情需要了解，某特定經驗是否真正以某方式發生並非我們主要的關注。我們較少關心敘述的事實性、真確性，而是較常關心敘述的合理性—看它對我們生活的感覺是否真實。一旦我們知道生活經驗描述看起來像什麼，那麼我們就可以獲得我們研究個體的經驗描述。為了能進入他人的經驗世界，我們請求他們寫下個人的經驗，我們通常會問：*請您直接寫下個人所經歷過的經驗。*

　　我們依照研究的目的提出幾點額外的建議，以下是一個生活經驗描述的實例，來自一個母親平日的母職經驗：

　　最近我常不斷的思索，我是否對兒子期待太多了。他將所有的……家庭作業搞混了，他似乎太累了，無法直接思考，並且他似乎花太多的時間在一項直接了當的作業上，他或許應該如他班上其他的小孩般放輕鬆，享受他的家庭生活；他常讀錯指導語，以至於常要重做作業；他對大猩猩的報告，可以有一千個點子，卻無法將這些想法整合起來寫出開頭的句子。所以，昨天我試著去看看Robbie學校的形成性檔案資料夾。某方面而言，我實在感到愧疚，但想想特別是那些分數實在不能代表一個人的全部。當然，我對他的愛是無條件的，這些愛絕不會因為他的成就或智商成績而有所增減的。但數字並非用來告訴我Rob是否特殊，而是要告訴我該怎麼辦：我是否能在作業這議題上用嘲笑、刺激、或引誘的方式對他說：「嘿，你這個懶小鬼，你應該在學校做好作業，不要打混。」或者，我可以說：「當你疲累時，你當然無法直接思考，你可以早點回家，並且在晚餐前做好功課。」

　　從以上的例子我們可以學到許多事情。我們將在下一章考慮如何分析或解釋書面的文稿。這裡值得提醒的重點是，所有的寫作傾向於循序灌輸寫作者某種反思能力。當我們要求個體寫下他或她經歷過的經驗時，這可能會是個問題，因此，研究者需要留意主體的

傾向，以說明並解釋他們生活經驗的描述。

第七節　訪談（個人的生命故事）

社會和人文科學中許多不同的分支和派別所採用的訪談可能具有以下幾個不同的目的：如研究特殊文化或文化族群所特有的行事和看待事物的方式（俗民誌）；研究個人在特定情況中看待自己和他人的方式（心理知覺）；研究人們對一些特定議題的感想（社會意見）等。不過，質性研究訪談方法的這些不同功能可不要和我們這本書中所要討論的會話式訪談之功能混淆了。

有關詮釋現象的人文科學的訪談方式則具有以下幾個特別的目的：

（1）訪談可以是以探索和收集經驗述說素材的一種手段，而這可成為發展對人類現象有更豐富和深入理解的資源。

（2）訪談可以當作一種工具使用，用以和夥伴（受訪者）一同發展有關經驗意義的會話關係。以下單元我們將繼續討論第二個功用。

使用這兩種會話式訪談的時候，很重要的是應當了解訪談過程的需要，而且要用基本的問題來規範，以適用一開始訪談的需要！我們常常看到初次參與研究者熱切地想進行「訪談受訪者」（interviewing subjects），而採用所謂「非結構或開放式的訪談方法」（unstructured or open-ended interview method），一開始卻沒有小心地考量訪談的主旨何在。研究者需要抵抗一種讓方法主導

問題的誘惑，而是要讓研究問題決定那一種研究方法最適合其研究本意的方向。

　　有時候，研究者對自己真正的興趣或研究問題混淆的情形也會發生，這時候，訪談被期待可以產生澄清的效果，但通常這是無用的期望。因為研究者最後可能只收集到許多短的（太短的）回答，來回應研究者冗長的引導問題；或者是研究者可能取得到許多難以處理的錄音帶或文字稿。從故事、軼事、經驗實例等型式的訪談素材中，如果資料不足或是缺乏具體性，很可能對研究沒有用處，而且還會導致研究者流於過度詮釋、猜測，或者過於信賴個人的意見和個人的經驗。反之，處理不善的訪談資料如果太多，可能會導致完全絕望和混淆（如：我現在在做什麼？我可以用什麼方法來分析這些數百頁的文字稿呢？）或者也會造成尋找意義的混亂狀況（如：這裡有好多資料！我要把那些內容納入研究中？哪些應該排除掉呢？）重要的教訓是，沒有人希望一開始著手研究就陷入這樣的窘境。因此，人們在開始排定忙碌的訪談時間表之前，就需要先針對自己的問題或信念確定研究方向，才能避免自己不致輕易地被毫無定向的訪談所牽動而達不到目的地。

　　所以另一種收集個人經驗敘述的方法是錄影（或錄音）那些與我們訪談者對話的內容，他們可能會告訴我們許多個人生命的故事（如軼事、故事、經驗、偶發事件等等）。如上面所提到的情況，有時候用說的比寫的更容易表達有關個人的經驗，因為寫作會迫使人們進入比較反思的態度，這樣可能會讓研究者更難即刻貼近剛發生過的生活經驗。當我們在訪談別人有關他們某一特定現象的經驗時，一定需要貼近生活的經驗。當我們問經驗像什麼的時候，具體化便可能有助於我們的問題。要求人們去想一個特定的例子、情況、人物或事件，然後徹底探索所有的經驗。自然地，不可能提出早已準備好的問題，例如：如果我們要訪談女人有關成為母親的過程，我們可能會期望一開始就檢視孩子進入她們生活的方式。

「如何開始興起想要有孩子的念頭？」

「妳如何決定要有孩子？」

「這是真的計劃過的決定嗎？」

「妳是否一直認定妳將來有一天會有小孩？」

「妳如何和妳的丈夫談論生孩子這件事？」

「誰說什麼？」

「妳對那件事感覺如何？」

「妳說妳發現自己看孩子的方式不同？」

「什麼方式呢？」

「妳可以舉一個實例嗎？」

「發現妳自己懷孕的感覺像什麼？」

「妳怎麼開始警覺到它？」

「那是什麼感覺？」

「碰到或告訴別人的時候是什麼感覺？」

「妳如何對妳的伴侶或其他人宣佈這個消息？」

其實通常不需要問這麼多問題，倒是耐心或沉默是讓他人聚集回憶和進行故事述說的有效方法。而且，若似乎有卡住的情形，則常常得以詢問的口氣重述最後那句話或想法，然後，促使其可以繼續說下去，如「所以你說人們開始注視你的腹部而不是臉？」而且正在受訪的人似乎開始將個人的經驗一般化的時候，你就可以插入一個問題，好讓談話可以回到具體化經驗的層次：如「你可以給我一個實例嗎？」「那像什麼樣呢？」等等。

第八節　觀察（經驗軼事）

　　從別人那裡收集有關經驗素材的第三種方式就是較不直接的靠近觀察法。舉例來說：通常很難讓小孩子寫出書面的陳述，或進入會話式訪談。所以，為了獲取進入小孩子的經驗管道，重要的可能是和他們一起玩、談話、玩布偶、彩繪，畫圖，跟隨他們進入他們遊戲的空間和參與他們所做的事，並持續注意適合小孩子的方式。自然地「靠近觀察法」（close observation）並不只是適用於小孩子的情況，在這裡所使用的這個字眼「靠近觀察法」（close observation）可以產生許多不同經驗素材的型式，有別於我們用書面或訪談取向所獲取的素材。或許最有趣的素材型式是「軼事」（anecdote），我們下面以及接著幾個章節將繼續討論這個部份。

　　「靠近觀察法」（close observation）就如同這個詞語所表示的意思，它與許多實驗或行為觀察研究技巧十分不同，靠近觀察法嘗試去突破運用觀察法所常產生的距離。人文科學研究者不是以單面鏡或使用觀察的標準和檢核表來觀察個案，其功能在象徵意義上其實和單面鏡大抵有類似之處，他們會試著進入那些個人的經驗和研究專案中與研究素材相關者的生活世界，而進入個人的生活世界最好的方法就是參與其間。然而，一旦我們這麼說的時候，我們就應該留意別太過簡化的解釋靠近觀察法為參與觀察法的分支。靠近觀察法涵蓋一種研究態度，在從事研究的時候要盡可能保持對情境詮釋的警覺性，以確定盡可能接近的關係，可以容許我們常常退後一步，重新反思這些情境的意義。而這種態度和一直在尋找可以陳述的故事及記憶的偶發事件的作家所持的態度十分類似。靠近觀察法的方式需要研究者同時擔任參與者也是觀察員，還要保持一種反思式的特定取向，以避免過於操縱和做作的態度，使得反思的態度傾向可以注入於社會情境和關係中。

　　為獲取生活意義而涉入接近觀察情境的研究者也是軼事的收集者。（當然，個人的經驗和訪談也是軼事的資料來源）。收集軼事最重要的是研究者要培養一種掌握軼事內容重點或使人信服的敏銳感。若沒有這重點，軼事也只不過是在抓取沙子時，從手中散落鬆散的小沙粒而已。在收集寫作的描述內容和會話式訪談（文字稿）的時候，研究者收集資料之後，會找到出現的主題；而且研究者在收集軼事的時候，也必須確認每日生活的「文本」（text）中，哪些發生的狀況對研究是很重要的部份。有時候，最好的軼事是那些研究者*再*收集之後，才確認及發現似乎是很有趣的內容。這種再回顧收集的方式常常讓研究者很難記得那些確實說過的話或是使得情況更突顯的那些事。然而很重要的是要試著找回那些真實的片語和事件，好讓軼事可以保有*使人信服*的力量或重點。因此，可能需要再回頭去找那些相關的「瑣事」（trivia），以助完成建構軼事內容。

　　研究者在收集軼事的時候，需要十分嚴謹地建構內容，以刪減那些不相干，雖可能有趣卻跟故事無關的層面。軼事是一種有重點的特定敘說方式，而這個重點則是要不斷地琢磨及考量才可以找到。（請參閱第五章「詮釋現象寫作」，頁137-163）

第九節　文學的經驗描述

　　文學、詩集或其他故事型式可以成為經驗的泉源，可以提供現象學家增加實務上的洞察力。舉例而言，小說在現象學上的價值乃取決於作者所謂的觀察入微及直覺的敏感度。諸如愛、悲傷、病痛、信心、成功、恐懼、死亡、希望、掙扎或失落等現象都是小説

所涵蓋的內容。有些著名的作品，如罪與罰（杜斯拖也夫斯基），
嘔吐（沙特）， 大審判（卡夫卡），往事的回憶（布洛斯特）...等，
都提到基本的生活經驗，以提供我們解釋性的閱讀。譬如在閱讀沙
特所寫的嘔吐時，我們不可自拔地同時感受到盤據在Roquentin內心
所澎湃的心情。而且，我們可以用讀者的角度把每天生活的經驗毫
無抗拒地轉換到小說的世界。如此一來，這些基本的生活經驗則可
藉由小說人物活現在我們眼前。當我們自己認同故事中某個主角的
時候，我們便活出他或她的感受和行為，而不必由自己去演出來。
因此，我們可能就可以經驗到那些我們平日生活中所沒有經歷過的
生活情況、事件和情緒。從一本好的小說，我們便有機會可以有所
體驗，這也可以提供我們獲取一些人類情況中特定層面的洞察力。
以一般的術語來說，人文科學的故事具有以下幾個重要性：

（1）故事提供我們一些可能的人類經驗；

（2）故事使得我們經驗到一些我們平日不曾經驗到的生活情
　　　況、感覺、情緒和事件；

（3）故事容許我們藉著創造許多可能的世界，而擴展我們平
　　　日生活的視野水平；

（4）故事以個人化的方式來吸引我們並使我們投入其中；

（5）故事是一種藝術的設計，可以讓我們回到曾經生活過的
　　　人生，不管是虛構或是真實的；

（6）故事可以產生十分生動的品質，以詳述一些獨特和特別
　　　的人生面向，這可能是我的人生或是你的人生；以及

（7）好的小說或故事可以超越情節或主角的獨特性等，因此
　　　可以成為主題分析和批評主義的題材。

　　詩也是一種文學的型式，可以將生活經驗轉變成如詩般的語言，
如散文的詩般語言。詩可以用最緊密的型式表達最濃厚的感覺。因
此，我們常常會在詮釋學或現象學寫作中使用詩集文本的詩句。詩
人有時候會用語言學的陳述來表達人類經驗的某些層面，使不至於

失去鮮活的真實感，而這些表達多少要用詩句才能溝通。

第十節　傳記可成為經驗素材的資源

　　傳記、自傳、個人生活歷史都可能成為經驗素材潛在的來源。然而，很重要的是要注意傳記偏重的興趣通常是個人生活的一些隱私、個別和獨特的事件：傳記照字面的意思是「生活的描述」（description of a life）。我們通常會去看傳記（自傳）是因為我們對著名的人物、喜愛的音樂家或某些公眾人物等的獨特生活歷史感興趣。而這種興趣並未超越過那種對某位政治家、音樂家、作曲家、學者、畫家、作家或詩人等的熱情仰慕者或狂熱者，那種僅僅想要多知道當事人一些故事的渴望。有時候我們對某個人物的傳記很有興趣，因為我們希望找到一些有關那個人令我們著迷的作品在特定意義層面上的線索；我們希望多了解一些有關某個詩人的童年歲月、成長歷程、友誼關係和其他人生情境等細節，以幫助我們更妥善詮釋他(她)所寫的詩詞。我們也許會好奇：為何這個人會那樣做？還有哪些私人的想法可能從傳記或日記內容透露出有關他(她)個人的內在生活？我們可以怎麼做，才能更了解這個人所做的人生決定和選擇？除此之外，傳記提供我們更多有關特定的日期、地點和人們生活的事件等細節，而這些細節瑣事也許可以透露某些有趣的事的型式，讓人建構（重建）有關詩集、音樂、政治現象或學術科目等某些特定型式或趨勢發展的歷史淵源或年譜的價值。親密朋友之間通常可以有一定份量的自傳式分享彼此的生活歷史。我們喜歡讓朋友了解我們，而且透過了解對方更多的傳記內容，我們會覺

得彼此更加接近和聯結。這種渴望分享彼此生活的傳記式細節在情人之間的感覺更強烈。

　　教育家對個人的教育生活一直都抱有很特別的傳記式興趣。教育學者想從某些特別學生的人生故事中得到更多洞察，以便更加了解或幫助這些學生。很重要的是要知道小孩是「從何而來」(is coming from)（如：家庭背景為何或孩子會將什麼帶到學校來？）以便更加敏銳地了解孩子此刻「在」(is)何處，還有他（她）似乎可能「走向」(to be going)哪裡。教育學家對傳記（自傳）具有專業性的興趣，因為他們經由個人生活的描述，能夠學習教育經驗及個人發展的本性。

　　然而上述各種不同的興趣應該不要和人文科學研究者對傳記素材的經驗價值所持有的興趣有所混淆。有些傳記文本包括一些現象學分析或轉化成軼事和故事等，如細沙般豐富的生活經驗描述，也是很尋常的情況。所以，當傳記傾向於注重個人或私人的意義時，現象學則著眼於存在的意義。

　　讓我們從查斯勒（Phyllis Chesler）所寫的一本書「With Child： A Diary of Motherhood(1997)」來看看有關自傳寫作的實例。以下一些摘錄的內容可能透露有關母職天性的一些基本主題（請參閱第四章「選自藝術來源的主題描述」部份，頁120-121）。這本書內容就某程度來說可追溯到一些超越日記寫作的自傳型式。

　　去年我死了，沒有你的生命結束了，我們在一起的生命—只有九個月！—也結束了：很突兀地而且永遠地結束了，正當你生下我的時候。被生而成為母親的角色，是我所知道最刺痛的一件事。我是一位新生的母親：妳的年齡今天正好滿一歲。

　　我曾經跌入一個古老的水井一萬年。我自己的生命遭到被剃光的威脅：微不足道，最近。我的胃翻攪，我的指甲變紫，中斷了我的跌落。我大叫。我寫這本書是為了描繪出我的失落；為了減緩我的失落；為了謝謝你的到來。小祖宗啊！可愛的嬰孩啊！你是怎麼鍛鍊我，強化我，像是古代鍊冶廠一般慢慢的作工。你—需要為你

做每件事的個體──是我所知道最強大的老師。

　　昨夜，我躺在熱水及白泡沫滿溢的澡盆內，我突然又感覺到好像懷有你的身孕。我哭泣了，我知道你再也不會躺在我的心臟下端睡覺了。

　　那是你──Ariel──在那裡，在我的裡面，我並不知道這回事。我會在每年冬天，就在你要離開我生出來的時候，感到憂傷嗎？這個軟軟的肚子，還是圓圓的，上面還有你的腳印，這是你生命根源的明證，也是你通過的軌道。這裡，你就是在這裡走路，當時你還沒有把腳放在地上，這是你第一個月球，小太空人。因為你，我將可以回到地球，而且有所轉變：我不再是一個處女，而是母親，一個嫁給孩子的母親。

　　我們一起參與中世紀的煉金術。

　　Ariel，你知道：我們一直是分開的，當我懷孕的時候，生產的時候，從你出生的那一刻，我們都是分開的，而我一直有一種你完全與我分開的實體感覺。

　　有誰比我們兩個更接近？（頁281-282）

　　往後章節我們將試著從這段內容找到一些主題，但此時有一點值得我們先留意的是，這本日記的段落內容，並不是我們主要要看重的部分，因為我們是對查斯勒（Chesler）的人生自傳式的內容比較感興趣。換句話說，我們感興趣的不是查斯勒（Chesler）現在可能有幾個孩子，她住在那裡，生活的年代，在這個人生階段寫了幾本書等問題；反之，我們對她精確的描述比較有興趣，因為這可以用來當作檢視其他女性可能經驗的內容。

第十一節　日記、札記與日誌
　　　　可成爲生活經驗的來源

　　在人文科學中另外一種普遍的興趣是日記、札記和日誌，因為它們皆具有教育、研究、個人成長、宗教或治療價值的目的。平日保持寫日記可以幫助個人對他（她）自己過去和現在生活等重要層面的反思；而札記寫作可以幫助個人確立自己努力和奮鬥的人生目標，緊密短期札記寫作的工作坊可以用來表達「自我發現」(self-discovery)的目的或是處理個人在私生活中所遇到的問題或事件（如Progoff，1975）。教師們已發現要學生練習寫日記會對其學習過程有所貢獻，如可以鼓勵他們持續不斷反思自己的學習經驗，而且對於他們嘗試發現自己可能沒看見的關係很有貢獻。研究者也發現寫札記、日記或日誌對個人所獲得的洞察力的記錄、區分工作進度的組型、反省先前所得的反思、以及設計研究活動，以適用個人的研究題目等等都有很大的幫助。

　　上面所提到有關札記、日記或日誌寫作之目的，很可能這些資料來源也包含現象學上有價值的人類經驗的反思內容。舉例而言，聖奧古斯丁（St. Augustine, 1960）所寫的告解（The Confession）包括許多札記的記載，對了解以下幾本名著的作者所提到有關時間的現象理解很有貢獻，諸如：偉大的現象學家胡塞爾（Husserl）所著《內在時間意識的現象》(The Phenomenology of Internal Time-Consciousness, 1964)；海德格（Heiddgger）所著《存有和時間》(Being and Time, 1962)；史特勞（Straus）所著《人、時間和世界》(Man, Time, and World) (1982)。

第十二節 藝術可成爲生活經驗的來源

　　雖然現象學家常常使用文學的資料來源（如詩集、小說、故事和戲劇等）以作為現象學家寫作的個案素材和文本的資源，但是，非鬆散式的藝術素材一般也常用於現象學的人文科學中。當然，每一種藝術媒介（如：繪畫、雕刻、音樂、電影放映學等）皆有其各自表達的語言。藝術的東西可以是視覺的、觸覺的、聽覺的、律動的文本──這些文本並非是一種口語的語言，但也是語言的一種組成，而這種語言有其自成的文法。因為藝術家乃是從事形塑個人的生活經驗，所以，就某方面來說，藝術的作品則是轉化成超驗型式的生活經驗。莫倫豪爾（Mollenhauer, 1983, 1986)在從事有關教育和文化之間關係的詮釋學研究時，就表示對於兒童和成人在歷史的繪畫、中古時期木刻等上面所顯現的互動描繪圖所具有的敏銳注意力，可以提供洞察力給予在過去兒童時期的歷史研究中，研究者常常忽略父母和他們孩子之間的情緒和教育關係的品質。其他在現象學的研究中使用藝術表達的實例，可以在海德格（Heidegger）使用梵谷（Van Gogh）的畫作「農夫的鞋子」（Shoes of the Peasant）以表達他對真理的反思(1977，頁144-187)；還有梅格-龐蒂（Merleau-Ponty, 1964b）對語言的研究（見39-83頁）。

第十三節　諮詢現象學的文獻

　　我們已經看到文學、傳記和其他藝術來源，可以提供我們許多有助於從別人替代學習而來的生活經驗和洞察力之有力實例，這些通常也超乎我們個人日常生活經驗的領空範圍。而現象學的文獻則是另一種不同類型。

　　(1)《現象學的文獻可以包括已用描述性或詮釋性的方式來傳達盤據著我們的題目或問題的素材。有許多有關現象學或詮釋學導向的札記和文本可以提供給研究者。許多研究問題以前已經提過，而現在我們有責任去找尋這些素材。很自然地，總是有些特定的題目無法找到資料來源。從事兒童在遊樂場所的經驗之研究者可能無法找到這種現象的人文科學研究。但是有許多不同的研究可以提供有關空間的生活經驗（例如：Bollnow, 1960）；鄰里街坊的遊樂空間（例如：Hart, 1979）、玩具的空間（例如：Langeveld, 1984）等。所有這些研究可以拋出一些靈感給兒童在遊樂場所玩樂之意義的問題。或者假如有人對某個題目有興趣，如「繼父」（step-fathering）的意義，他（她）可能無法找到任何以這個題目為焦點的現象學或詮釋學的研究。因此他（她）就需要尋找在現象學資料中可以找到相關意涵（如「家庭」（family）或「父職」（fathering））的素材。有時候，現象學或詮釋學對某些特定題目的討論則是深藏在比較大的文本中。舉例來說，馬叟（Marcel）在他的《同質：希望的後設物理介紹》（Homo Viator：Introduction to a Metaphysics of Hope）(1978, pp. 98 -124)。有時候，現象學或詮釋學的研究可以從不同的語言來源獲得間接的管道。例如，荷蘭學者蘭奇弗列德（Langeveld）以德文寫到有關父職的內容(1971, 頁211-231)。事實上，馬叟（Marcel）和蘭奇弗列德（Langeveld）兩人都寫到成為父親的過程是一種肯定的歷程。蘭奇弗列德（Langeveld）寫到承

諾和父親在孩子生活的主動參與的重要性；而馬叟（Marcel）則提到父親的本質是一種「有創意的宣誓」（creative vow）。

（2）所以，其他現象學家的作品，也可以成為我們對話的來源。換句話說，我們開始參與一種傳統。當我們發展與一個已經吸引我們注意的信念之間有所謂對話關係的時候，我們不能忽視那些已經與相同的現象維持對話關係的人所持有的洞察力。很自然地，我們不應該假定我們必須毫無批判性地接受或整合這些洞察力完全進入我們的架構中。使我們自己適應一種研究傳統，意謂著要我們對這個傳統有以下貢獻：(a)獲取更好的研究題目掌握力，而這些題目都是這個傳統所致力貢獻的，(b)詳述和試驗新的方法論取向，可以讓人文科學傳統更加進步。

（3）經過選擇的現象學素材可以讓我們對平日已習慣對生活經驗的詮釋方式作更深入的反思。當我們閱讀和研究其他資料來源的時候，我們會注意到有許多不同的方式，出現在人文科學學者針對研究問題和題目所發展出來的方法論之創新性和個人取向中。從觀察這許多不同的取向中，我們不該就此評斷人文科學研究方法只是因人而異的運作方式。反之，它是超乎蘊含研究方法論的背景，方法論是可以從中得到創新的取向、有生產力的程序、特定的風格、語言使用的方式，以及修辭的方式可從一些偉大學者作品的特性中看出，如梅格-龐蒂（Merleau-ponty）、海德格（Heidegger）、馬叟（Marcel）、弗寇特（Foucault）（哲學方面）；學者如蘭奇弗列德（Langeveld）、梵登柏格（Van den Berg）、包田迪克（Buytendijk）、包諾（Bollnow）（教育學和心理學方面）。這並非意謂著我們應該試著去模仿那種獨特的程序，那種個人的風格或那種個人語言的運用模式，但是，要注意人文科學研究者作品的「個人標記」（personal signature）特色，可以幫助我們發展一種帶出我們自己優點的取向，而不只是當作不幸的私人偏好而已。

（4）現象學的資料來源容許我們看見自己的限制，並超越我們解釋性敏感度的限制。當我們閱讀蘭奇弗列德（Langeveld）提到有

關兒童對空間的經驗（1983 a，1983b）或者包田迪克（Buytendijk）
談到小孩子第一次微笑的重要意義（1988）；或者是包諾（Bollnow）
提到成人和兒童之間教學氣氛的意義（1970）等，然後我們可以面
對文本以挑戰或延展我們自己的描述性或解釋性的敏感度。有一些
深思熟慮的作家、教育學者可以告訴我們該如何完成有關教育的人
文科學研究。顯然地，人文科學研究者可以從其他人文科學學者如
何在文章內傳達及表現他們對一些選擇性的教育議題的理解而獲得
許多好處。這麼一來，對於我們感到有興趣的題目所進行的現象學
研究，可能可以建議用許多不同的方式來看一種現象，或是透露許
多我們不曾考慮過的各種層面的意義。問題是研究者是否應該在一
開始就去找這類現象學的人文科學資料來源，還是在其研究後期才
這麼做。假如研究者一開始就檢視一些現有的人文科學文本，那麼
他（她）便很難停止個人對現象解釋的理解。似乎剛開始先以自己
的理解來嘗試說明一種現象的現象學意義比較實際。然後，研究者
遲早必須檢視自己的洞察力對那些屬於自己研究主體的傳統之區
別。然後，研究者會比較清楚那些尚未成形或未被質疑的各種意義
之陳述方式和面向。這麼一來，其他人的作品便可成為會話的伙
伴，以顯現研究者個人解釋成果的限制及其可能調整的部分。

第 4 章

詮釋現象學的
反思

連雅慧 譯

　　現象學反思的目的，乃在於試圖攫取事件的本質與意義。現象學的反思，同時是容易的，也是困難的。說它容易，正如胡塞爾(Husserl，1980)所說的，去看到一個現象的意義或本質，正是每個人日常生活常在做的事。例如，當我看到我兒子的老師，我看到的不只是一位男士或女士。我看到的是一位不同於其他男士或女士的人，更明確的說，我看到的是一位我認為應該可以讓我以「一位老師」(a teacher)的身分來與其對話的人。換句話說，我，正如同大多數的人，對於老師是什麼，有一定的主張或看法。但困難的則是，如何達成對於老師是什麼的反思性定論和解釋。這個對意義的定論，便成為現象學反思上最困難的工作之一。最著名的哲學上的例子，就是時間的經驗了。有什麼比時間的概念更容易被解釋的？我們用時間來規律我們的生活：我們隨時將時間戴在手腕上，我們將一天區分成早晨、中午、下午、晚上的時間，我們反映出過去的時間經驗，並參與、經歷時間的到來。我們甚至感嘆時間的流逝；有時嫌它快，有時又嫌它過得很慢。當有人詢問我們「到底什麼是時間？」(what is time anyway?)時，我們會立刻反應並闡述它。當我們說時間流逝時，到底它是過得快，還是慢？所以我們先前反思所了解的時間的意義，與我們反思時間在生活中的意義的現象學結構，兩者之間是有差距的。要找到後者的意義比較困難，而且常是費時的勞力工作。要洞察一個現象的本質，通常包含的是一連串反思生活經驗意義結構的適當性、澄清並使之明白的過程。

　　現象學反思和闡述的研究專案最終的目的，在於影響使更能直接觸及活過的經驗。我想捕捉教學的意義，為人母的意義，為人父的意義，如此我才能完全以教育學的生活態度與小孩共處。當我反思我的教學經驗時，我並不是反思我自己是一位專業哲學家、心理學家、社會學家、俗民誌學家、現象學家，甚或批判理論學家；而是我在做現象學的反思，身為一位老師或一位父母的教學或親職經驗。換句話說，我試圖對特定的經驗，捕捉其教育學上的本質意義。

　　現象的意義或本質，從來不會是單純的或單一構面的。意義通常是多面向、多層次的。這就是為什麼教育學的意義，從來都不能以單一的定義來捕捉。人文科學的意義，往往在文本脈絡性的溝通下－即透過有組織的敘事或散文建構起來。這就是為什麼人文科學的研究者，常要不斷地進行文本式的反思活動，人文科學的研究就是要投入文本的雕琢。為了要捕捉文本意義的結構，可以將現象描述的文本視為具意義的單元、意義的結構或主題描述來趨近。反思生活經驗，也因此而成為反思性的分析經驗的結構或主題構面。

第一節　進行主題的分析

　　主題的觀念運用於人文、藝術和文學評論等不同的學科。在文學上，「主題」(theme)代表的是文本中常出現的元素(包括主旨、慣用語或機制等)。「主題」(theme)這個詞常應用在一些論述、教義或訊息中，並且為了將主題融入其中，創造性的工作常由此設計、展開。「主題分析」(theme analysis)指涉的即是使這些主題再現的過程，去開展這些主題，使主題具體化或將其戲劇性的意義比喻出來。

　　在人文科學的研究，主題的觀念可透過方法學上或哲學特質的檢視來了解。主題分析常被人以一個較明確且公平的機制來理解，例如：從文本或轉譯腳本或相關文件中，選擇性的字詞編碼或較常出現的字詞來計數。然而，目前已經有些電腦軟體宣稱可進行此類的分類編碼及選擇的動作。因此讓我們來檢驗一下，在人文科學中，現象學的描述和解釋下主題所表達的意義為何？如果我們能清

楚的描述主題所想表示的觀念主張，我們便能進一步清楚地描繪人文科學研究的本質。解釋文本或生活經驗的意義本質，是一個比較精確的洞察、發現、對話的過程：捕捉或形成主題性的了解，不是一個有規則可循的歷程，它常是一個自由「看到」(seeing)意義的活動。主題概念的最終目的，只是要達成我們想傳達的主張意義的一個手段。主題賦予我們的研究及寫作更具控制性與條理性。

　　人文科學研究關心的是意義：人之所以為人，關心的是意義，對意義的渴望。當我們看了場令人興奮的電影，讀完一本令人驚奇的小說，觀察了小孩子無厘頭的行為，我們經驗到的是「渴望能找到合理的解釋」(desire to make sense)，「渴望能理解其意義」(desire to make meaning)。渴望不只是心理學上的陳述，它應該是一種存有的陳述。渴望代表的是一種特定的注意，和對生活經驗某個層面的深度興趣。渴望這個字的原意是，「來自星海的期望」(to expect from the stars)。沒有渴望，便沒有真正可以引起研究動機的問題。由於對愛的渴望，讓我願意回溯時光並再次尋求其意義。

　　現象學的主題或許可以*經驗的結構*來理解。所以當我們分析一現象時，我們試圖決定主題是哪些？哪些經驗式的結構構成經驗本身？或許我們可以簡單的說，主題即是一種概念式的構成或分類化的陳述。總之，我們試圖要描述的是生活經驗，而生活經驗無法用概念的抽象化來捕捉。讓我們來舉例說明日常生活中隨手可得的現象意義的決定因素，將有助於澄清主題的概念在方法學上的重要性：例如小孩，與我們生活在一起的小孩，常促使我們去不斷的提問一些反思性的問題。如：「我做這件事對嗎？」這類問題迫使我們對特定的*狀態*(這小孩、這情境、這行為)的了解，可以由了解*共通的經驗*(什麼是教學論-親職、教學在這議題上的意義)的指引下來完成。

　　父母與小孩生活中常共同經驗到的事件，即是當父母需要離開小孩一段不管是長或短的時間時，小孩經驗到的「覺得被棄留或被

棄置」(feeling left or abandoned)。這種被丟下的感覺對較小的
孩子特別常見，而父母在面對這種情況時通常怎麼辦？這通常要看
父母是否了解小孩這種被丟下或被拋棄的感覺。接下來幾段的情境
描述，將以較具體的事件呈現，來檢視有意義的主題在人文科學研
究及寫作上的天性與角色。

第二節　情境

傑夫：

　　六歲的傑夫抱怨他的父母常在假期時兩人一起出遊，而將他及
姊姊留在家裡給褓姆照顧。傑夫說：「我不喜歡你們把我和姊姊留
在家裡」。傑夫的父母解釋說，他們倆都是辛勤的專業工作者，因
此他們隔一段時間便要給自己一點時間，暫時離開忙碌的工作及小
孩。「不要太自私，傑夫」，傑夫的父母說：「你是很好的幫手，
並且看起來很好，而且我們不過只是要離開家十二天而已，如果你
乖乖的，我們或許還會帶禮物回來給你喔！」當然，父母是需要一
段假期來暫時逃離一下他們的責任和義務。但是當他們飛到他們渡
假的地方時，他們可能會開始想：「不知道小孩現在怎麼樣？」、
「我們是不是不應該丟下他們？」、「不知道其他父母如何處理類似
的情形？」、「小孩應該沒什麼問題啦！」。確定的是，所有的小孩
在某些時候均會面臨被丟下的情形，只是他們的反應各有不同罷
了！

派蒂：

　　一個父親帶著他的小女兒派蒂到托兒所，派蒂每天都在托兒所待七至八個小時。這個父親提到，當他去接派蒂回家時，他注意到派蒂好像跟托兒所老師描述的小孩不是同一個人。因為在托兒所派蒂是一個守秩序、柔順的、聽話、看似快樂、讓老師很好照顧的小孩，但是一旦派蒂坐進爸爸或媽媽的汽車準備回家時，派蒂便開始頑強地抱怨，跟大家所期待的小派蒂完全不一樣。她可以一下子很可愛，下一刻卻又變得不可理喻。一小時後，等她的情緒平和後，她就變得比較合作了。而她的父母親這時對派蒂的行為是有不同的解讀。一位認為，派蒂因為花了一整天的力氣在托兒所後，累了，尤其下午以後，她便變得較不可理喻。「只要她一有吃東西，她就不再無理取鬧了。」另一位則認為，派蒂需要引起父母的注意來發洩她在托兒所累積了一天的沮喪情緒。兩位可能都對，但那情況或許更複雜，派蒂的行為可能某種程度反映了她被丟下的經驗，並且是丟在一個你不容易單純的只是「自己」（self）的地方，而這個「自己」（self）更是一個獨一無二且特別的個體-父母和托兒中心的老師，對待這個個體還是不一樣的，因為父母親總是會把自己的小孩看成是最特別的，而老師卻要對所有的小孩都特別。我們通常也都會說，每一個小孩總是需要至少有一個人能提供他或她無條件的愛；至少有一個人能隨時在這個小孩需要時適時的出現，而老師通常不太可能是這樣的角色。

大衛：

　　對某些人而言，大衛可能對於被丟下的情緒過度焦慮。例如：當大衛的父母想去看場電影，他們將七歲的大衛和五歲弟弟湯米留

在家裡請褓姆帶，這時，大衛就會一直問：「你們要去哪裡？」、「你們什麼時候要回來？」、「不可以超過九點半喔！」、「如果你們要晚回來，你們要打電話回來喔！」。接著大衛，會給他的父母一個擁抱和親吻，然後說：「好好玩吧！」。但是同時間，大衛的肢體語言卻透露出不同的訊息。甚至當大衛的父母已經出門往車子的方向走去，大衛都還會把門打開大叫：「你們看完電影後要直接回家喔！好不好？」。他的父母常要跟他確認好幾次，但大衛常還是依然故我。他們也知道這就是大衛。然而，同時大衛的弟弟卻不太注意父母正要離開呢！

茱莉：

當爸爸將小孩們送到學校時，湯米通常馬上往操場跑，而茱莉卻總是親親爸爸，抱住爸爸，並問爸爸：「你今天早上會在家工作，還是要到辦公室去？」茱莉的爸爸知道當茱莉去學校時，她習慣知道爸媽人會在那裡。雖然茱莉自己可能在學校或在公園玩耍，或在朋友、同學家，她還是希望爸爸或媽媽最好是待在家裡。到底，茱莉的問題在那裡？抑或到底她有問題嗎？心理學家可能認為她的行為很明顯的是發展上的不安全感，或太依賴父母的結果。但是若你了解茱莉，你會發現她是個健康、有自信的小孩。大部分的父母幾乎從小孩一出生便知道，小孩渴望獨立，他們會練習利用離開他們父母或安全的家的方式來促成。茱莉常是用她的方式在離家不遠的公園玩，或拜訪她的鄰居朋友。她似乎用她的方式來解決離開的危險。她希望能掌控一切，就像茱莉所說的，當她的父母「不在可以找得到的範圍時，她就會覺得不好受。」這便是家對於小孩的意義：一個安全的中心點。以這個安全的中心為基地，她便可以出去探索這個世界。

漢斯和葛立透：

　　有關小孩被丟下的故事，也可見於文學作品中。漢斯和葛立透便是常常被引用到的有關父母背叛小孩，導致小孩惡夢連連的經典之作：父母將小孩丟在荒郊野外，任其自生自滅。當然，通常是發生在狠心的繼母和軟弱的父親身上，而將他們的孩子拋棄在森林裡。貝多漢(Bettelheim, 1975, pp 159-166)對這童話故事的解讀比較正向：這是現實需求的一象徵意義，小孩需要切斷其對父母的依賴關係。當然啦，小孩也需要學會自己去面對這個世界。但不管貝多漢(Bettelheim)提供什麼其他相關的洞察，貝多漢(Bettelheim)卻沒看到不應該是父母拋棄小孩，而是小孩離開父母，才是獨立的意義。

丹尼：

　　金恩是一個研究生，也是個家有幼兒的媽媽。她例行性地拜訪一個當地的社區托兒中心，在那裡，她常和一個心智障礙的小孩玩耍，藉以了解小孩的生活世界，那小孩變得很喜愛她，但有一件事卻令金恩非常困惑：當她必須要離開並向丹尼說再見時，他只是很快的揮揮手，或簡單地調頭就走。丹尼從來也不會顯露失望之情，他從不會要求金恩多留一會，也從不會要求金恩回來。金恩也承認丹尼的這種情形的確讓她覺得有些受傷害。是不是丹尼根本就不在乎金恩是不是要離開？一個可能的解釋是對丹尼而言，他每天醒著時間中的十小時要待在托兒中心，而托兒中心並不是丹尼真正經驗到的家，對丹尼而言，金恩離開在托兒中心的丹尼，就不像離開在家裡的丹尼一樣；在托兒中心，丹尼，並不覺得被「棄置」(left)。

James James Morrison：

在米嫩(Milne)的詩背叛(1979, pp. 32-32)中描述，小孩害怕當媽媽沒帶他，而離開家到「鎮的另一端」(go down to the end of town)時就不再回來。正如詩的描述，真正發生的是「James James Morrison的媽媽從此沒有再聽到她的消息。」在這裡我們要承認，這首童詩似乎證實了小孩的害怕(對米嫩的抱歉)。正如同小孩有時知道如果他們閒晃時，離家太遠常會迷路找不到回家的路一樣。同理，小孩也會害怕父母會迷路或發生什麼意外，從大而不可知的世界中消失不再回來。

小男孩：

荷蘭的小說家布萊曼 (Anna Blaman, 1963)寫了個很短的鬼故事，描述一個男孩，當他的父母外出散步時，他到樓上的臥房睡覺。父母才剛出家門，那房子開始讓他覺得一點值得信賴的感覺都沒有，並且一些本來房子內外會發出的一些熟悉的聲音，這時，聽起來變得像是危險的警訊。烏漆抹黑的臥房和走廊、樓梯間都好像深藏著危險。當小男孩很沮喪的與他的害怕奮戰時，他似乎覺得樓下有什麼可怕的東西正向他靠近。他很害怕地爬下床，從樓梯上偷瞄時，家裡的前門忽然輕輕的轉開，這小男孩害怕的跑下樓，呼，他看到他的父母剛好進到屋裡來：總算安全了！但當他在樓梯下準備休息時，他卻死掉了。布萊曼(Blaman)的故事主題是說一個家，如果父母不在這個時空時，家裡安全與信任的氣氛從根本上產生質變，被丟下的感覺，對於小孩的生活經驗影響至深。

小女孩：

在楚勞夫特(Francois Truffaut)電影式的小孩生活的研究中，Small Change(1976/81)其中一幕有關父母被他們的十一歲小孩激怒，因為這小孩堅持要帶一個「很醜的」(ugly)皮包去吃星期日的午餐，父母要求這小孩將皮包放在家裡，要不然她便不能出去，必須待在家裡，而父母會把她留在家裡，他倆會自己出去吃飯。但是這小女孩堅持要帶皮包出去，她的父母這時生氣了，便丟下她一個人在家，父母倆自己出去。很快的，這小女孩開始在陽台畫畫，所有住在這棟公寓的鄰居都圍繞著她。每個人面前都準備著滿是食物的野餐籃、飲料等誇張地滿到她三樓的窗戶。小女孩的臉上滿是寫著甜蜜的報復感。她的周日午餐，從一頓在當地餐館的簡單一餐，轉而變成一場豐富且興奮的饗宴。「他們大家都看著我！」，她最後興奮對自己說：「他們大家都看著我！」。當然，楚勞夫特(Truffaut)想要傳達的訊息是，這個小女孩，並沒有真正讓她的父母「看到」(seen)，但是她卻試圖讓自己覺得自己屬於別人生活的一部分。

普柏：

在馬汀普柏(Martin Buber, 1970) 的「自傳的吉星片羽」(Autobiographical Fragments)中，他回憶一段他早年的記憶。回到他四歲時，他的父母離異，媽媽棄他而去。普柏說，那時沒有人曾跟他提起這件事，「小孩自己則一直期待他媽媽早日回來。」當他四歲時，他鄰居女孩現在卻形成並喚醒了他早期的記憶。他們站在他祖父家的陽台，「我們倆都站在靠欄杆的地方，我記不得是否有跟我的玩伴聊到我的母親。我似乎仍能聽到這個比我大的女孩對我說：『不，她絕不會回來了』。我知道我保持沉默很久，同時，我

也不懷疑她所説的話。這段話，跟著我年復一年，不斷的加深到我心深處。大約過了十年後，我開始覺得，那段話不止與我有關，也關係到所有人。」(Buber, 1970, p. 88)。當普柏追述這件往事時，他用「錯失遭逢」(misencounter)這個字，來描述那段當時那種錯過的、不真實的關係，對他而言，描述的就是那時他母親棄他而去的核心經驗與小女孩説出致命的字眼時的經驗。當普柏(Buber)生命的後期(他結婚並有家庭)，他與他母親相會，他説：「當我一看到她依然漂亮的眼眸時，錯失遭逢這個字眼不斷的出現，跟我説話。」，他補充説：「我懷疑我生命中所經驗的所有真實的相遇，都源自於當初陽台對談的那片刻。」(Buber, 1970, p. 88)。馬汀普柏(Martin Buber)的成長經驗是，他是一位猶太男孩，成長在中產階級優渥的環境，受到重視教育與成長的父親及祖父母的良好照顧。教育學上的意涵，令人驚訝的是，他對於母親在他小時候棄他而去的經驗的釋意歷程竟佔滿他早期的記憶經驗。

露絲：

對一個小孩子而言，如果他們覺得被遺棄，那麼家就不像家了。家變得只是一個房子。正如羅賓遜(Robinson)的小説《家庭管理》*(Housekeeping)*(1980)中，那個年輕的女孩露絲的感覺一樣。當那位單親媽媽丟下小孩而自殺時，「家庭管理」(housekeeping)到底意謂著什麼？這便是整個小説提出的主題與問題。對露絲而言，生活變成一段漫長的等待。這反映在她對自己不尋常的認同上時，她説「當我媽媽離開我，我等待著她，這，造就了我等待及期望的習慣，這些讓一些既存在的現在，更具意義，即便事實上這現實不全然有內涵。」(Robinson, 1980, p. 214)。露絲提到其他有關解釋她的不穩定存有的生活經驗，她回到這個被棄置的主題經驗：「對於我媽媽棄置我的經驗，它的確影響我很深。再者，這是一個共通

的經驗。他們走在我們前面，走得很快，然後他們忘了我們，他們活在他們的世界，然後他們不見了。唯一的幻想便是期望他們。」（p. 215）。當小孩子覺得被父母遺棄時，他們可能從此不會再經驗到心中真正的平靜，他們不會覺得有一個存有的中心，一個安全的天堂來指引、保護他們。正如《家庭管理》(Housekeeping)書中描述的，這些變成無止盡的等待。對母親，家庭無止盡、長期的渴望。直覺上的描述即：小孩被棄置的過程經驗將會讓他們深感無法安置、穩定，接下來的更會影響他們對生活的觀點。

蘇菲的小孩：

在《蘇菲的抉擇》(Sophie's Choice) (Styon, 1980)故事中，有一段令人深感害怕的場景：有一位媽媽，她要從命運未知的納粹集中營離開，搭上火車前往安全的地方，但她卻在士兵的脅迫下，被迫從兩個孩子中，選擇一個可以跟她一起上火車到安全的地方，另一個卻必須留下來。對蘇菲的「選擇」(choice)而言，可怕的是，這種抉擇的困難及不可行，這樣的經驗對小孩而言是一種可怕的背叛經驗。對被留下的小孩而言，將是一場惡夢，同時對父母而言也是一場折磨、徒留一場無可抹滅的罪惡感。

在日常的生活經驗中，覺得被遺棄的經驗通常沒有比以上所描述情境那麼戲劇化。但是從小孩的觀點來看，即便是「普通」(normal)的事件，例如：當父母去度假，將小孩留給別人照顧，這樣的事件對小孩而言，便是一件重要的戲劇化事件了。有一位媽媽就告訴我，當她從她十天的海外之旅回來時，她五歲女兒的一些不尋常、報復性的舉動。「她三天不跟我說話，完完全全地漠視我的存在」。這樣的經驗，讓我感到驚訝的是，我曾讀過鮑比(John Bowlby, 1978)的經典研究中，曾經提到小孩類似的經驗。

第三節 尋求意義

　　我們從真實的生活中，或小說、故事中檢視類似上述的經驗時，要將那些例子達到反思式的理解，便是要運用一些方法。這些情形都是從小孩「被留下」(being left) 的經驗來出發的。但是現在我們要試著去看到這些例子如何引領我們更深入地反思似的去了解「覺得被棄留」(feeling left) 的概念意涵。換句話說，我們試圖從多樣的經驗中深入挖掘一些「得以說出來的」(telling)，一些「有意義的」(meaningful)，一些「主題的」(thematic)—我們試圖從事件中去採集意義。即便在多元的情境下，不同的主題意義仍會自動浮現。我重新讀以上的例子並開始質疑，到底發生了什麼事？到底這些例子反映的是什麼?到底「被留下」(being left) 的概念經驗所反映出來的真正意涵或理念是什麼？我們如何透過對經驗概念主題性的反思來找到這個理念內涵？當我檢視這些情境時，我試著以一些主題性的型式來加以檢視：

傑夫：小孩被棄置的經驗不同於大人離開小孩所產生的大人經驗。

派蒂：當小孩被棄置時，他們對自我的經驗通常不會是完整的自我意識或獨特的態度。

大衛：被棄置的經驗常是一種無助、沒有安全感、不完整的經驗。

茱莉：知道父母在那裡常可以讓小孩有能掌控事情的感覺，讓小孩有一安全的家等在那裡的感受，讓小孩有種可以舉手可及的感覺。

漢斯和葛立透：小孩會有想要離開父母(從父母身邊獨立出來)的感覺，但小孩並不想有被父母棄置在後的感覺。

丹尼：小孩會有被棄置的感覺常是從有家或有所歸屬的關係為基礎才能發生。

James James Morrison：父母離開小孩去花花世界工作時，小孩常會害怕父母會從此一去不回。

小男孩：當父母將小孩獨自留在家裡，家往往會因此而改變了其原有的可信任的特質或氣氛。

小女孩：一個未曾被其父母真正「看到」（seen）的小孩，其實已經感到某種程度的「被棄置」（left）。

普柏：覺得被棄置的早期記憶經驗，可能會深刻的影響其後來的職業生涯選擇。

露絲：一個覺得被丟棄的成人，正如小孩的經驗般，可能對生命的經驗會覺得是一場無止盡的等待，對一些永久缺席的事物的無止盡的等待。

蘇菲的小孩：被棄置的感覺正如某種形式的被背叛。

　　有許多的主題在這裡出現，而且它們似乎對「棄置」（abandonment）或「覺得被棄留」（feeling left）等描述說著重要的主張概念。而且不容置疑的，上述的主題群也還無法正確的傳達所有「覺得被棄留」（feeling left）的概念意義。

　　我試圖建構一組主題群，但現在我的問題仍是：到底「主題」（theme）的真正概念所主張的為何，以便可以讓我真確地反映我們想觸及的情境的重要性。我必須將「主題」（theme）本身的意涵放置在其自身的主題性脈絡中來說明，到底什麼主題經驗在現象反思過程中的經驗意涵是什麼？這兒我試圖提供一些很像主題的描述來描述主題，這或許能解答問題如：什麼是主題（theme）？主題如何與研究者所感興趣之研究的現象有所關連（如上述的「覺得被棄留」（feeling left）之意涵）？

第四節　主題是什麼

(1) 主題是聚焦、意義、重點的經驗 *(Theme is the experience of focus, of meaning, of point.)*。正如我讀完一則軼事時，我會問它的意義、重點到底在哪？

(2) 主題最好的形式應是一種簡化模式 *(Theme formulation is at best a simplification.)*。雖然我們談到主題形式，我們很快的覺得這樣的形容好像還是嫌不足，還是無法很真確的簡述我們的觀念主張。

(3) 主題不是個體在文本的特定時空下所遭逢的物件 *(Themes are not objects one encounters at certain point or moment in a text.)*。主題不是一件東西，主題是自動的。

(4) 主題是試圖就捕捉的現象進行了解的形式 *(Theme is the form of capturing the phenomenon, one tries to understand.)*。主題描述生活經驗結構的一種面向。

　　詳述主題不只是一種可以描述，然後學到或訓練到的技巧或認知的過程；而且常問以下的問題仍會有所幫助：主題如何產生?以下的一些描述，或許可以捕捉生活意義所經驗的一些現象本質：

(1) 主題是需求或渴望使事物有道理 *(Theme is the needfulness or desire to make sense.)*。正如身為家長，我有強烈的需求，想從教育學的重要性上去了解，對小孩而言，被丟下的經驗到底是什麼。

(2) 主題是一種我們能夠成就某事的感覺 *(Theme is the sense we are able to make of something.)*。當我試圖用一些有意義的符號型式(文字)來描述一些對我有意義的事件時，我便在產生一些像主題的描述。

(3) 主題是對某事物的開放性(*Theme is the openness to something.*)。當我能將經驗事件以主題的型式來呈現時，我能做的便是儘可能的開放自己，把對生活經驗、主張儘可能地呈現出來。

(4) 主題是具洞察力的發明、發現及顯露的過程(*Theme is the process of insightful invention, discovery and disclosure.*)。當我達成特定的主題洞察時，這洞察包括以下：發明(我的解釋性產品)、發現(我與生命的文本對話後的解釋性產品)與意義的顯露(從生命本身的文本所「給予」(given)我的解釋性產品)。

接下來，我們可能會質疑主題如何與我們所要研究的意涵進行連結？換言之，主題的觀念與「覺得被棄留或被棄置」(feeling left or abandoned)的現象何關？

(1) 主題是為了獲得某些觀念的手段 (*Theme is the means to get at the notion.*)。主題是工具，為了解如「覺得被棄留」(feeling left)所想傳遞經驗意義的一種手段。這是一種特定的工具手法，一種技巧的運用來形成主題。

(2) 主題具體化無以名狀的經驗(*Theme gives shape to the shapeless.*)。正如「覺得被棄留」(feeling left)的觀念，所想傳達的意義，可以不同形式來表達─主題以暫時或範例的形式，具體表達主張觀念中無法言喻的本質。

(3) 主題描述觀念的內容 (*Theme describes the content of the notion.*)。好的主題形成，常能觸及我們試圖了解的觀念的核心。

(4) 主題常是一種觀念的還原(*Theme is always a reduction of a notion.*)。並非所有的主題形成都可以完全的揭開深度意義、全然神秘性或觀念的經驗意義的所有層面。

第五節　主題的教育學

　　從小孩覺得被棄留的經驗所進行的反思，成為對主題的主題反思。無論如何，我對主題著墨的重點也就是我研究的基礎，不是在知識論上的，也不是方法論上的，而是教育學理論上的。正如同我對小孩被棄留經驗的興趣，動機源於我生活上的經驗－我是教育家，也是為人父母的經驗，使我對這樣的主題深具研究興趣。我的小孩的行為成為我身為父親（教育學式的）反思的課題。因此教育學關係的反思是一種「自我反思性」(self-reflectivity)的形式。自我反思是一種態度，這種態度的關係本質，試圖連結自我（父母、教育家）和他人（小孩）。換句話說，自我反思是一種教育學關係的過程，而這種教育學關係反應的是，當個人在服務他人時的關係上。「自我」(self)和「他人」(other)是教育學關係上的基本分類。在日常生活中，自我－他人的元素，或許可以一些緊張情境中表達出來，如上述對被棄留的情境式故事描述所反映的。從某一個角度看，這些即是父母需要和其個人興趣的渴望，與小孩對父母的無意識所展現出來的需求，這兩者間所形成的緊張。從另一個角度看，小孩被丟下，有時是因為「好的理由」(for some good)，如小孩第一天上學的經驗。孤獨寂寞的經驗，往往是每個小孩都要面對的，不管他第一天外宿、第一次去夏令營、在夜裡的睡夢中、透過故事裡的替代經驗、當父母需要出去辦些雜事時等等。有些小孩有時會有種覺得被丟下的經驗，而有些小孩則反而會覺得是一種冒險或無聊的經驗等。

　　更深一層看「自我」(self)和「他人」(other)是一個基本的分類，這分類建構了教育學關係的兩極，也區辨教育學關係從其他既存的成人與小孩的關係中。「自我」(self)是在教育學的理性中去了解父母或老師所應該扮演的樣子或角色。教育學是一種內在本

質，一種轉換機制，一種將女人轉變成母親，男人轉變成父親(或轉變成老師、治療師、祖父母等)。在這層次上，如何評估被棄留的經驗在教育學上的重要性屬於深思熟慮和實務的機智運用。或許不會有小孩曾覺得被棄留，但是事實上，生命絕非完美的，並且我們常要與自己生命中的害怕相對抗，有時這些對抗我們會戰勝；有些或是會留下深刻、永久的疤痕；有些甚至留下不可磨滅之遺憾。在《家庭管理》(Housekeeping)的生活故事中，露絲認為她期望和等待她母親的生活為「一個謎」(a mystery) (Robinson, 1980)。她認為她母親不能，也永遠不會回來。但，她仍活在等待與希望中。為什麼？因為這個謎不管是否為一深度的恐懼，我們經驗到父母是一穩固的關係，這經驗基礎也常是我們存在之基礎與本質。當小孩的期望被背叛時，他必須學習如何處理人類存有經驗的基礎原型：脆弱的經驗、殘缺的圓、被忽視的心、重要他人的缺席。正如露絲，可能永遠是個無家的小孩。而且我們甚至無法深切的接觸到生活在世界主要城市被遺棄的街頭小孩，他們無法抵抗的悲慘經驗。

　　我對「被棄留」(being left)及「無家可歸、心碎的經驗」(the experience of homelessness, brokenness)等主題反思出來的對於教育學上的理解，這樣的洞察讓我得以如作者般，了解並實際回應生活文本的經驗。這意謂的是我無法只是將小孩經驗到「覺得被棄留」(feeling left)的經驗視為只是一個學術研究的議題。我不只是一個觀察生活的研究者，同時我也是在生活上以教育學為本的父母、老師。事實上，似乎對教育研究者而言，為追求他們的研究生涯，需要巨觀去檢視小孩的興趣(包括他們自己的小孩興趣)，而非真正研究這些小孩的興趣，這不是很奇怪嗎？我們甚至會懷疑使生活現象合理的最後分析能力，無法驗證身為一理論家或研究者該有的長處與基本導向。(參照第六章，「維持一種強大且導向性的關係(Maintain a Strong and Oriented Relation)，pp. 135-160」

第六節 揭開主題的構面

我們看上述現象學的主題，既不是客體也不是通則性；比喻式地來說，這些比較像我們經驗世界所組織的網絡之節點，圍繞這些生活經驗網織出一具意義的生活全貌。主題即是讓我們生活的世界賦予意義的星星，靠著這星光我們得以賦予生命宇宙一定位，再藉著這星光我們得以探索這宇宙，經驗這世界。主題是具有現象學上的能力，再透過主題，我們得以進一步地進行現象學的描述。例如：當我們對讀小說的現象有興趣時，我們可能很快就會注意到一些可能的主題：(1)當我們讀一本書時，我們身入其中融入其情節。(2)讀小說時，我們便開始在乎構成小說的人物。(3)當我們讀一個故事時，我們經驗到行動，但我們不必實際行動。(4)當我們暫停讀這本書時，我們離開了由文字所建構起來的世界等等(參閱van Manen, 1985)。

諸如這些主題，只是加速器、焦點或線索，環繞它們現象的描述得以被觸動。讓我們再拿親職教育為例，母職教育與父職教育的主題不一樣之處在那？或者說，為人母的經驗與為人父的經驗是反映同樣的經驗現象嗎？顯而易見的，母職經驗與父職經驗的不同即是父母與小孩間不同的個體關係經驗之開始。一個小孩「被給與」(given)其母親與一小孩「被給與」(given)其父親的經驗是不同的。是這個起始的關係讓這個女人所經驗到的也跟這個男人所經驗到的不同嗎？馬叟(Marcel, 1978)和蘭奇弗列德(Langeveld, 1987)指出，對女人而言，實際經驗到的結果是生育和養育(參閱「諮詢現象學的文獻」(Consulting Phenomenological Literature), pp. 74-76)。男人初期與小孩的關係較不那麼親近或僅有象徵意義的與小孩有關係。當男人覺知到小孩是他的時，女人則已經在她能接受或拒絕這新生命時，就已擁有了這小孩。一個剛成為父親的男人，

為了要變成父親，他必須要去接受或對小孩說「是」(yes)；然而已是母親的女人，由於要經歷孕育、生出這個小孩的過程，她自然而然具備成為母親的條件。相對於男人，當然她可以說「不」(no)。根據蘭奇弗列德(Langeveld)和馬叟(Marcel)的說法，一個女人懷孕時，即是孕育、帶著一個小孩，她賦予這個小孩生命，或者說她被這個小孩所寄居，所以她所經驗到的這個小孩的知識經驗是比父親最初知道那是他的孩子，更具生物上的象徵性。

　　問題來了：這種經驗差異合理嗎？如果合理，我們如何從主題性的方式上來捕捉這種經驗上的差異呢？我們可能會說成為父親的經驗中可能包括「接受」(accepting)或「確定」(affirming)小孩是他的。但這個經驗如何被經歷呢？如蘭奇弗列德(Langeveld, 1987)和馬叟(Marcel, 1978)提供了對這個主題的描述。他們可能用這種方式來經驗他們自己身為人父。但是否每個男人都必須透過訂下對新生兒的「承諾」(commitment)來「決定」(decide)或「誓言」(vow)來接受這為人父的責任？這經驗本身對我而言，做為一個父親的經驗較不是透過理性的、討論的、描述的結果而得。難道這指涉蘭奇弗列德(Langeveld)和馬叟(Marcel)所言是錯的嗎？不見得！但這或許指的是蘭奇弗列德(Langeveld)所指的「決定」(decision)和馬叟(Marcel)所說的「誓言」(vow)是某種形式的承諾，而這承諾的複雜度，又遠超過文字所能賦予的意義。成為一個父親的承諾，或許較少是「構成」(made)的，應是直接面對到了的成份較多。對於「承諾」(commitment)這主題被經驗到的應該是一個男人願意將小孩擁在懷裡，全然地接受這小孩；應該是這男人發現他必須面對這「責任」(responsibility)，而這又是一全新的經驗。這樣子碰觸的經驗常是一種深層的，令人感動的經驗：從現在起，他是一個小孩的父親了。但是成為一個父親，他便需要一輩子一直扮演父親這角色。

　　重點在於沒有所謂的概念性公式或單一陳述，能完整的捕捉、掌握這經驗的全然神秘性。所以現象學的主題較少是單一的陳述

（概念或分類，如「決定」(decision)、「誓言」(vow)或「承諾」
(commitment)），而常是對生活經驗架構的完整的描述。如此，所
謂的主題式的片語較無法呈現對生活現象的完整陳述。主題式片語
常只是點出、引出、暗示現象的面向其中之一而已。

第七節　分隔出主題的陳述

　　對生活經驗的描述，可以從多重的表達面向或形式來進行：轉
錄錄音帶對話內容、訪談素材、日常發生的事件或故事、一段晚餐
時分的對談、正式的書面回應、日記、一段評論、對他人寫作內容
的反思、戲劇、電影、詩或小說所呈現的替代經驗、幼兒的行動扮
演劇、床邊故事時間所伴隨的對話、朋友間真心誠意的對話等等。
自然地，有些生活經驗描述的種類要比其他的還難蒐集。

　　任何生活經驗的描述，都是為了顯露所描述現象的主題層面的
恰當來源。而有些描述的確比其他來得豐富些。這也證實了我們的
經驗中，我們與某些人的對話，學到的或許會比其他人的多。同
時，當某人試圖與我們分享一些經驗時，我們常能從中得到一些教
訓或經驗。

　　一般而言，我們可以從三個取向來看我們如何從文本現象中，
去揭露或分隔出主題：

　　(1).全貌性或句子式的取向 (the wholistic or sententious
　　　　approach)；

　　(2).選擇性或重點式的取向 (the selective or highlighting
　　　　approach)；

(3).細節或逐行分析的取向（the detailed or line-by-line approach）。

(1) 在全貌式閱讀取向中，我們試著將文本視為一整體並且不斷的提問，*什麼樣的句子可以將文本視為一整體並捕捉到文本的根本意義或顯著意義？我們試著透過對這句子的描述來表達這意義。*

(2) 在選擇性的閱讀取向中，透過聽或讀文本數次後，我們問：*什麼樣的陳述或句子似乎特別能反映、呈現出所描述的現象或經驗的真實本質？這些陳述，我們可以將其圈出、劃底線或以色筆標出。*

(3) 在細節閱讀取向中，我們閱讀每一句，或每一段落，然後問，*這個句子或這個句子段落在這個現象或經驗描述中透露什麼訊息？*

　　當我們研究生活經驗描述，並且辨明這些逐漸浮現的主題，我們或許會發現從我們描述之經驗中，有些特定的經驗現象在我們蒐集的描述中，不斷的再現且具共通性。掌握這些主題的工作要靠一些適當的描述或捕捉一些能反映意義的描述來完成。例如，在Robert的媽媽個人的經驗描述中，（參閱第三章「文稿寫作（生活經驗的描述）」（Protocol Writing（lived-experience description））段落，pp. 63-66），我們點出那浮現出來的主題為「擁有希望與期待」（having hopes and expectations）來形容小孩學校的生活及未來。根據其他父親或母親的經驗中，這樣的主題描述，常是不斷的重複出現。

　　讓我們再看一次Robert的媽媽的生活經驗的描述,並練習一下這三種找到主題的方式:

　　最近我常不斷的思索,我是否對兒子期待太多了。他將所有的家庭作業搞混了,他似乎太累了,無法直接思考,並且他似乎花太多的時間在一項直接了當的作業上,他或許應該如他班上其他的小孩般放輕鬆,享受他的家庭生活;他常讀錯指導語,以至於常要重做作業;他對大猩猩的報告,可以有一千個點子,卻無法將這些想法整合起來寫出開頭的句子。所以,昨天我試著去看看Robbie學校的形成性檔案資料夾。某方面而言,我實在感到愧疚,但想想特別是那些分數實在不能代表一個人的全部。當然,我對他的愛是無條件的,這些愛絕不會因為他的成就或智商成績而有所增減的。但數字並非用來告訴我Rob是否特殊,而是要告訴我該怎麼辦:我是否能在作業這議題上用嘲笑、刺激、或引誘的方式對他說:「嘿,你這個懶小鬼,你應該在學校做好作業,不要打混。」或者,我可以說:「當你疲累時,你當然無法直接思考,你可以早點回家,並且在晚餐前做好功課。」

全貌性或句子式的取向

　　表達文本的根本或全貌意義,常是一種判斷的過程。不同的讀者可能區辨出不同的根本意義,但這也不見得會讓其中一個解釋比另一個解釋更接近真實。但是有更多的可能可以去看到個人對意義解釋的習性。正如我們讀上述的文本時,我們看到一個做母親的,她苦惱於她小孩對學校作業的問題,而這也讓她為小孩的未來及她對小孩的希望蒙上一層烏雲。她不想對小孩在學校的經驗、能力或態度表現得漠不關心或不敏感。換句話說,她想知道怎麼說或怎麼做,才能幫助小孩,並且也考慮到小孩的感覺。或許這樣主動的敏感能透過機智的觀念被合宜的掌握住!我們試著形成以下的句子:

「父母要能夠知道如何從小孩最感興趣的事物出發，使自己面對孩子時能行動的更機智些。」

選擇性或重點式的取向

是否有任何明顯突出的句子代表？我們是否可以選一些句子或句子的部分內容出來呈現親職經驗的主題？我們來試試以下這些：

「我思索著我是否對我兒子期待太多。」
對父母而言，便是去區辨什麼對小孩是好的，什麼是不好的。
「我對我小孩的愛與希望當然是無條件的。」
親職經驗的基礎是希望。
「他們要告訴我應該怎麼辦。」
通常父母會不斷地需要知道怎麼去做。

詳細或逐行分析取向

第一步，我們需要仔細的讀每一句或每一句段。

【句子一：】最近我常不斷的思索，我是否對兒子期待太多了。

【句子二：】他將所有的家庭作業搞混了，他似乎太累了，無法直接思考，並且他似乎花太多的時間在一項直接了當的作業上，他或許應該如他班上其他的小孩般放輕鬆，享受他的家庭生活；他常讀錯指導語，以至於常要重做作業；他對大猩猩的報告，可以有一千個點子，卻無法將這些想法整合起來寫出開頭的句子。

【句子三與句子四：】所以，昨天我試著去看看Robbie學校的形成性檔案資料夾。某方面而言，我實在感到愧疚，但想想特別是那些分數實在不能代表一個人的全部。

【句子五：】當然，我對他的愛是無條件的，這些愛絕不會因

為他的成就或智商成績而有所增減的。

【句子六：】但數字並非用來告訴我Rob是否特殊，而是要告訴我該怎麼辦。

【句子七：】我是否能在作業這議題上用嘲笑、刺激、或引誘的方式對他說：「嘿，你這個懶小鬼，你應該在學校做好作業，不要打混。」或者，我可以說：「當你疲累時，你當然無法直接思考，你可以早點回家，並且在晚餐前做好功課。」

現在我們可以進一步試問每一句子或句段，似乎可以透露親職經驗的本質。

句子【一】顯示我們如何有親職經驗，但又懷疑這經驗。

句子【二】顯示一些特別的情境發生的事件如何對我們的期待提供一些意義。

句子【三】與句子【四】顯示我們如何試著透過從不同的角度看孩子來檢視我們對孩子的期望。

句子【五】顯示在特別的期許下，我們珍惜、真心的認為其中蘊藏著希望的基本覺察。

句子【六】顯示我們想要了解孩子，因為我們想要知道如何與我們的孩子相處。

句子【七】顯示透過了解孩子，我們能找到對待孩子的更機智行動的可能性。

第八節 組成語言學的轉換

　　當我們從多元的來源得到一些主題及主題式的陳述後，我們應該會希望以更具現象學感覺的段落來捕捉主題陳述。因此根據我們的閱讀及其他的研究活動，我們寫下摘記和段落。這個過程中間的有趣例子，可以在梅洛龐蒂(Maurrce Meleau-Ponty, 1968)的作品《可見的與不可見的》(The visible and the invisible)看到，該書的描述讓我們洞察到現象學者如何準備其寫作。

　　語言轉換成文章的歷程不只是一機械性的歷程，它應該是一個創造性的、不斷詮釋的過程。例如：我試著將上段「分隔出主題的陳述」(Isolating Thematic Statements)中教學關係的期待與希望等主題做一語言文字上的轉換如下：

　　　我們常說要成為父母或老師，即是對小孩有既定的期待和希……望。但「希望」(hope)只是一個詞，其所代表的意義常被過度使用、解讀。我們常忘了它與我們基本的生命經驗上的原始關係。所以我們必須檢視我們在家庭、學校中如何與小孩共處的生活經驗，那種所謂的「希望」(hope)或「對小孩抱著希望」(having hope for children)的經驗感覺。對小孩的希望所展現出來的行動比較是一種具體而微的存有方式，而不見得是做了什麼事的生活方式。對父母或教師，希望是一種存有的形式。在日常生活中，我們存有許多特定的期待與渴望：「我希望我的小孩在學校表現良好」，「我希望我的小孩能準時做好他的家庭作業」，「我希望我女兒不要放棄她正在學習的小提琴」。這些都是隨著時間流逝不斷產生、來去的希望。小孩子讓男人或女人超越了他們自己，去說「我希望......我與希望共存；我經驗到孩子成為我希望的延伸」。這個希望的經驗區辨了具教學關係的生活與不具教學關係的生活。這個經驗也清楚的指出，我們只能對我們真心所愛的小孩抱希望，不單只是出

於理想、浪漫式的，而是出於教育學關係上的愛。希望帶給我們的是一簡單的擔保，保證「我不會放棄你，即使我知道你能過你自己的生活」。因此希望帶給我們的是耐心、容忍和對我們的小孩任何可能性的相信。希望是我們對小孩成為與一切可能的經驗的延伸。更是我們自信的經驗，即小孩讓我們看到生活的可能性，不管其中會有多少的失望來檢驗我們的自信。這不正就是父母養育的經驗的一種形式嗎？因之，希望帶給我們的即是教育學本身，或者教育學經驗引領我們希望？正如所有的價值信念，他們的本體根源常不斷的湧現在我們的經驗世界。

第九節 選自藝術來源的主題描述

對藝術家或現象學家而言，所有作品的來源均是人類所經驗到的生活世界。正如詩人或小說家試圖以文學的形式來捕捉經驗的本質一般，現象學者即試圖以現象學的描述的方式來捕捉一些經驗的本質。一個真實的藝術表達不僅只是再現或模擬現實世界的事件而已，更有甚者，它要能超越經驗世界，以一種反思經驗的存有行動來呈現。一個藝術的文本與日常生活的談話或行動之不同，在於藝術的文本常常是以反思的狀態來呈現的。換句話說，藝術家透過超越經驗本身來重新創造經驗。有些主題經驗可以從查斯勒(Phyllis Chesler)母職經驗的描述中見到(參閱第三章從文學或藝術中找尋經驗性的描述，pp. 82-91)。

(1) 女人轉變成母親，常如生產的過程本身一樣充滿戲劇性。
(「當你生下我時」(when you gave birth to me))

(2) 孩子的出生日，即是女人經驗到轉換成母親的日子。
（「與你的年紀相等」(your age exactly)）

(3) 成為母親促使女人與某些原始的經驗有所連結。（「一個
遠古的滿意」(an ancient well)）

(4) 新生兒教會母親更深層地了解生命。（「你讓我更有深度」
(you deepen me)）

(5) 母親經驗到小孩正如一個存有的個體具有其須完成的任務
或目的。（「小太空人」(little astronaut)）。

(6) 產出一個小孩有時如同經驗到渴望一個原始的個體，一種
撕裂的親密。（「不再在我的心下面」(no longer beneath
my heart)）。

(7) 母親猶如經驗到連結到一個剛墜地的新生兒的關係。
（「像嫁給小孩般」(married to a child)）。

(8) 然而，反過來說，孩子總是被經驗到如同一個奇蹟（「點
金術」(alchemy)）。

從某方面觀之，要區辨文學敘說或詩與現象學的不同在於，文
學作品或詩(雖然也是以生活為基礎)將主題以暗喻的形式呈現；其
著重的是情節或特殊事件，而現象學則試圖系統性地開展一特定的
敘說，且此文本故事能敘說清楚想要表達的主題，並能對特定形態
經驗保持真實且共通的品質或本質。

第十節 透過會話的解釋

　　我們已經以一種會話關係來描述現象學取向，而這種會話關係常是研究者希望去了解或發現的想法的開展。事實上，我們與他人共同分享的每一個會話，常有其結構形式。會話不只是發生在兩人或多人對話中的個人關係。一段會話可能始於閒聊，事實上，通常這也是會話變成存有的開始。隨著互相感興趣的共同主題逐漸成形時，與談者開始對彼此導向的意涵賦予生命力，此時，一個真實的對話內容於焉誕生。所以一段會話常以三段式的結構成形，與談者間的對話關係，與談者針對現象或意見投入會話關係，而這會話關係亦會令與談者保持對會話而起之個人關係有所投入與關注。嘉達美(Gadamer, 1975)曾描述這個過程，正如問-答過程中的探詢對談結構。每次表達時可以將詮釋視為會話關係中針對一物件、一個主題意見去提出問題，以及給予解答的過程。這樣的會話具備一詮釋性的推進：它是一段釋意過程和解釋一個觀念主張且此觀念主張能引起會話的過程。也因這原因，會話的合作性品質的重要即反映在現象或觀念主張的研究之主題中，亦即其能否真切的透過主題反映出觀念主張或現象。

　　研究者在詮釋性訪談(hermeneutic interview)中的藝術，即是保持問題(現象的意義)的開放，保持他或她自身與受訪者能針對被提問事件的實質性。「提問的藝術在於能夠不斷的保持問問題，也就是思考的藝術」(The art of questioning is that of being able to go on asking question, i.e., the art of thinking)，嘉達美(Gadamer)如是說(1975, p. 330)。受訪者常成為此研究的共同探究者。在詮釋性訪談中，常見的是受訪者或是研究參與者常被發現投注的比其原先預期的還多。他們開始更關注主體，更關心研究問題。並且，研究者開展一特定的道德義務給他或她的研究參與者

來預防一些有利用之嫌的情境。正如蘇格拉底(Socrates)在Meno中指出，會話的根本結構正如建構朋友關係(Plato, 1961 p. 358)。如同朋友般一起談話，這也正是為什麼當會話參與者不再彼此爭論時，會話便須終止了。

　　所以透過設定情境來建構一個合作式的詮釋性會話，研究者可以促成參與者反思他們的經驗(一旦這些經驗被蒐集完成)，以確認經驗事件的主題或深層意義。基於這個理由，系列的訪談或可安排選定的參與者，使得對先前訪談的文本(訪談文字稿)有所反思，以儘可能達到更多解釋性洞察的目的。

　　當文字稿主題經由研究者確認後，這些主題可能成為後續研究者與參與者共同合作的詮釋性會話之反思客體。換句話說，訪談者與受訪者均試圖解釋初步主題的重要性以彰顯原始的現象問題。訪談者與受訪者對每一主題均會提問：「這經驗到底像什麼樣子？」(Is this what the experience is really like?)以確認主題之合宜性。訪談因此確實的轉變成解釋性的會話，即對談的雙方透過不斷地自我反思共同解釋尋求現象問題的重要性。例如：一個研究者當研究女人「產痛」(birthing pain)的現象時，他將會不斷的以詮釋性會話的過程與其受訪者進行好幾次的訪談來檢視這個經驗。而參與研究的女人也會閱讀根據文本所產生的現象學主題描述的初稿，以此為起始點進一步地分享其經驗到的生產的痛楚等等生活經驗的本性。

　　包諾(Bollnow, 1982)描述好的會話如何朝向終止：最終落入無言的境界。當然，他並不是說當會談轉錄成書面稿後，進一步會話式的解釋便不再進行。通常，當真正經驗到真實的好的會話時，其滿意度將引領彼此進行更多的合作與工作。同時，當會話漸漸的由更多的停頓所取代，漸漸地帶到沉默無聲之境時，常達到了一種圓滿的境地。這種如同圓滿的實現代表的是有效的人文科學文本：透過反思的存在持續性所導致的無聲⋯⋯。

反思那些曾經被言及和那些仍然被述說的，即便只是真正達成
對話過程的一種感激的感覺，當會話的過程最終達到沉靜時，那不
是空洞的寂靜，它是一種圓滿充實的寂靜。真理，不只是透過取得
洞察力而得，更是一種生命的真理，一種透過會話來完成存有的真
理，一種持續讓其自身被感覺到的，以靜默來完成其深意的過程
(Bollnow,1982,p. 46)。

　　所以會話的目的在產出主題與洞察力，研究者最終要創造出一
文本，而此文本所含之主題，如同會話關係所產生的果實般，能夠
有所貢獻。

第十一節　合作性分析：
研究專題研討會/團隊

　　合作式的討論或詮釋性會話以達成現象主題或現象主題描述，
可藉由研究團隊或專題研討會來運作，這些均有助產生深層的洞察
與了解。例如，對特定現象研究，一位參與研究者可以先閱讀第一
版初稿描述(二版、三版或四版)，再以此為基礎，其他參與者再分
享他們對於這描述的想法或觀點，看其是否有回響他們自身的經
驗。因此主題便可以被檢視、描述、重新再解釋、省略、增加，或
重新建構。從三、四次此類分享的研討反思中，每一篇合作式的論
文，通常在不同的草稿階段，都會明顯受益。
　　有許多正式或非正式的方法可以讓研究者或作者在他們寫作的

過程尋求合作式的協助。研究團隊或研討循環常是一種搜集他人對研究文本提出解釋、洞察的正式方法。但仍有一些不是那麼正式的管道可以檢視研究工作，例如：分享這些文本與指導教授、顧問、檢閱者、同事或朋友。不管是正式的或非正式的，在與他人的會話關係上，我們尋求的是對研究現象或觀念的一般導向。嘉達美(Gadamer, 1975)描述會話式關係的方法，即是一種「檢驗的藝術」(the art of testing)(p. 330)，而且這種檢驗的藝術包含質問的藝術－意即將會話主體「放在開放、置於開放」(to lay open, to place in the open)。討論、檢驗一研究文本的合作式活動並不是文本討論者用一些質問的方式，試圖表現得比作者或其他討論者更聰明更機智的情境。正如同上述說明的，會話關係的結構應該展現得如蘇格拉底(Socrates)所說的對話關係般，「如朋友般地一起對談」(talking together like friends)。朋友間的對話不會試圖讓另一人覺得弱勢；相反的，朋友間的對話試圖帶出優勢。同樣的，人文科學探詢對話中的參與者乃試圖讓人文科學文本中弱勢處更強壯。他們試圖形構原有文本或現象中隱而不彰的主題或意義，來重新彰顯其意義，並允許作者能看到他或她當下視野中的限制，再進而超越這限制(cf. McHugh, et al., 1974)。

第十二節　以生活世界的存在作為反思的指引

　　所有現象學人文科學研究的努力均是透過探索人們生活世界的

結構，而這生活世界的結構即是我們所經驗到的每日的情境與關係。我們生活的經驗和意義(主題)的架構均可以描述解釋我們生活世界的複雜性。而且，我們當然可以從不同的人類存在與現實來討論不同的多面向的生活世界。所以我們知道小孩經驗到的生活世界不同於大人經驗到的生活世界。同樣的，老師的生活世界、父母親的生活世界、研究者的生活世界、行政管理者的生活世界等等都是不一樣的。並且我們在一天的不同時間點，也會經驗到不同的生活世界，如我們工作時經驗到的生活世界便不同於我們在家裡時經驗到的生活世界(Schutz and Luckmann, 1973)。

當從我們一般所處的生活世界來看時，我們會發現這個人類存在可以用根本的主題式架構來進行研究。例如，根本存在的一些主題，如「生命」(life)、「死亡」(death)、「存有」(being)、「他人」(otherness)、「意義」(meaning)和「神秘」(mystery)均曾出現在現象學的人文科學文獻中。在接下來的段落中，我們會指出四個基本存在的主題，而且這些基本存在的主題應是普及於所有的人類的生活經驗世界之中，不管他們的歷史、文化或社會背景為何。為了不與一些特定的人文現象，如：親職教育或老師經驗等生活世界產生混淆，我們將這些基本的生活世界主題界定為「存在」(existentials)。這四種存在可以提供特別的幫助，可以視為研究過程的反思的指導：*生活空間*(空間性)、*生活形體*(肉體)、*生活時間*(暫時性)，和*生活人際關係*(關係性或互動性)。

這四種根本的存在：空間性、肉體、暫時性、關係性，可視為所有人類經驗世界存在的根本。在現象學的文獻中，這四種分類可視為生活世界的基本架構(例如參見梅洛-龐蒂(Meleau-Ponty, 1962))。這不難理解，因為任何的經驗，我們都可以根據這四個生活世界的存在來提出一些根本的問題。因此，空間性、肉體、暫時性和關係性即是為了現象學的提問、反思與寫作過程所產出的分類準則。

生活空間(空間性)即是對空間的覺知。當我們一想到空間，我

們第一個想到數量上的空間概念，諸如空間的長、寬、高、深等度量，我們可以很容易的談主要城市間的距離(多少英哩或公里，多久開車時間)，有關我們住的房子或公寓的空間向量等。但是生活空間的經驗，是難以以文字表達的經驗(生活時間、生活形體亦然)，因為它們似乎是先前存在的概念，我們不常反思它的存在。我們會發現我們可以感受到我們所處的空間的感覺。在具現代感的銀行空曠大廳令我們覺得渺小，在開放空間的景觀環境中，我們一方面覺得暴露於大庭廣眾下，一方面又覺得自由自在；在擁擠的電梯中，我們感受到的又恰恰相反。即便我們不是常上教堂的，也不是天主教徒，當我們走進天主教堂時，我們或多或少的感受到莊嚴的聖寂。獨行於國外繁忙的城市時，你或許感受到迷失、奇怪、無助，或者是興奮、刺激。總之，我們或可說我們受我們所在的空間影響而有所感覺。

　　家，更是在我們存有中佔著一席特殊的空間位置。家常被形容是一安全的堡壘，在其中我們會覺得受到保護(Bollnow, 1960; Heidegger, 1971)，家是一個我們可以真正成為*我們自己*的地方。當我們在某些地方花了一些時間後，我們就會準備「回家」(go home)。我們對無家可歸的遊民會特別覺得遺憾，因為我們會感覺他們通常經歷了深層的悲劇，這並非只是因為他們沒有屋頂保護他們。總之，生活空間是一存在的主題，這主題引領我們思考道人所移動的世界或景觀場域。當我們想了解一個人時，我們問他或她的世界、專業、興趣、背景、出生地和童年等等。同樣的，為了解「閱讀的本性」(the nature of reading)、「和善的對談」(having a friendly talk)、「生小孩」(giving birth to a child)，若能加入生活空間的本性，將能更容易了解這些特殊經驗的意義品質。例如：當我們覺得想讀一本我們喜愛的小說時，我們會試著先去找一個特定的、合適的閱讀空間來閱讀：或許是一張很棒、很軟、很舒服的椅子，一個安靜的角落，或咖啡店充滿音樂聲卻又與其他客人走動的噪音、談話的聲音有點距離的角落的小桌。從現象學的角度

來看，閱讀經驗的結構需要特定的生活空間的經驗中來理解。換句話說，閱讀有其生活空間型態，可以透過了解其生活空間面向及品質來了解。同時，寫作的過程也需要其寫作空間。好比當我在寫這文本時，我覺得最好的地方是在我自己的書桌前，因為我有我所有參閱的資料圍繞著我。

　　小孩經驗空間的經驗形式可能不同於成人。成人通常從社會的特性來看空間，較偏重約定俗成的空間感受。這種感受同樣適用生活時間和生活形體。文化和社會約定成俗所形成的空間感受提供了我們經驗空間時一個特定的質性向度。正如，對空間而言，人們常希望在一令人覺得舒服或親近的空間。包諾(Bollnow, 1960)也從不同的觀點來討論所謂的生活空間，如：距離、道路等，他指出兩個地方之間的客觀距離在不同人的感覺下也不同。有些地方可能從地理上看相當靠近，但卻因為要越過一條河流或一些繁忙的道路交通，而顯得遠多了。道路本身也具有相當的質地，高速公路和收費道路不是一個我們覺得可以休息的地方-它們不能算個地方，它們代表的是從甲地到乙地的旅程。樹林中的健行步道、穿越峽谷的步徑或我們慣常散步的社區道路都是相當不同的！所以這些在在顯示出生活空間是一種探詢我們每天生活存在經驗的分類方式之一；並且透過這個分類向度可以幫助我們解讀生活生命中基本的意義向度。

　　*生活形體(肉體)*從現象學的觀點實指涉的是我們肯定在這世界上佔有一個形體。當我們與某人在他(她)所處的環境或世界相遇時，我們首先接觸到的是這個人的有形身體感覺。我們也從外觀或形體的呈現上透露出我們是什麼樣的人，同時也藏匿了一些訊息—不見得是有意識或故意的；但那就是我們啊！當形體為人們所特意注視的物體，它有可能失去了它的天性(Linschoten, 1953; Sartre, 1956)，或者另一角度觀之，它可能增加了其真實存有性。例如：在批判式的檢視下，身體會不自主地顯得不自在，移動也顯得笨拙；當在欽羨的注視下，身體的表現則往往超越了其通常的優雅與平常的能力。同樣的，當一個人陷入愛河時，他或她的身形必定是

滿面春光、臉上充滿著光彩、洋溢著春風，在情人的眼中看起來他或她身體感覺肯定是不一樣的。

　　*生活時間（暫時性）*指的是主觀的時間，相對於時鐘指涉的時間或是客觀的時間。生活時間明顯的例子，如：當我們在享受生活時，我們會覺得時間過得好快，而當我們在聽一場無聊的演講或上一堂我們不怎麼感興趣的課時，我們往往會覺得時間過得好慢，甚至當我們在牙醫的診療椅上焦慮的等待時，我們也會覺得時間過得好慢。生活時間指的是我們在世界上暫時存有的方式－正如一年輕人迎向開放的未來，或老人緬懷過去等等....。當我們想要進一步了解一個人時，我們會進一步了解他個人的歷史背景及他們下一步打算往哪去。在平面的時間軸上，人的生活是由過去、現在、未來所組成的，我過去所遭遇到的經驗事件成為我記憶的一部分，或者說那些遺忘的或即將遺忘的經驗，留下的軌跡便是我的存有－我承擔我自己的一種方式（不管是希望的、自信的，失敗的或倦息的）均構成了我的過去，還有，我特有的手勢、動作、樣子（從我的父母、師長、朋友處習得的），我使用的語句、說話的語言、用詞也緊緊的與我的過去的家庭、學校、族群經驗緊緊相扣。並且，在過去的某些壓力下的改變也造就並影響現在，或者我也會隨著自己的轉變，重新檢視過去我與現在我的差別。過去常會自行改變，因為我們會為可預見的未來而形塑自己，或者我們會朝著潛藏在我們所希望可能的未來的形態前行（Linschoten, 1953, P245）。透過希望和期待，我們有期望的生活方式，或因為絕望之情及缺乏意志力，我們也會喪失這樣的期望。包諾（Bollnow, 1988）非常適切的描述，年輕人對生活的心情如同期待「早晨」（morningness）的感覺，如同當我們開始面對承諾的一天。

　　*生活關係（關係性）*指的是我們與他人互動的空間關係中彼此共同分享建構起來的型態。當我們與他人相遇時，我們指的常是形體上的接觸：我們透過握手或看到他（她）所呈現的形體。甚至，我們若以間接的方式知道一個人時（如透過信件、電話，或書），我們常

會對這樣人的外形有所想像，以等著我們去確認，或如果與我們的想像差太多，我們便得以忽視這個想像外型。當我們與他人相遇時，我們便能發展一對話關係，而這對話關係便能讓我們超越我們本身。對更廣大的人類的存在而言，我們透過經驗到他人、社區、社會來了解生活的目的、意義、生活之本，正如我們透過宗教經驗來理解獨一無二的神。

　　這四種對應於他人的存在：生活形體、生活空間、生活時間、生活關係，可以是不同的，但卻無法分離。他們只會合成一複雜的單一體，我們稱之為生活世界—我們生活的世界。但是我們做研究時或許可以暫時從不同的層面來研究這些不同的存在，雖然這四者關係仍會互有關聯。想想看，這四種存在如何反映在我們與小孩的教學生活上，如何讓我們創造豐富的意義（即便不見得所有的親職經驗都是正面的，沒有一些遺憾或擔憂的）。

　　從生活形體的角度觀之，我經驗到的我與我的孩子雖然形體上十分相近，我們卻又是十足的兩個個體，小孩與父母可以如同一個模子出來的，這知識對很多人而言，應是十分明顯的。另外，身體上的接觸和父母親擁抱小孩的感覺對小孩而言是十分具象徵意義的，生活形體的接觸對小孩來說是安全感的一種象徵。我的父職經驗建構在我與我的孩子的關係上時，我會以身為父親的眼光來看他們如何把屋子弄得一團糟，或者我會去注意到當他們玩耍時皮膚上所碰撞的傷痕，甚或他們生病躺在床上時發燒的臉等等。而這樣的「看見」（seeing）促使我去做一些事，去做一些身為父親該做的事。在親職經驗中，我對小孩的經驗中，也有種希望所呈現出來的生活時間的形式，而這希望便是我對小孩一種珍惜，珍惜他有一個快樂的將來。正如我對生活時間的經驗，經驗到小孩希望成為他或她自己的一種渴求，能為一些他或她認為值得的事情或能創造生活的個人的意義而活的感覺。而父母和小孩共同經歷、分享了一些共同的歷史，即所謂的家庭時間，而這時間在時間軸上自是佔有一席之地。特別是每年中某些天、某些時間總會發生的具特殊意義的生

活時間經驗，如家庭、學校或社區中共同經歷、慶祝的一些重要事件，當然還包括家庭一塊吃飯的時間，晚餐後聚在一起的時間，一起出遊，和一些家庭聚在一起幫童年創造出一些正向或負向記憶的活動。房子，則是當我們一起共享這生活空間時，便叫做家。在這個家裡及所創造的環境，小孩可以從這個安全如天堂般的地方來探索未知的世界。家的空間經驗對小孩而言，可以是支持的或被忽視的、開放的或其他、自由民主的或壓迫的，並且也在這個立即的環境中，小孩可以經驗到他最喜歡玩耍的地方、被遺忘的角落、隱身的地方、秘密的空間，如廚房等可與家人分享的地方，臥房或睡覺時被單下，這些在他一天結束後得以進入自身的世界睡個覺的地方。同樣的，小孩也經驗到學校的空間所帶來的不同的氣氛、課堂上的品質、特別的桌子或他們可以遇到朋友的走廊置物間等等。最後，父母–小孩的關係正如老師–小孩的關係般，他們經驗到的是一特定的*與他人的生活關係*，而這關係常是非常個人的、非常具人際關係的重要性。在這樣的生活關係中，小孩唯有經驗到全然支持與安全感，才能讓他們感受成為一成熟、獨立的人，且在這樣的生活關係中，小孩要能經驗到大人的信心與信任才能讓他們毫無困難的完成自己。

第十三節　決定偶發性和本質性主題

　　我們設定的目標是達成一個更豐富的現象學的文本描述，我們需要決定繞著什麼樣的主題去編織現象學的描述。

　　在上一節中，我們探討了主題的觀念，並且也指出對於現象的

現象學意義如何宣稱與敘述。為了更清楚現象本質意義，我們還需要區辨出偶發性主題或是本質性主題。並不是我們經歷的反思現象或生活經驗的意義，對該現象或經驗而言，均是獨一無二的。甚至這些主題所顯示的本質性意義，通常被歷史與文化形塑而成的。

在現象學的人文科學研究中，最困難和最具爭議性的，莫過於去區辨本質性主題和那些偶發性在這現象本身所產生的主題。我們或許可以透過區辨親職教育學和教學教育學來說明這個特點。從某個角度觀之，教育學的現象可以從親職關係和教學關係的生活經驗中去找尋共同點。根據這探索的基礎，我們才能決定在教育學主張中所透露出來的本質性主題的普遍性主張。如果從這個目的看來，我們就會忽視任何的親職關係和教學關係上的不同點，而只是聚焦在教學與親職關係中我們與孩子相處時的共通點。

在決定主題的共通性或本質性品質的過程，我們會注意到去發現這現象是什麼的面向與品質，並且要注意到如果將這主題從這個現象上去掉，這個現象是否還會是一樣的？這個現象若缺少了這個主題，是否會不再具備有其根本意義？為了這目的，現象學家會運用自由聯想變化的方式來辨認主題是否本質上屬於此現象（而非偶發事件）。自由聯想變化的過程也可以用來產生其他本質性主題。

在體悟本質性主題或本質關係的過程，我們可以問以下的問題：想像一下，當我們從這個現象中改變或刪除這個主題，這個現象是否仍一樣？當這個現象缺了這個主題時，是否會減少它的根本意義？例如，我們假設有後代或小孩，代表的即是親職意涵的本質。為了要測試這個主題，我們試著構思親職經驗中，不包括小孩。而這似乎是不可能的事。所以我們決定「擁有與孩子間的母職或父職關係」(having a mothering or fathering relation to children)，是親職的本質性主題，因為你不可能想像說一個為人父母的（不改變親職的意義的情況），卻不具有與孩子有關係的父親或母親的身分在其中。當然，也有可能是曾經有過小孩，但小孩死了，而他（她）仍然認為自己還是為人父母。事實上，馬叟(Marcel, 1978)曾提供一

個死了兒子的母親的例子；她十分清楚她的兒子死了，但她仍然幻想著他回家。這個媽媽真實地活在她永遠缺席的孩子所構成的世界。所以為人父母也就是建構在與小孩形成的父職或母職的關係。然而，我們這邊並不討論生身父母、收養父母與繼父母間的差別問題。

現在我們或許將問題轉到「曾經有過小孩」（having had children），這樣的主題是否可必然的意謂著為人父母。這裡我們或許會回答不是，有人或可說其以不同的形式曾經「有過」（had）小孩。我們有時會說有的生身父母曾經有小孩，但對小孩而言他們卻從未是「真正的父母」（real parent）；我們可以說父母可以是表面的，或生理上的父母，但這不一定具有意義。只生出小孩是不夠的；要成為父母應該要生活在小孩身邊，如父母般履行一些義務。

那種情境式的描繪小孩被父母留下或棄置的經驗，或許可以幫助我們進一步了解父母存在小孩生活中的重要意義。小孩常說：「不要走開，留在這，留在我身邊。」（Don't go away! Stay here. Be with me.）為人父母若不知道自己的現有存在，在小孩生命中的意義，則會威脅小孩之所以為小孩的可能性。小孩覺得被父母親丟下或棄置的經驗會根本地阻撓小孩的童年存在經驗，這常會造成小孩與父母連結關係上的決裂。只有真心的將自己完全呈現給小孩：真正的給予作父母的允諾。只有在生產時透過對小孩說「是」（yes），初為人父母才能確信小孩在他們生命中的意義與價值。真心地說「是」（yes），代表的是對這個小孩真心的付出他的生命，進而住在一起真正成為「我們」（we）。如果不能進一步詳述小孩在父母親生活中的本質，我們或許可以描述親職關係即一種在一起、家的感覺，一種隨時在小孩身邊，一種親密、親近的感覺。它是一種透過熟悉成長生活在一起所形成的一種家庭關係。

拒絕住在一起是一種漠視，漠視是拒絕承認另一個人跟人之間真正遭逢的關係。漠視是一種「我們」（we）之間的失敗或危機。所以在父母親與小孩的關係中，小孩經驗到被丟下的經驗時，有一部

分經驗到的是被忽視、不受重視的感覺。小孩子會覺得有沒有他或她，並沒有在這些稱自己為父母的大人生活中，造成什麼樣的不同。所以當父母要暫時離開小孩時，他們應該讓小孩知道，他們的暫時離開仍是一種可以被經驗到的現有存在。要這點能成為可能，重要的是，小孩要能感受到其與父母的關係應該是一種無條件的、深層的人際關係，如此，父母短暫的缺席，在小孩的感覺是孤單一個人，而不是根本上的孤獨感。然而有人要提出懷疑，在現代的家庭或現代的生活型態中，每天的生活是否有足夠的時間、空間留給小孩和父母，好讓小孩能經驗到上述無條件的連結關係。

我們可以看到上述的例子中，「對小孩而言，擁有與孩子相處的母職或父職關係，以及在孩子的生命中出現並存在」(having a mothering or fathering relation to a child and being present in a child's life)，是親職的本質性主題。並且我們也可以看到決定這樣的本質性主題能讓現象學家去發展親職關係的生活意義的敘說文本。

我們現在可以轉到教學關係的現象上，並且問道：是否「對小孩擁有希望」(having hope for children)，是教學經驗中的本質性主題。你是否可以想像身為一個老師，但卻對小孩不抱希望？這樣的人難道仍能稱為老師嗎？或者說，若沒有這個希望，老師的教學關係便失去其根本的意義等等。

第5章

詮釋現象學的寫作

連雅慧 譯

第一節　留意語言的言說

　　在現象學的人文科學中，寫作不只是進入研究過程的最後步驟或階段。正如我們早先指出並且會在這章不斷闡述的，人文科學的研究是一種寫作的形式。創造一篇現象學的文本正是研究過程的目的，當然這個目的在於一個根本的承諾，那就是使研究問題鮮活起來。

　　所以我們必須常注意到以下的問題：研究和研究寫作的目的是什麼？在現在這個專案中，我們寫作的目的是為了釐清教學關係本質。語言是唯一的方法，可以讓我們將教學關係的經驗，或渙散的會話關係，以具象徵意義的形式來表現。寫作和閱讀是我們維持會話關係的方式：去論述我們與小孩的教學關係生活。這當然靠我們語言和書寫的品質，或許有人要質疑，我們對教育學本性的強調是否大大超出了一般會話的論述。什麼樣形式的寫作才能公平地呈現教育學和教學關係經驗的豐富性？

　　在現象學方法中，包含一種能力或者更應該說是一種敏銳度－敏感到語言中語氣音調上細微的差異，如何透過語言讓事件本身自己能說話！這意謂的是真正會說的人應該是一真正的傾聽者，能真正調整自己聽的頻率，聽到語言所想真正表達的深度意義，能聽到事物想讓我們聽到的意涵。文登伯格(van den Berg, 1972)指出，這世界並非只是一些物體集結在一起後，讓我們以語言的形式去描述的；這世界有我們的家、我們的習慣和我們所主觀意識到的物質。若想跟老師、母親、父親，和小孩各自的世界熟悉，便需要透過仔細聆聽來自他們生活世界的語言陳述，去聆聽事物在這些各自的世界中的意義。

第二節 沉默:語言的限制與力量

　　現象學者喜歡説沒有什麼比沉默更理所當然或更能自我展現的了。因此,沉默使人文科學的研究和寫作更顯出其可能性和必要性。在日常的生活裡,我們可以感受到靜默的力量。尤其是當一個人給予另一個人「無言的對待」(the silent treatment)時-如同父母的無言是一種處罰,小孩的無言是蔑視或報復。對於秘密保持緘默,代表的是一種不安全感和不信任的感受。另外,沉默也可能是非常可信賴的朋友間所經驗到的一種正向經驗,或一對戀人彼此共享寂靜的夜,那種無聲勝有聲的感覺。

　　沉默並不只是語言或言談上的缺席。我們常思索著如何用正確的語句表達,這時才知道我們語彙上的不足,甚至在非常具深意的詩中,詩的深層真理仍潛藏於文字中或在語言的另一端。包諾(Bollnow, 1982)曾説,演説始於打破沉默,但也終於回歸沈默。正如同建築師要常注意到空間在所有建物之間的性質,人文科學者亦要注意到在文本建構中之沉默。在人文科學研究中,有很多種不同的沉默的形式在進行,特別是在詮釋現象學中。

　　首先,所謂字義上的沉默,正如言談中的缺席。有時保持沉默還比説或寫還要好,例如,在訪談的過程,當會話要有所進展時,有效且適時的保持沉默是必要的。在這樣的沉默中,隨著發生的常是更具反思性的回應,這比我們試圖用一些問題或評論來打破僵局要好些。同時,在寫作上,我們通常會説要質重於量,這意謂著,在現象人文科學中寫作的過程,牽涉的不只是溝通訊息而言。文本的品質或我們寫作的型式,不能從文本的內容本身分離出來。有時候,留著一些事情無言或許比「過度的書寫」(overwriting)來得重要,意即點到就好。將文本視為一整體常會有一特定的效果,因此沉默的重要,也正如文字之於説的重要,適時留存也是很重要的。

　　第二，有一種沉默，我們稱為知識論上的沉默。這種沉默是當我們面對不可言傳時，不少哲學家均曾運用這種沉默。例如，柏連依(Polanyi, 1958; 1968)便曾解釋如何運用這種知的教學形式，尤其是當我們「知道的比我們能說出來的還要多」(that we know more than we can tell)(1969, pp. 159-207)。除了我們日常的說與寫外，事實上不可言說的境界有時更豐富。柏連依(Polanyi)提供了我們一個例子，目擊證人無法描述他們看到的人的相貌，然而他們卻可以協助警察和素人畫家，素描出這個人的特徵，正如我們在某種程度上具有某些知識，但這些知識的表述卻受限於語言上的能力，而無法確切地表述出來。

　　根據我們的目的，區辨以下幾點可能有所助益：

　　(一)當我們經歷了生命中說不出來或無法形容的經驗時，這或許已超出了個人語言能力所能表達的境界(Dienske, 1987)──或許有些人有特殊技能可以藉著文字書寫下來。事實上我們會驚訝的發現有的人，竟然能用我們無法找到的字眼來表達我們所想要表達的內容，這也是為什麼，有時在研究一寫作的過程，我們可能向那些能做很好描述的人「借」(borrow)他們用的字句(直接、敏銳、真確)地描述那些經驗，而這些描述往往超出我們的語言能力所能表達的。有時，這些人可能是具深思的詩人、哲學家、小說作家，或一位對語言有特殊敏銳感受的人。有時，可能是由一群人去取代個體，一群因著文化、年齡層、社會、職業或特定性別的一群人，如小孩、病人、窮人、妓女、運動員、婦女、同性戀、牧師等不同的屬性而能覺知他們自己的特殊經驗。

　　(二)對於在某種言談的情境脈絡底下無法言喻的某些經驗，可以藉由另一種形式的言談論述來表達。例如，行為科學可能不太容易精準的描述愛的經驗，但是這個主體卻常運用詩、音樂或其他精緻藝術的語言描繪出來。當然我們應該要能覺知到行為科學言談的

知識論客體是不同於美學的言談形式。換句話說，對於真理的主張
在不同的語言社群中常會有不同的意義(Gadamer, 1975)。重要的是
對人文科學而言，我們應承認真理經驗是可能透過詩、小說、畫
作、音樂和電影藝術作現象學式地反思，並以現象學寫作的方式來
呈現是很重要的一部分。

　　(三)說不出來的或不可言喻的經驗的剎那或可捕捉，離開了此
時間點在下一瞬間，語言的捕捉或許便不那麼完整了。事實上，這
應是非常通俗的經驗，正如有時我們常會訝異於如何將一些特殊的
事件，主張以文字精確的表達。甚至於我們會懷疑：我有這麼說
嗎？當我們與朋友會談或晚上就寢前，在回家路上的車內，我們常
會發現我們以流暢並令人驚訝的書寫、或說、或思考。很多真正的
寫作由此而生，詩人雷爾克(Rilke)描述一首好詩寫作過程中生活經
驗、記憶、時間和反思要如何包含在一首好詩中：

　　　　我們一定擁有回憶 而擁有回憶尚還不足夠。當回憶太多時，我
們要能忘記，同時我們要有足夠的耐心等待這些回憶再回來，並且
注注這不再是回憶本身，直到它完全溶入我們的血液中，成為我們
的姿勢的一部分，無以名狀直到無法分辨，一直到它能隨時隨地在
不經意之中冒出來。(引自Mood, 1975, p. 94)

　　雖然，人文科學的言談顯然不全然與詩相同，但現象學研究寫
作需要較高層次的反思，致力於生活經驗和特定的耐心、時間的承
諾，這樣的說法也沒錯。
　　第三，所謂本體論的沉默，存有或生活本身的沉默。在本體論
的沉默中，我們會明瞭到當碰到最根本的困難的選擇時，往往回應
到沉默上—甚至或者說特別是發生在具啟發性的演說、閱讀或會談
後。事實上，很多很棒的時候，很充實或很有意義的經驗時，我們

同時也會經驗到「笨拙」(dumb)——透過沉默反而覺得圓滿，也就是透過沉默進而造就了成就感。包諾(Bollnow, 1982)描述這種沉默即是呈現真理現象時的成就式的沉默。

第三節　趣聞軼事可成為方法論上的
　　　　設計

　　常用的修辭學設計的現象學式的寫作形式，可以是軼聞或故事描述。「故事」(Story)意指敘說，事件透過敘說的形式來呈現。從某個層面觀之，所有的人文科學都有其敘說品質(相對於抽象的量化的特性)，並且故事的形式變成一種非常普遍的方法來呈現人文科學，或質性研究的面向。而在這裡，我們想要著重在一特殊的故事形式或是敘說形式：趣聞軼事；趣聞軼事是故事的一種特殊形式，例如：當蘭奇弗列德(Langeveld, 1984)想要解釋小孩生命中某個事件的獨特性時，他告訴我們一個故事，這個故事有關一個小女孩給他小弟弟一支小羽毛，蘭奇弗列德(Langeveld, p. 218)說：「四歲的小女孩手拿著她的『寶物』奔向她媽媽，媽媽正忙著照顧新生的小寶寶。這是小黃鳥的小羽毛，這是要給小弟弟的，因為他好小喔！這真的是一個真正的小禮物。」蘭奇弗列德(Langeveld)運用小短文來描述贈與物和禮物的差異。一份贈與物指的是我們給人家的東西如婚禮時送的禮物或完成一義務事件後所得到的東西。正如法文俗話說的小贈與物可以維繫好情誼。蘭奇弗列德(Langeveld)指出，這正好與另一類禮物相反：「一份贈與物可以維持朋友的情誼，但是

愛和朋友情誼卻可能可以創造禮物，即便是最小的禮物，也常是禮輕情意重，所以，雖然小女孩送的小羽毛很小，正如小弟弟不也很小嗎？羽毛的精緻與柔軟，不也顯示出擁有這份禮物者的精緻柔軟與小巧！」所以蘭奇弗列德(Langeveld)繼續說，不管是誰，選一個贈與物給人時，常是從店裡買出來的，並且常只是根據售貨員的建議罷了。但是不管是誰給人家禮物，時常是將自己的真心給予出去。往往他或她正是代表著這東西的本身呢！

這裡有另外一個例子：文登伯格(van den Berg)在他的《人與世界》書中的自序中，他告訴我們一個馬來西亞叢林的軼聞(van den Berg 和 Linschoten, 1953)。為了讓生活在叢林的居民，去瞭解大都市或現代都市，有個人被放到新加坡中部的一個大城市中。有個都市人陪著這位叢林住民，在繁忙的街道中散步，以便能觀察大都市可以提供他什麼，以描述一豐富的敘說故事。當這天的散步接近尾聲時，這位觀察者問來自叢林的住民，什麼是最令他印象深刻的。他並不像大家所期望的說街道啦、磚房啦、建築物、車子、街車，或火車等，取而代之的，他提到的是他十分驚訝為什麼一個人可以攜帶那麼多的香蕉。他看到的是一位街頭小販，他將整簍的香蕉放在他的推車上。文登伯格(van den Berg, 1953, p. 5)說：「接下來，這位叢林住民幾乎沒看到什麼。」住在叢林中的人，他的世界與事物的對話中，讓他所見的事物，不易與我們有共同的對話經驗分享。那位叢林住民與事情的對話方式與我們大不相同。每一個新的、他所看到的單一物體，常在他的對話中有特別的角色。任何的物件，如果無法以某種特別的形式呈現，便無法有意義的進行對話關係。文登伯格(Van den Berg)認為這些物體並沒有向他說話，當然他就看不到它們。這便是文登伯格(van den Berg)想透過趣聞軼事當成一個設計，來完成現象所想呈現的一個個體與他或她的世界所建構的會話關係。文登伯格(van den Berg)想透過趣聞軼事和現象學的解釋來說明，人們不只與世界存在一特定的會話關係–人們往往就是這個關係本身。

趣聞軼事短文在現象學的寫作中，例如沙特(Sartre)，馬叟(

Marcel)，梅洛-龐蒂(Merleau-Ponty)的作品中，並非只是在描述，如「上一層奶油」(butter up)般，或讓艱澀、或無聊的文本「更容易消化」(make more easily digestible)而已。趣聞軼事可以被理解為人文科學中的一種方法學上的設計，它應是要讓概念更完整且易理解。

　　韋伯對趣聞軼事的定義是「通常是一有趣、令人讚嘆或傳記式事件的簡短敘說故事。」(a usually short narrative of an interesting, amusing, or biographical incident.)牛津字典對趣聞軼事的定義為「秘密、隱私的、或尚未發表的敘說故事或歷史的詳細事件。」(secret, private, or hitherto unpublished narratives or details of history.)對事件的敘說描述為「自身即令人感興趣或引人注目的。」(being in itself interesting or striking)這個字源希臘字意「未經公開發表的事情」(things unpublished)，「尚未說出的事件」(something not given out)。並且，西塞羅(Cicero)(後來也是文藝復興時代的學者)也指稱他一些尚未發表的手稿為趣聞軼事，「尚未公開的事情」(things not given out)。趣聞軼事應是社會的產物，在日常生活中，趣聞軼事通常是傳統口語傳說中的一部分，通常，它會是某些名人傳記中的片段。因此，山謬強森(Samuel Johnson)描述趣聞軼事為「一傳記式的偶發事件；私人生活中的一小片段。」(a biographical incident; a minute passage of private life.)傳記學家和歷史學家視趣聞軼事為揭發一個人或一段難以捕捉時間的真實特質的有力證明(Fadiman, 1985, p. xxi)。

　　但是，趣聞軼事所提供的資料，往往對內部人士較具意義，通常也較不列入紀錄，有時趣聞軼事用來陳述一種思考特性，或者描述一種難以直接描述的型態。這是趣聞軼事在知識論上的特性，即使如果我們無法掌握主題的重點或本質，並且我們一直從外部的角度觀之，或許我們也能滿足於趣聞軼事所想呈現之真意(Verhoeven, 1987)。

　　有關愛德蒙‧胡塞爾(Edmund Husserl)的趣聞軼事，在他大量的現象學描述中，充滿在他的哲學系統中容易被誤解的物件。愛德蒙小時候要磨利他的刀子，他堅持要讓刀子更利，以致於到了最後什麼都不剩 (de Boer, 1980, p10)。這樣的軼事短文便非常合適來描述胡塞爾(Husserl)追求完美的特性。胡塞爾(Husserl)經常磨練他的紙筆，即寫作功力，他的現象學研究常是大量勞力密集所完成的文本，他會不斷地修正重寫，無止盡的編輯他原本的寫作，甚至在他死後，還發現了令人嘆為觀止、非常大量約四萬頁的手寫草稿。

　　另一個有趣的例子可以來描述趣聞軼事在人文科學研究的重要，可視為狄爾吉尼斯(Diogenes Laertius)的教條或哲學，也可以稱為犬儒(The Cynic or The Doman)，或也可以稱「連蘇格拉底也瘋狂」(a Socrates gone mad)(Herakleitos and Diogenes,1979, p. 35)，對這位思想家而言，絕沒有存在一個至真至美的文本，他認為生活更甚於書寫。而留下的便只剩下趣聞軼事了。年輕的亞歷山大大帝(Alexander the Great)的傳奇中提到，有天他去拜訪哲學家Diogenes談到有關他所聽到的奇怪故事。當他拜訪哲學家時，這位哲學家正倘佯在他的暖陽中。

　　　亞歷山大：我是偉大的亞歷山大。
　　　狄爾吉尼斯：我是Diogenes，也就是狗
　　　亞歷山大：一條狗？
　　　狄爾吉尼斯：我輕觸仁慈的人，對貪婪的人狂吠，而且會咬無
　　　　　　　　　禮的人。
　　　亞歷山大：我能為你做什麼？
　　　狄爾吉尼斯：不要擋住我的陽光。(p. 30)

　　當亞歷山大想要對偉大的思想家展現他的善意與對哲人的慷慨時，哲人顯示出的是他對世界性誘惑的天性的了解。為了避免只是給予一些抽象式的哲學摘要與概述。狄爾吉尼斯(Diogenes)「展現」

(showed)他的哲學觀的方式，只是用語言告訴亞歷山大：「不要擋住我的陽光。」從手法上來談，狄爾吉尼斯這種展現哲學的方式，比理論上的言談更具效力，這也許更能讓這些哲學家，遠離那些政治家。他是第一位能自在地讓亞歷山大打退堂鼓的人。狄爾吉尼斯的回答不只忽略了權力慾望，卻也充滿了欲望的力量(Sloterdijk, 1983, P. 265)。而這位謙虛但又不高興的哲學家卻展現了他的力量和自主性。即使這位統治者亞歷山大千辛萬苦地，到印度的邊境來滿足他的權力慾，狄爾吉尼斯也不畏懼他。在歷史上，亞歷山大曾說過：「如果我不是亞歷山大，我希望是狄爾吉尼斯。」(Heraklenos and Diogenes, 1979, p. 36)。狄爾吉尼斯和亞歷山大同一天死，這又足以讓世人引起無限的瞑想。

　　所以狄爾吉尼斯教導他的同儕並不是以演說，也不是以寫書的方式，他只不過以遊戲人間的方法，以他自身的鮮活例子來教導人。正像一種街頭表演般生活化。史洛特迪克(Sloterdijk, 1983)曾說，環繞著狄爾吉尼斯的趣聞軼事的光環，所教導人們的，比起任何書寫的內容來得清楚、動人。然而或許狄爾吉尼斯的哲學不是那麼具影響力了，也是因為有關於他的哲學論述，只有一些趣聞軼事被流傳。趣聞軼事在學術寫作上屬於較低的地位，相較於歷史紀錄或報導，趣聞軼事又屬於較令人質疑的事件。令人質疑趣聞軼事的真實性的代表作，源於第六世紀拜占庭歷史學者布洛克皮爾斯(Procopius)，他將自己後幽默式的出版品賈斯丁那大帝稱為趣聞軼事或稗官野史（又稱秘史）。

　　在日常生活也是一樣，趣聞軼事可能會令人有負面的反應。例如，我們或許會聽到有些描述不值得信任，因為「那只是軼聞式的證據。」(it rests merely on anecdotal evidence)如果事實只是「軼聞式」(only anecdotal)的確不值得再提。當然如果只是從趣聞軼事的證據，去推論一個案例會是全然錯誤的，但是實證推論並不是現象學研究的目的。評判趣聞軼事所欠缺的是，趣聞軼事的價值有別於事實－實證，或事實－歷史性的理由。

　　歷史的説明描寫一件過去發生的事，但是趣聞軼事比較像詩般地敘説故事，描述宇宙性的真理。亞里斯多德(Aristotle)對於敘事詩的描述如何應用到我們現在對趣聞軼事的描述上：

　　　詩的功能是去描述，不是已發生的事件，而是可能發生的事情。例如，什麼是可能或必須發生的　詩常是比較有哲學意義的，較歷史的嚴謹性有過之而無不及。因為當歷史是單一事件的描述時是比較自然的，而非共通的。(Poetics, 1451)。

　　趣聞軼事可能具備多重的功能(參閱Verhoeven, 1987和Fadiman, 1985)，但是要對人文科學的言談具重要性，則必須具備下列特性：

　　一、軼聞趣事形成一種與抽象理論式的想法相抗衡的具體形式 *(Anecdotes form a concrete counterweight to abstract theoretical thought)*。現象學描述的目的，不是要從具體而微的生活經驗中去發展理論的抽象化。相反的，現象學試圖透過耕耘每天存在的沃土，來穿透其所想展現的多層意義。軼聞趣事只是一種實踐方式，試圖赤裸的呈現那些隱而不彰的意義。

　　二、趣聞軼事對那些自以為超然言談的學者表達一定程度的輕視，因為他們常不知道如何展現生活和理論命題之間的關聯性 *(Anecdotes express a certain disdain for the alienated and alienating discourse of scholars who have difficulty showing how life and theoretical propositions are connected)*。因此，軼聞趣事擁有相當實用性的推力。它們迫使我們去研究、尋求生活和思考上的關係，尋求情境和反思上的關係。在這個連結關係上，費迪曼(Fadiman, 1985, p. xxi)指出軼聞趣事如何有層次化

的表現，對於頌讚如何在人性化、民主化，和行動間取得平衡。

三、趣聞軼事可以對某些從未寫下的教學方式或教義提供可信性(Anecdotes may provide an account of certain teachings or doctrines which were never written down)。蘇格拉底(Socrates)和狄爾吉尼斯(Diogenes)便是很好的例子。我們可以從他們傳記裡的趣聞軼事及教學的本質中，得到對這兩位偉大思考家的一些啟發。這個歷史現象同時也呈現了趣聞軼事在人文科學的言談中強大的潛力及通常不可忽視的力量。柏拉圖(Plato)的《對話錄》便是哲學家蘇格拉底的趣聞軼事的彙編，它與往後追隨的哲學家的作品內容很不相同；在方法學上的層次，柏拉圖(Plato)的寫作比較是環繞性的或間接的反思，尤其是對一些基本的人類經驗，如友誼(Lysis)、愛(Phaedrus, Symposium)、教學美德(Meno) 等等。

四、趣聞軼事可以具體的描述呈現智慧、敏思的洞察，和真理箴言(Anecdotes may be encountered as concrete demonstrations of wisdom, sensitive insight, and proverbial truth)。古典的人物常用趣聞軼事，如敘說故事的精簡版來描述一般真理(Fadiman, 1985, p. xxi)。例如，在柏拉圖(Plato)的《共和國》一書中，有關洞穴的短文，便是由柏拉圖(Plato)提供象徵性的寓言或可能的故事。柏拉圖(Plato)的描述中提供的不是從實證或歷史觀上的真實真理，用柏拉圖(Plato)的語言來說，是一種「近似故事體」(likely stories)。從這樣的趣聞軼事的品質中，我們可以看到我們生活世界可能的是什麼及不可能的是什麼(Cairns, 1971, p xv)。

五、對於特定的事件或偶發事例的軼聞趣事，可以讓我們得到我們想檢驗的一些重要特性(Anecdotes of a certain event or incident may acquire the significance of exemplary character)。因為趣聞軼事非常具體，並且是從生活中擷取的，它或許可以提

供我們一範本或建議，讓我們了解我們看事情的特定方式。在日常生活中，軼聞趣事或許可以透露一些機智圓融的反應(一些「訊息」)讓讀者可以知覺到一些特定的真理，而這些真理有時往往難以清楚的用語言文字來描述。

通常難以見到的是，趣聞軼事的敘述以故事的形式，成為一種有效處理某些特定知識的方式。「敘說故事，即是去敘說」(Narrative, to narrate)，源自於拉丁字 *gnoscere, noscere* 「去知道」(to know)。敘說便是以敘說的方式或故事形式去說一些事情。趣聞軼事式的敘說的弔詭，指的是它常將一些事情以*特殊的形態*來呈現，但說的卻往往是通則或具*共通性*的論點。反之亦然，趣聞軼事對日常生活中權變的經驗世界也提供了一個根本的洞察或真理價值。也就是說趣聞軼事與現象人文科學同時共享了知識論和方法論上的根本特性，也同時遊走於獨特性與共通性之間。

第四節　趣聞軼事敘說的價值

戴思雷利(D'Israeli)認為趣聞軼事是「對於人文自然和人類學習上的簡短聲明」(minute notices of human nature and of human learning)(Fadiman, 1985)。趣聞軼事可以教導我們，在現象寫作中用故事或趣聞軼事不只是文學上的裝飾。故事本身往往是很好的範例或理論實務上很好的主題。趣聞軼事(故事)是教育學上很重要的一部分，因為這些趣聞軼事的功能正如同經驗性的個案教材般讓教育學上的反思成為可能。方法論上的說法，故事相當重要，因為它提供人文科學文本從一般故事平凡的特質中，萃取出敘

說的品質。一種混合的文本形式被創造出來了，其綜合了哲學、系統性言談的力量，與文學或詩般的語言的力量。趣聞軼事特殊化了理論言談的抽象化傾向：它引領我們涉入具體生活經驗的前反思性，並讓這反思變成可能的，尤其弔詭地引領我們不斷反芻經驗所孕育的意義。趣聞軼事和現象學的言談的重要特性，在兩者同時帶領我們進入經驗世界，也同時促使我們反思。

　　在現象學的研究和寫作中，軼聞趣事的重要性(cf, Rosen, 1986)是它所擁有的強大力量：

一、迫使(To compel)：這故事自然而然的吸引了我們的注意力；

二、引導反思(To lead us to reflect)：這故事邀請我們反思似的尋求重要性；

三、個人的涉入(To involve us personally)：個人傾向於根據自己的需要，主動地去尋找說故事人所欲闡述的意義；

四、轉換(To transform)：我們或許會因而有感觸、顫動、被故事所感動；它教育了我們；

五、測量一個人的解釋感知(To measure one's interpretive sense)：當我們對故事有反應，常是我們衡量自己解釋感知的深化能力。

　　總之，在正式的文本言談中，若缺乏趣聞軼事式的敘說，即使是好的文本言談也將產生語言的前反思和反思之間的緊張。

第五節　多樣化實例

在荷蘭現象學家包田迪克(Buytendijk)的演講中，曾經提到現象學為「範例的科學」(the science of examples)。這片語即是他對現象學知識的表徵表述。一個現象學的研究並不是描述一個現象性質而已，如民俗誌學家描述一特定的文化般。當一位民俗誌學者描述青年活動中心的文化或一托兒所的環境時，這描述常被期望能展示特定程度的實體效度，即能有文本描述這些青年或小孩所經驗到的青年活動中心或托兒所的文化。相對地，本書所指的現象學研究的目的在闡明一現象的現象學結構特性，並讓這些結構特性彰顯出來，以便突顯出這現象的本質或天性。換句話說，每一個現象學的描述只是一個例子，一個我們試圖指涉的「事物」(thing)的描述。一個現象學的描述往往只是我們所要描述的事務中的一個例子。再用不同的說法，一個現象學的描述是一些例子集合起來的一個範例罷了！如果這個描述具有現象學上的力道，它必須具備相當的透明度來說明清楚；它必須可以讓我們「看到」(see)所描述的生活經驗的深層重要性，或其具意義的結構。這種具力道的透明度如何達到的？這便是我們已提出的主題的合適性的功能。這個主題描述應具相當的深思熟慮；例如，在創造例子描述時，要能喚起語言的「語調」(tone)。描述要具力道常是因為描述的現象能再度激起我們的基本經驗，而使我們體驗到經驗的根本深意。多樣化的例子透過現象的現象學主題陳述，可以使現象本身具恆久性，並自動讓人看到。

有時候，將例子多變化的方法可以展現現象學的不同；例如，教育學關係上的希望是如何的與其他種的「希望」(hope)有所不同。在這個案例上，我們或許可以不同的例子來指涉「希望」(hope)的意義，尤其是隱含在教學的語言上，如此一來，我們可以很快地

看到教育學上希望這個經驗的現象學意義。在以下幾個段落中，讓我們試著從不同的角度來看「希望」(hope)，我們將以一般教育理論學家或行政人員的現代「行為目標」(behavioral objectives)或「目標式管理」(management by objectives)的說法來定義教學的能力。

　　我們如何將教學的語言傳達給教師，讓他們得心應手？這裡有一個諷刺的矛盾：老師被鼓勵運用一些語言，讓他們詮釋自己並反思他們與小孩的互動所激起的希望，然而這幾乎不是一種行動語言－它缺乏存有。我們常不知道如何將我們與小孩的存有說出來，正如我們不知道如何呈現我們對這些小孩的希望。語言的目標、目的包含了教師的期望、希望學生達到的結果、最後目標或成果等等。希望的語言不見得要用希望本身來系統性的解讀；目標或目的的語言，便是有希望的語言，只是這種希望被系統性地消除了。令人不耐煩的語言，不是負擔也不是真的覺醒。「具有可衡量的目標」(having measurable objectives)與「具備希望」(having hope)這兩者之間不同的是什麼？教師針對一些特定目標和目的有些期望和預期，這和對我們的小孩希望是不同的，在此教師的期望和預期很容易流於慾望、想要、必須或可預測。身為教師，我們常將自己置身於期望的可能性之外。希望即是相信可能性。因此，希望才能壯大並被建立。從另一個角度觀之，特定教育的目標、目的的現象學，應是要將小孩的未來納入考量，因為我們教學時常將過去視為現在，將現在視為過去。所以當我們與小孩生活在一起時，如果我們不斷的將現在視為一種負擔、一種必須被克服的某事時，則將是一種危險的事。

　　重點並不是說教材的語言中所用的教學目標、目的、或教學意圖是錯的。這語言可視為行政管理上方便的適切觀點。教師總是會對特定的課程，每堂(有他)的計劃。問題在於有時那些行政管理和科技影響會滲透到我們的生活世界中，老師甚或父母會忘了一種特定的了解：養育小孩意指的是什麼，對小孩的希望即是忠於照顧。

重新喚起看來似乎被遺忘的事，即是一種重新彙集，屬於親職和教學的存有所屬本質的一種過程 (as in loco parentis)。

我們存有本質的虛無性健忘，正如教師奇妙地轉向特定的自我毀滅狀態。這問題的明証如老師的倦怠。老師壓力大造成的倦怠，是虛無主義者承受的問題的現代案例：高價值者失去了他們的價值。尼采 (Nietzsche) 說的「缺乏目的」；對於「有什麼用處？」這問題是無解的。虛無主義所提的「有什麼用處？」這比較不像是個問題，比較像是一個符號，甩掉所有對希望的可能的原因的建議。教師的倦怠不必然是太過努力或過度工作的症狀。它可能是因為我們身為教師卻不再知道為什麼我們要這麼做後，隨之發生的狀態。教師的倦怠常是無助的，並且沒有人能讓我們相信，「有什麼用處？」這符號會有答案。唯一可以克服教師的倦怠狀態的只有我們自己再度重新捕捉到，生活只要與希望共存，便是可以忍受的這個知識－並非我們將這負擔看輕而能容忍它，而是去了解生活其實一直在那容忍著我們。我們能如此做，只要將小孩視為小孩，生他們、養他們，而不是中途試圖以我們理論上抽象的說法接受這小孩。

第六節　寫作促成反思與行動

在口語文化，或以口語傳述為主的社會中，現象學相當不可能，為什麼呢？並非只是因為傳統上現象學由進行寫作的學者以一種特定形式的反思來完成，也是因為現象學需要一特定意識形式，這意識覺知的形式是由文學的行動：閱讀和書寫來創造的。翁 (Ong,

1982)指出文化和歷史的文學作品常可以移轉出我們的意識覺知，而這過程在了解和經驗間，在反思和行動間，創造了特定的距離和張力，所以當我們說「敏思行動的了解」(action sensitive und-erstanding)，然後我們可以將自己導向這張力。在人文科學研究中，為了解將這種張力的形式較精準的形式來經驗，就是寫作。換句話說，這是我們在此所關心的一種特定形式的書寫。它是一種用心行動的寫作，而寫作本身指涉至生活經驗的特色，即是教育學的一種主張。

(一) 寫作是我們的方法

　　研究和寫作間到底存在著什麼樣的關係？當我們檢視較早期人文科學上由Geisteswissenschaftliche Pädagoik所創造的文學作品(見Hintjes, 1981)和德國、荷蘭的一些較現象學暨教育學傳統的作品中，我們會注意到研究和寫作間關係的討論常是被忽視的。在社會人文科學研究中，現在的文學作品仍有這狀況；從方法論上看來，寫作常是被論及其目的只是呈現研究報告或學術論文發表的一種方式。教育學者的寫作是談到關係所形成的價值形式，而這過程是為發展文學和關鍵的覺知意識(參閱 Freire, 1987)。令人驚訝的是對於研究和寫作間的關連性，相關的了解還是很少。探索寫作的知識論和教學論顯示兩者關係的重要性。

　　在所有的研究中，包括傳統的(實驗或實證的)研究，應該有一部分是研究者需要以寫作來溝通他或她所在的位置。我們常說的「研究報告」(research report)應有一清楚的分界存在於研究的活動和報告使活動透過研究公開化。在當代多元的人文科學研究者的作品中，寫作應是比報告還要龐大的過程才是。這目的即是要讓人文科學研究在方法論上更「嚴謹」(rigorous)、「系統性」(systems based)和「紮實」(hard)，在這樣的架構下，我們便不能夠將研究

本身視為詩意般文本(寫作)的練習而已。但是這樣或許與傳統尊重的「科學式」(scientific)覺知所要求的是不同的。這可以從知識論和方法上所產生的一些洞察力的品質來處理,巴惜茲(Barthes)表達了其警訊:

> 有些人談論方法時相當的貪婪,要求很多;在作品中,他們要的是方法;對他們而言,方法本身永遠不夠嚴謹,不夠正式。方法變成一法則 事實上,這方法最終而言是無效果的:如果任何事均歸於方法上,就沒有東西留給寫作;研究者堅持他描寫的文本將是方法論上的文本,但這文本從未達成:再也沒有像方法一樣確定的方式可以將研究殺成片段進而變成一大堆支離破碎的東西所組成的被丟棄的專案。(Barthes, 1986, p. 318)

其他的研究者對現象學研究的文本性質給予較顯著的地位,但即使是這些作者也沒有好好的陳述現象反思和寫作過程間的關係。對於人文科學,特別是詮釋現象學的作品而言,寫作在研究活動和反思本身是一非常密切的導火線。我們甚至可以說即使是傳統的社會研究,在認知的構面上,研究本身與寫作的認知形態是密切相關的。

寫作將想法定著在紙上。它試圖將內在感知外在化;它試圖將我們生活世界的一些生活即刻性暫時的分離出來。當我們瞪著寫作的紙,且瞪著我們的書寫時,我們客觀性想法便回瞪過來。因之,寫作創造反思式的認知形態,這或許可以創造我們對於社會科學的理論態度。人文科學研究的目標在本質上常是語言學的:讓我們生活世界或生活經驗的某些層面,透過反思更令人了解並充滿智慧。研究者認知到研究的語言性質提出必要的提醒:「寫!」人文科學研究需要對寫作有所承諾。但是寫作對於人文科學研究者而言,不能只是附帶的活動。巴惜茲(Barthes)提出的提醒「寫!是試圖重述『研究』到其知識論上的狀態:不管其尋求的目的是什麼,寫作不

能忘記其語言的性質-其便反映出寫作的不可避免性」(Barthes,1986, p. 316)。

對巴惜茲(Barthes)而言，研究不只涉及寫作而已：研究是寫作的工作-寫作本身即有其本質存有(1986, p. 316)。在人文科學研究中，沒有研究不透過寫作來讓人了解它基本的意旨的。學者如胡塞爾(Husserl)、海德格(Heidegger)、沙特(Sartre)和梅洛-龐蒂(Merleau-Ponty)，從某一個角度看研究活動和反思，從另一個角度看閱讀與寫作，兩者間實不能分辨。當你造訪Louvain大學中胡塞爾(Husserl)史籍資料庫中的歷史典籍，你會發現研究和寫作間強大關連性，你會在這屋子裡看到胡塞爾(Husserl)的書桌占了明顯的位子，非常具有符號象徵的價值。就是在這張書桌上造就了現象學的原動力。

更甚於胡塞爾(Husserl)的沙特(Sartre)，也是一位在社會和政治生活中不斷奮戰且屹立不搖的現象學家。因為年紀老邁，沙特(Sartre)的寫作愈來愈難，思考也隨著愈來愈困難。七十歲的沙特(Sartre, 1977)在一次的訪談中說：「我仍在思考，但因為寫作對現在的我而言，已成為不可能的任務，因此我的真正思考活動也受到相當程度的壓抑」(p. 5)。沙特(Sartre)指的是身為讀者與作者的他看不到的困難。對沙特(Sartre)而言，很明顯的，寫作不只是思想家智慧生活的短暫時刻，寫作應該是其生活的重心才是。「我生活唯一的重點是寫作」，他說。「我會將我思考的寫下來，但本質上瞬間卻是寫作本身。」(p. 5) 根據此，沙特(Sartre)提供我們有關他的方法論上非常重要的定義，寫作是一種方法。去問人文科學的方法是什麼，就是去問寫作的性質是什麼，什麼是寫作？寫作如何被研究(或思考、反思)？當然，寫作是一生產的活動，寫作者產出文本，他(她)產出的是更多的文本。寫作者產出的是他(她)自身。正如沙特(Sartre)會說的：寫作者便是他自己產品的特有產物。寫作是一種自我形構或形成的過程，去寫即是去衡量事情的深度，也是感覺作者本身的深度。

第七節 以寫作衡量我們的深思熟慮

寫作將我們與我們所知的事物分離；而同時寫作也整合我們，讓我們更靠近我們所知的事物

寫作教我們了解我們知道的是什麼，用什麼樣的形式讓我們知道我們所知道的。當我們在紙上書寫時，我們從文本的鏡射中看到自身。文本本身回頭回來挑戰我們。我們企圖像別人讀我們的文本一樣來讀自己的文本，但那似乎是不可能的，因為我們忍不住對自己專案的意圖形諸文字。然而，文本說得比我們想說的還少，它似乎並未說出我們想要的，我們嘆道：「難道我們不能做得比這更好嗎？」、「這不夠好。」、「我們並不是只想講這個。」、「如果我們不能到達目的地，為何我們要繼續往下走？」、「我們要丟棄這個。」、「我們或許應再試試其他方法。」寫作賦予思考一外在的形式及主軸。因此我們試圖脫離我們視為理所當然的事物。只有當我們將這些寫下來，我們才知道我們知道些什麼。寫作將知者與被知者作一區分（見Ong, 1982, 以便在此節做些區辨），但是寫作也讓我們重新確認我們的知識，並令它成為我們真正的知識。寫作即試著將內在的轉化成外顯的已知。我們透過建構文本（知識體）的辯証過程來知曉我們所知道的，並且學到我們能說出來的事物（我們已知的形體）。這是內在與外在、具像化和非具像化，分離和重建之間不斷辯證的過程。

寫作讓我們與生活世界產生距離；然而寫作卻也更拉近我們與生活世界的距離

寫作雖將我們從生活經驗中抽離出來，但也因為如此，它讓我們發現經驗的存在結構。寫作創造了我們與世界的距離，而這距離使日常經驗的主體轉化為反思覺知的客體。寫作者立即的向度是紙張、筆及鍵盤，另一向度則是語言或文字，此二要務具有轉移的影響。當作者在寫有關親職的經驗時，必須或至少在他(她)自己和世界間「鬆緊的編織」(slacken the threads)。每一父母/作者知道在兩個角色間的張力，即使這二個例子均是以小孩為主。從某個角度來看，寫作讓我立即性、短暫的與小孩有一距離；另一方面，它也讓我創造了一個教育關係上的反思空間，反思我和小孩的親子關係，也因此我可以轉換我的關係，以更深層了解的意義來理解生活世界特定現實的重要性。

寫作讓我們從實作中產生去脈絡化的想法；但寫作也讓我們的想法再回應到實踐當中

寫作往往引導我們遠離脈絡化的特定細節，而朝向較普遍共同的領域。當我們試圖以寫作文本來捕捉某些生活的意義時，這文本也承具了本身的生命。因之，寫作讓我們得以從文本描述中短暫的抽離其與生活脈絡的關係，或者說，寫作使我們聚焦於我們的反思式的覺知，尤其是當特定的情境現象為社會、物理和生物世界事件所佔據時。但當我們能從一些實作的獨立面向所具備的經驗中不斷的得到一些深意時，我們便得以準備好新的生活經驗，也就是說對於生活實務的反思式寫作，可以讓我們個人更投入反思式的實踐中。實踐，我們指的是有意義的行動：這行動充滿了思想，而思想

也充滿行動力。

寫作讓我們的經驗世界抽象化；但寫作也具體化我們對世界的瞭解

　　語言本身是非常抽象的，寫作即想要將我們試圖描述的經驗摘要出來。這個摘要、抽象式的意義在人文科學與研究中常會是個問題，因為人文科學與研究的目的在精準的回應「事物本身」(to the things themselves)，意味著將世界活生生的呈現：「世界充斥著知識，而這知識本身總是不斷的述說，然而所有科學的基模均是抽象的，並且是轉化式的手語」(Merleau-Ponty, 1962, p ix)。語言的最大的矛盾何在？它通常是抽取自具體的世界。寫作使其充滿智慧。我們透過肯(Kien)的意象來認知這智慧，肯(Kien)是那特卡納特(Canetti)筆下學究般的人，他完全孤立於真實的存有之外(Canetti, 1978)。另外，寫作，真正的寫作可以具體化世界的經驗比原先世界經驗到的更有力，更撼動核心(不管看來多奇怪)。故事的述說力量，有時是相當有說服力，相當感動人的，比真實世界還能讓人生理上、情緒上顫動的。文本的情緒，文本的了解能讓嚴肅的人(讀者和作者)流淚，並且更深層地了解到與世界的結合。

寫作將想法客觀化成文字印刷方式來呈現；然而也主觀地真正吸引我們對某事的瞭解

　　從某個角度來看，題寫—文本寫作即是一種研究。寫作即是令其公開，讓作者提供之意見與問題之對話能繼續；另個角度觀之，當文本完成並出版後，它便成了反思的證據遺物。這些長的作品，

出版的文本便成為物件本身。若我們能感知這點，則當文本成為出版品時，我們便能自在的與文本保持一點距離。所以在透過文字了解世界的過程中，的確有主觀的時候，也有客觀的時候。研究即寫作，即是在自我反思的關係中將其提升到意識的層面。寫作即是自我意識的練習，寫作正如同內在與外在的抗爭，主體性與客觀性的抗爭，理想與現實的抗爭。

第八節　寫作練習我們看見的能力

　　寫作牽涉的是文本式的反思，這是區隔及挑戰什麼是我們知道的，分隔我們與生活世界的距離；去掉我們從立即行動中的先見想法之脈絡；抽象化和客觀化我們具體接觸的了解與一般領悟的過程（參閱Ong，1982），然而這些將會令我們重新整合我們所知道的，帶領我們更靠近我們生活世界的生活關係和情境，將思想轉化為更有用的實踐，以及具體化和主觀化我們對實務行動的更深層了解。寫作常被稱為實務行動的一種形式。寫作是身體力行的一種活動。寫作者運用他(他)的身體成為「作者」(author)。在某層面而言，文本是作者實務行動的產物，但是寫作練習比編輯技巧還重要。寫作練習和實證的展現讓我們有能力「看見」(see)。寫作展現我們能看到某事物，同時它也呈現了我們看到的限制與疆界。透過寫作，作者盡其所能的以符號的形式來呈現他所能看到的。而在現實生活世界中與小孩的互動過程從來就不可能會是一樣的。我的寫作練習讓我得以準備在生活世界中更具洞察力的實踐。(我現在可以看到一些我以前看不到的。)雖然我或許試著閉上我的眼睛想忽略我所看到

的，如今在某方面，我的知識引領著我的存在。並且因為我們是我們能「看到」(see)(知道、感覺、了解)的，看到已是一種實踐的形式—看到某一情境事件的重要性，也讓我們成為事件的一部分。寫作，真正的寫作，是創作的過程，是權威的運用：作者形塑我們個人存有的一種權力。寫作使我們增權並蘊含知識的能力，讓我們更能夠扮演或理解將日常生活的表演或戲碼化為行動。

第九節　寫作是為了顯示某物

　　現象學中文本的成功指的是當它讓我們看到那些隱而不彰的事物亮了起來。以及研究如何和寫作一樣「讓我們看見？」現象學為我們誇大的習性提供警訊，讓我們注意我們說的(我們的用字)，並不等於我們所談論的(理性)。現象學的寫作並非是說故事者華麗多彩的字眼，也不是用一些華麗的片語來堆積。字本身不是事物，然而我們要運用我們的現象學技巧和天分，透過洗鍊的文字語言，將那些(不可見的)成為看得見的部分。

　　人文科學寫作的語言反映出(「顯現」出)現象學的知識如何被掌握，以及教學關係上被確知的事情是什麼。換句話說，教育學上的寫作需要的是反應式的閱讀。我們不會將詩讀得像數學論文，或邏輯實證上的辯論或甚至故事軸，如果有人讀詩像讀無聊的對話辯證，那便失去對詩的全面了解。同樣的，如果你不能體會現象學如何運用文字描述事件本身的經驗感受，那你便無法真實的體會這描述本身。讀者應該有所準備，要專注於*字裡行間*所說的是什麼。當文本包含了文學性的內容或語彙上的意義，也表示在整體文本的形

式或修辭結構上具有意義。一些特定的意義通常容易透過如何寫比透過寫什麼還要能讓人有更好的表達。內容或許顯而易見，或許隱藏著涵義，羅森(Rosen，1969)如是說。所以專心在形式上也要專心於內容。現象學正如詩般，因為它透過沉默透露一些訊息：它蘊含的比它能表達的還多。

　　現象學，如同詩般，試圖將靜默與說視為一體，它希望隱含的意義也能外顯出來，所以現象學的讀或寫都需要我們敏銳的專注到圍繞文字周圍的沉默，因為我們想揭露我們世界的深意。因之，布朗（Brown 1966，p.258)說：

> 　　演說本身指涉自身到那些靜默沒說的，指涉文字在文字中，埋
> 藏語言在語言中，最初的語言，從諾亞的洪水箭(Flood)之前或巴
> 別塔(Tower of Babel)便失傳，或一直完美無暇；我們所能呈現的
> 語言不及其千萬分之一。為了聽到最初的語言聲音唯有重建文字以
> 彰顯他們整體的重要性。

第十節　寫作是為了再寫作

　　本書所呈現的取向中，儘管看似工具性的或步驟式的特性，然而現象學的方法論是一較細心培養深思熟慮的過程而非只是工具技術而已。現象學常被稱為一種沒有技術的方法，這個方法論的「程序」(procedures)常被認同為各式各樣提問的方案，涉及的是透過不斷的重述問題，嚴謹的探詢現象本質。現象學的方法論需要的便是對不同層次的提問來回不斷的辯證、詰問的過程。為了能澄清生

活世界中經驗的完整性或模糊性，寫作便會成為一個不斷改寫的過程(不斷的再思考、再反思、再知覺的歷程)。沙特(Sartre)描述寫作和再寫作的目的在創造深度：建構連續或多層意義，透過模糊的本質揭發事實真意。這種深度的寫作無法直接了當一次完成，而是在一種寫作與再寫作的過程(包括編輯和修飾)中，是對創造的藝術活動不斷回憶的過程，在這過程不斷的一次次的逼近，在這裡與那裡，詮釋來回在部分和整體間，以完成一件精雕細琢的創作，這創作通常反映出作者個人的「名號」(signature)。

　　沙特(Sartre)稱這種文本的雕琢層面為「風格」(style)(1977, pp. 5-9)。自然的，他暗示這是比較複雜的過程而不只是藝術的手法或有風格的慣例而已，這讓人想起史萊爾瑪赫(Schleiermacher)用「風格」(style)這詞來描述文本的真正本質和作者創造之文本的深思熟慮(1977, pp. 166-173)。寫作，有風格的寫作，是解釋機智的運用，在風格的感悟中產生對文本思考/書寫的形體。對史萊爾瑪赫(Schleiermacher)而言，「風格」(style)是一種*覺知*(心智、文化、精神)的表達，一種覺知的現象。許多當代的現象學形式看待「風格」(style)如同一個人存有的外在形式。在寫作上，作者以風格化文本來形成真理，給予他(她)和外在世界連結的重要性(Merleau-Ponty, 1973, p. 59)。梅洛-龐蒂(Merleau-Ponty, p. 58)說「風格是讓所有重要性變成可能」(Style is what makes all signif-ication possible)。但是我們千萬不要將風格和技術或是方法混淆了，風格常呈現或反應作者能看到的，或呈現作者看待世界和語言的方式。因而風格常因語言而「忽然膨脹某一意義，也就是當說(或寫)的行動集結成單一整體時便會影響另一個人」(suddenly swell with a meaning which overflows into the other person when the act of speaking(or writing)binds them up into a single whole)。(Merleau-Ponty, 1946b, p. 235)

　　寫作意謂著去創造重要的關係——在這有意義的關係組型中常將一散漫的整體濃縮成所謂的「理論」(theory)。寫作或理論化是將

語言的重要關係連結至文本。語言是現象學研究關注的中心焦點，因為回應—反思的寫作是進行現象學的重要活動。寫作和再寫作是一事件。現象學家曾評論寫作的反思式特性，寫作是一反思式的活動，而這活動牽涉的是我們生理與心智存有的整體性。寫作意謂的是寫自己，不是因為自戀的知覺，是因為深層集體式的覺知。現象學的寫作對作者而言是一種堅持不懈的努力，並敏銳地去捕捉存有本身—正如我們試圖去成為一作者，或言談舉止像父母親或老師等一樣。從現象學的方法論角度而言，經驗的重新喚起曾被描述為重新彙整的形式(Heidegger, 1968)，是一種屬於存有了解的聚集。這尋求的是本體論上的差別；尋求的是法則的了解，讓我們成為父親或母親的法則的了解。這便是現象學的責任，這種重新彙整的思考必須帶入言說當中，正如詩人以詩的形式呈現出真誠言說般。雷爾克(Rilke)稱說這種形式思考即「血緣記憶」(blood remembering)(引自Mood, 1975, p. 94)—這是個適切的術語，因為對我們身為父母或教育者而言，血緣記憶意味著再認知孩子真的是我們血緣的回憶：如同誓言般，這種再認知成為一種無條件的品質；一種注意到現有狀態的再認知，並且從我們對孩子的希望中經驗到「我們」(us)現有存在的化身在延伸其意義—也就是說，我們宣告此為不可毀滅性的同在。

維持一種強大且
導向性的關係

林月琴·譯

第一節 研究／寫作與教育學之間的關係

　　很少教育理論學家提及如何將教育學的測量運用到自己工作標準上的問題。對教育學的不負責任，可能是因為現代教育理論與研究都只是敘述一半的生活，已經忘記其原初的職業是：所有教育學的理論與研究都意圖導引我們到我們與孩子之間的關係。本章將檢視研究與職業的關係，以及理論與生活的關係，當然，不可遺忘地，在檢視這問題的過程中，會經常提到親職與教學的教育學意義為何等問題。

　　現代教育理論與研究似乎苦惱於三個主要的問題：第一、迷惑於教育學與其他論述之學科基礎型式的理論化。第二、意圖抽象化而因此失去在生活世界中與孩子活生生的接觸。第三、無法看到教育學意義從生活世界中普遍的腐蝕消退。

迷惑於教育學與其他論述之學科基礎型式的理論化

　　教育研究擅於從各處取材，自由地借用其他學科領域的語言與技術，但是研究與教育學的聯結可能變得相當不實在。舉例來說，教育方面傾向俗民誌研究的洪流，已經生產出大量的孩童生活研究（以及明顯描繪孩子生活的教育學者）：孩童在教室裡、在遊樂場上、在鄰里中、青少年在購物中心，以及教師在不同的場景中等

等。但是在這些研究裡，基本上提供我們的是孩童、教師、行政人員及其他人生活的文本，而疏離了我們與教師、家長、教育行政人員等生活的距離，更無法將他們的生活帶到我們身為教師、家長或教育行政人員對孩子應有興趣的視野領域中。

　　為什麼教育學害怕這個？教育研究者可能會反對這樣的說法：試著去瞭解孩子的經驗是一回事，基於此瞭解而用教育學般地行動又是另一回事。但是讓人懷疑的是，貼近觀察一個孩子，並以一種單純的方式去看孩子的經驗是有可能的嗎？在我們與這個孩子的關係之外嗎？在沒有興趣且缺乏方向的情況下去描述一個孩子及其生活世界是有可能的嗎？這可能難以想像。描述似乎總是被某個特定的興趣所鼓舞，而這個興趣也定義著我基於尊重與這（些）孩子的關係。例如：一個成人對孩子的興趣可能涉及對這個孩子經驗的某種傳記式的瀏覽。

　　　　我看到一個孩子在街上跳繩，我停住而且微笑著。我看到一個年輕的跳躍，繩索指揮式的韻律－這或許是一個回憶。我認得這個節奏，時間並未改變，當孩子停下來時，我仍然感覺到輕脆快速的聲音打在我的腳上。後悔包圍著我，但願我可以再次拜訪那個老舊的學校遊樂場。但接著我回到我自己，我的孩童地方是在數千里之外，我知道不可能再看到它。我轉離了那孩子且恢復了走路。我看到了一個孩子、一條繩索與一個遊戲。所見所聽合起來使我感覺到繩索打在我的腳上。接著我看到後悔與鄉愁，然後我繼續我的路。
（van Manen, 1986, p. 16）

　　我看到這個孩子的任何經驗了嗎？不然。我僅僅只是一個過路人，甚至不認識這個孩子。充其量只是我重新捕捉自己孩童時代的一些東西，但是瞭解一個跳繩孩子的經驗並不隨著少了那個孩子的經驗而減少自己的經驗。瞭解一個跳繩孩子的經驗到底涉及什麼？從人文科學的觀點，我們可以試著去探索這種遊戲的文化經驗，或

者我們可以嘗試描述這種跳繩活動的生理特質。我們也可以試著瞭解身體為孩子帶來何種感受，瞭解繩索的特質，各種跳繩歌曲與相關技術的韻律經驗，對地面的喜好感覺，更重要的是，在跳繩遊戲中他人的社會顯著性。身為一個俗民誌學者，我可以要這個女孩子告訴我關於跳繩的事，我可能發現跳繩是一種遊戲，它有著孩子的同儕關係、友誼、溝通能力，以及他們所感受到的社交層級等等的結果。同樣的，一個歷史學家對於孩子的遊戲會看到孩童經驗的其他方面。一個教師會如何瞭解這個孩子的跳繩經驗？教師對這個孩子的經驗可能會注意到現象學的，或是俗民誌的意義層面，但是教師的角度首先應該是被教育學傾向所訓練出來的。

　　老師看著黛安在跳繩，他比一個過路人能看到更多，因為他已 …… 經認識她超過一年。她跳離開其他孩子，而他想知道黛安成為孩子們的同夥會為她帶來什麼？她在班上的功課最好，但她的成就並不是一些不能控制的原始智商的產品。黛安以嚴謹的熱誠贏得她的成就，而那使教師感到憂愁。因為她有一個懷著野心目標並過於要求成就的母親。黛安的媽媽意圖要使自己有一個天才女兒，而黛安順從了，老師認為她以孩童快樂的代價贏得了母親的喜愛。看她跳繩時，當對照其他人的輕鬆，他觀察到她的緊張，那是她同樣在每一次的作業與測驗時所顯露出焦慮的緊張。黛安在繩索圈中踏步前進而非跳躍。

　　老師也看到黛安的眼睛是如何轉向六個一起用一條較大的繩索在跳的女孩。其中一個女孩回應黛安的瞥視，並且招手要黛安去，黛安突然停下來。繩子打到她的腳，而她就轉向校門。

　　這個老師看到什麼呢？一個寂寞的女孩與班上夥伴的關係，只能不停的以競爭標準來衡量她自己，只要她能發展出一些個人的空間，一些為自己成長與發展社交與趣的空間，就能遠離她的母親。老師認為那是有希望的，因為從黛安的眼中他看到渴望－渴望被她班上同學接受。（van Manen, 1986, p. 17）

　　一個成人對孩子經驗的瞭解與這個成人在世界所處的方式有關。所以我們必須問，身為一個教育學者和人文科學研究者意味著什麼意義？我們可以很自然地區分這兩種生活方式嗎？我並不是說從其他許多不同的社會科學所產生的俗民誌、俗民方法論，或其他方法論觀點有什麼不對，而是，當科學研究觀點與教育學的瞭解產生混淆時會有問題（例如相較於Wolcott於1988年的觀點）。當教育研究不能以生活的教育方式來呈現自己的型式與內容時，它算是教育嗎？當我們只是以一半生命存活著，我們的聲音會怎樣？我看過深思熟慮的教育學者將自己涉入研究的工作，並且採用一些使他們奇妙地轉變的一些研究觀點和語言，導致他們離開教育學的傾向到另一個典型科學訓練的領域。現在這個曾經提供敏感的洞察力於教學與親職過程中的教育學者，以一種改變的聲音說話。這個聲音是俗民誌學者、傳記者、批判理論家、俗民方法論學者、新聞記者、現象學家、評論家，或者是詮釋哲學家等等，但令人懷疑的是：在所有這類研究中，我們仍然會聽到成人以教育的聲音來說話嗎？在這類文本中，哪裡是教育學者過去習慣以教育興趣的投資，並與日常生活世界銜接的部分？

　　一個研究者若要將自己視為教育學者，或要對關心孩子經驗等問題達到較佳的教育性瞭解，例如包括孩子的閱讀、遊戲中的孩子、在教室中學習的孩子、孩子經驗到家庭的破碎、孩子有困難、孩子經驗到失落等等，都需要導向一種強烈的教育敏感度的方式去探究（反思、說出、並寫出）。換句話說，當我們在說及寫（製造文本）的時候，我們需要看到我們文本的文本性也是一種證明我們所在的生活方式是教育性的。它是我們在沈浸於一個特定問題或意見前的一種信號，最先闡明我們對教育學鼓舞文本（說和寫）興趣具排他性承諾的力量。當我們的學術活動在學術中因為教育學的理由被砍斷時，我們就會傾向半生命式地活著，而對教育學不負責任。而在半生命狀態的層面中，我們可能看到從道德生活而形成理論化

的方式，普通的教育實際情形，這些理論形成的方式最終都只是一部分而已。而且如此一來，在教育中就存在著許多缺乏教育性的理論。教育理論學家（以多種不同的包裝）可能對讀者的教育義務變得不負責任，也對孩子不夠尊重，因為從孩子來建構理論是他們的第一要務。

意圖抽象化而因此失去在生活世界中與孩子活生生的接觸

　　在所有的學術活動中一個共同的危險是傾向於抽象化。這也是實務工作者鄙視大學裡理論派人士的部分理由，因為理論學家已經失去與「兒童的真實世界」(the real world of children)的接觸。弗列特納(Flitner, 1982)再次提出蘭奇弗列德(Langeveld)曾經比喻許多教育研究的產品如迷宮，即每一個迷宮帶著相同的標題：「你能找到這個孩子嗎？」，哪裡是這個理論化與研究仍然可以與孩童生活世界接觸的呢？教育研究並非教我們更完整地與孩子生活，它似乎經常切斷我們大人與小孩的一般關係。傳統的教育研究已經傾向抽象化，並將每天處理孩子與孩子互動的現實分割為片斷。在教育人文科學研究的現代方式中，孩子可能再次被認為存在著，然而，他們的代表性通常偏離且缺乏對他們真正的教育承諾。我們人文科學對孩子的興趣可能是視之為物品，但他們卻經常不是具體而合乎道德地存活在那裡，而是強迫我們去反思我們應該如何跟他們說話、互動，應該如何站在他們的立場。

　　可能對於這個傾向抽象理論化最嚴屬的譴責是，控訴教育研究者與理論學者處在忘記他們當初的使命或職業的危險中：是以教育的負責任態度來協助、扶植和教育孩子。研究者和理論學家傾向於

忘記教育學是一種包容的實踐，而教育研究與理論形成也是生活的教育形式。身為家長或教師的我檢討自己撫育和教養孩子的方法時，這個反思過程藉由同樣教育學的承諾而生意盎然，也首先鼓舞了我對孩子具體的親職與教職之實務。

盧梭(Jean-Jacques Rousseau)經常被認為是第一位現代教育理論學家，當然他也同意抽象的理論形成應該不能減損我們看到真實有血有肉的孩子，而我認為他事實上應該比我們更加了解！每一個人讀到他的懺悔時都很清楚，他說：「我對處置自己孩子的態度，無論它曾是顯得如何的有理，卻總是從不讓我的心感到輕鬆。當我在寫《教育論述》(Treatise on Education)時，我感到我已經忽略了不可能被分配到的任務。長期的悔恨變得如此強烈，幾乎逼著我從《愛彌兒》(Emile)一開始就公開承認我的錯誤」(Rousseau，1980，頁572-573)。盧梭以其在教育上烈燄蹤跡式的文本而永垂不朽。是盧梭說心靈通常較理性提供確信的洞見，如：無心的知識是死的知識。知識若缺乏了對存在的孩子的愛、尊重與欽佩，是不能形成對這個孩子完整的了解。為了抗拒社會中對於偽善和自私的興趣的趨勢，盧梭對人性的品德與善等信仰戰鬥。然而，對那五個他並不是合法父親的孩子，他將他們置放於「棄兒之家」(a home for foundlings)。（盧梭自己的母親在他出生後不久就去世了，而他的父親顯然拋棄了他。）

奇怪，這個人如同理論家所說的，首先看到孩子自己不知道他的身體是其視見所必要的。（亞力茲(Aries，1962)爭辯孩童時代沒有任何概念，直到盧梭的年代，但這被柏洛克(Pollock，1983)和其他人反駁）。在生活中，盧梭做為一個教師，做為馬柏利(Monsieur de Mably)之子的官員顯然是失敗的。但是盧梭試著再次宣稱，他的榮耀理論上最少是要以他知道不能具體表現的來表現。因此顯示他的判斷是在*如何教育聖瑪莉亞公爵的計畫*裡，那是他的第一篇學術論文。我們到現在都還在寫教育方面的學術論文，然而我們現在在

哪裡呢？以盧梭的追隨者來說，我們在學術活動中的鏡中看到自己。以孩子的名義，我們聚集在學習的研討會，發表演說、宣讀真理，並且學習或當那些比我們聰明者的聽眾。為了我們孩子的緣故，我們教導老師，讀、寫文章，購買或出版書籍，在影響的巨大洪流中我們覺得謙卑。在這些文本中、空間裡，偉大的教師的老師聚集去影響那些影響孩子的人。這是不可思議的自大，還是可憐的戲劇？

　　除了學術上傾向抽象化的事實外，文本也傾向於從平常的生活世界中脫離。盧梭也在《愛彌兒》中提供了他管理如何打破抽象化的轉移效果。雖然盧梭以愛彌兒自相矛盾或模糊他確切的意圖，但去爭辯文本是以養育一個想像的孩子的手冊，而寫愛彌兒則是有可能的。它在照顧嬰兒和幼兒的實務上涵括許多具體的建議。然而，《愛彌兒》是以理論為基礎，比較少站在個人的經驗與觀察的基礎上去寫，有些是從洛克的哲學理論上產生。在出版後不久，《愛彌兒》成為歐洲上層階級婦女中銷路最好的書。盧梭說服式談話的結果，使得許多婦女不再繼續練習包裹她們的嬰兒，而且開始哺乳自己的嬰兒，而不再只是交給哺育的護士。

無法看到教育學意義從生活世界中普遍的腐蝕消退

　　據估計，單單在北美就有超過四百萬的孩子經常被自己的親生父母虐待與侮辱。許多老師與兒童中心的工作人員苦惱於他們每天面對被忽略的孩童、孩童暴力與棄置。兒童的苦難與剝削不只是第三世界的現象，在加拿大及美國社會似乎心照不宣地接受「丟棄孩子」(throw-away kids)的存在，幼兒在城市社會的街上來來去去，

孩子依賴藥物存活，年輕人浪費他們的生命在賣淫或犯罪上。此外，養育孩子的問題與許多家庭（經常是單親）有關，他們生存在貧窮的辛苦工作中與社會福利的循環中，還有暢銷版的現代家庭破裂或離婚現象，相較於在生涯家庭中的生活，不是父親就是母親，通常既沒有時間也沒有空間有親職的承諾。舉例來說，要求有普遍性的日間照顧，機構裡年輕孩子待在經常製造福利的企業裡，那裡的孩子通常都是非常年幼，而被準父母照顧著，稱為「孩童照養工作者」（child care worker），而這些人大多尚未達養育孩童的年紀。

當二十世紀結束時，普偏的憤世嫉俗（Sloterdijk, 1983）與自戀(Lasch, 1979)會趨於減少，並侵蝕孩童（曾）在我們生活中的意義與重要性。現代男士與婦女似乎將他們生活裡的孩子價值置於較低的優先性，與孩子的關係已經轉變成為文化的問號，舉例來說，目睹見證新型態的通俗電影如克拉馬對克拉馬(*Kramer versus Kramer*)、揚昇的亞利桑那(*Raising Arizona*)等等。諷刺的是，在相對論的年代被看成防衛家庭與家庭關係，而沒有遭到更批判心靈的理論學家以寬大眼界的浪漫與天真來起訴則是困難的。當然，在後現代年代中，現代人文科學應該提供批判性的觀點。但是批判理論能在存在意義的具體世界中，提供並發展本身大量的抽象化嗎？不幸的是，批判教育理論已經前後不符地努力要改善孩子的生活。問題是：「什麼對孩子是好的」卻很少被提起，而教育學的關心總是太常傾向於減少政治的因素。批判也意謂著懷疑潛在的自我性對話，當表現出好奇他們自己缺乏對日常生活具體承諾時，又允許理論家及學術界人士做奢侈的批判。

在任何比例上，呈現著我們與孩子主動地將教育涉入的生活是單薄而又無趣的。孩子對我們的意義之深層問題(Smith, 1984)是較常遇到冷漠、不耐煩或不理解。而我們的目的是藉由生活經驗的反思過程，來尋回為人母、為人父、為人師的生活意義，然

後我們可能會發現自己的恐懼，那預先反思的生活已經真的遭侵蝕與被吞噬了。新父母並不確定他們的任務，家庭傳統已經喪失他們權威式的規範。所以初為人父母者加入「親職技巧訓練」(parent skill training)課程中（甚至有很多「進階親職」(advanced parenting)方案！），去學習他們曾經從父母那裡所獲得的經驗智慧。普通常識在哪裡？即意識到我們有共通性，基本的假設與價值，組成豐富資源的指標，不耗竭的意義層面，與孩子每天的生活？誰會去捍衛生活本身的生活意義，並計較所有反思形式的日期？

第二節　教育學的無法言喻

　　許多北美的教育研究者以他們對研究意義的瞭解，而忽視他們被認為首先就得學習的重要事情。他們對教育真正的孩子，會說或寫任何道理模糊不清或關係荒謬的傑作，而不論及教育學的本質問題。然而，「教育學」(pedagogy)這個字乃已經漸漸進入現代北美文學中有關課程、教學、師資教育等等。這個名詞也已粗略地等同於教學行動、教學方法論、課程取向或一般所說的教育。幾乎很少提出教育學本質的問題，以及從每天生活中對話出教育學的意義。原因在於教育學的想法離開了意義層面。我們應該從哪裡試著去找教育學可以被目睹的存在位置或空間呢？在教育學者的行動中嗎？在教育意圖中嗎？在老師或家長使用的理論或知識形式中嗎？在教師對孩童的影響中嗎？教育學可以被觀察到嗎？可能被經驗到嗎？如此問教育學的本質意謂著什麼？

　　我們也許必須接受一個可能性，即教育學的想法是不可言喻的，而且沒有科學的觀察或概念的形成將導致教育學確切的定義。如果教育學是不可言喻的，它可能也超過行為主義教師的能力範圍，或是父母技巧訓練的努力，因為它是不能被定義、或以直接方式來教的。但這不能被教的特性卻毫不減損我們想要瞭解教育學的一個目標，因為詮釋現象學以一種不同的識見在實踐並捕捉教育學的意義。學著去瞭解教育學的本質，如同它以特定的生活環境來明白顯示自己，而貢獻到一個更詮釋方式的能力：即教育學的深思熟慮與機智。教育學深思熟慮與機智的特色是，它總是以不可預測以及與孩子每天生活的偶發情況在運作著。

　　讓我們來看看，到底教育學的意義為何？雖然是磨滅並不可言喻的，教育學的意義也許可經由人文科學言談論述文本的對話形式直接被捕捉住。首先必須考慮將「教育學」(pedagogy)這個字當名詞使用已經有些曖昧不明，當認知到教育學是某種鼓舞我們與孩子生活的東西時，我們如何達到了解這個不可言喻的教育學本質？

　　由古典的取向開始，是柏拉圖(Plato)的《米諾》(Meno)。我們要做的是讀柏拉圖的《米諾》(Meno)，把它當成是問教育學的意義是什麼。這會是一個好的起始點，因為除了柏拉圖明顯地保留文本正確地表達生活，他的《對話錄》(Dialogue)是哲學傳統的驚人之舉。沒有其他的文本如此有效地穿透哲學與人文科學的根本，沒有其他人文科學的文本可用終結的方式如此戲劇性地抵抗所有的爭論，沒有其他文本保留得如此新鮮而未被污染，儘管百年來許多武斷的註釋與分析上的攻擊。老師怎會不驚訝於這種不可置信的文本力量而去教導那些想讀的人？我所以會問這個問題，是因為即使非哲學式地閱讀柏拉圖，都會立刻問出有深度的問題而使人興奮不已。

　　蘇格拉底(Socrates)將《米諾》置身於品性的天性問題中(1961, pp. 354- 384)。品性是否為知識的形式，因此可以教，或是要經

由練習獲得？或者它是理所當然的神賜？就我們所知，米諾的對話
仍止於困惑。蘇格拉底碰到結論似乎保證是對的就會縮回。米諾在
街上遇到蘇格拉底而開始一段對話：「蘇格拉底，你能告訴我，品
性可以教嗎？」，柏拉圖對話的讀者已經預期蘇格拉底的回答，他
聲稱不知。在命題的識見上無法告知品性或教育學。米諾狡猾地
回答：「但是蘇格拉底，你應該是聰明的呀！你不能說得更好嗎？」
米諾要求蘇格拉底這個專家的意見，但是蘇格拉底拒絕了這個角
色。品性與教育學的意義是不能以定義、辯論，或是演講來捕捉。
蘇格拉底需要與米諾建立一個對話的關係，以一個可教的方式來開
啓品性或教育學可教性的問題。而且正如蘇格拉底需要與米諾建立
的對話關係，柏拉圖（或者更該是柏拉圖的文本）需要建立與讀者
的對話關係。對話性地建構文本讓我們認知我們的生活是在故事的
模仿與會話的劇本中。因此對話的文本允許一個相當的空間、聲
音，老師因此得以其文本性處理其純粹的文本內容以用來製造問
題。

　　所以我們從這個空間，來針對品性或教育學的表達性與可教性
看柏拉圖的對話，換句話說，當我們讀柏拉圖提到教育學的主題時
，如果我們不能認知到真正要了解品性與教育學是不能從定義上，
從一些總結的敘述來的，如：「是（或不是），品性與教育學是（不
是）知識的一種」，我們會感到失望。教育學或品性的可教性有一個
不可言喻的相關範圍。蘇格拉底最後顯得模糊不清，然而讀者已經
得到比定義更重要的東西了，他們已學到將品性觀念導向（轉到）
深刻結論的經驗了。重要的是要看詩的文本，如柏拉圖的對話集就
練習了一個特定的文本性，對話的文本性在要求一種模擬的閱讀。
對話文本可以間接地教到那些獨白文本無法達到的東西。

　　另一個表現教育學的意義是如何不可言喻，但還能間接被捕捉
的方法是，用最現代化的文本方式來推論：後現代主義論。後現代
主義者像弗寇特(Foucault, 1977)、巴惜茲(Barthes, 1975)、戴

瑞達(Derrida, 1978)和克裏斯堤娃(Kristeva, 1980)，也同樣視文本的文本性如重要的對話。後現代主義的論點會說教育學並非真的是什麼「東西」(thing)。它不是在文本裡的東西，不是像在頁中的文字可以提供教育學給讀者；教育學也不會在文本之外，不會受到文本的召喚。教育學，就像文本性本身，既不是這個，也不是那個。

從一個後現代的角度來看教育學，它既不是我們已有的教學理論，也不是它的應用。我們都知道，教育中的理論學術性不能擔保教育上的能力。一個人可能沈浸在教育理論中，而還是一個差勁的教育學者。教育學的意義或本質不在理論裡面，但它也不在理論的應用中。一個人可能是為特定課程方案翻譯學習理論的專家，但是，我們懷疑任何一種課程（或是學習理論的應用）是否曾敏感到某個特定兒童或兒童團體可以且必須學到某些特殊的東西。

我們似乎經常把教育學的意義等同於教學的目的或教學活動，但是後現代主義者會說教育學既不是意圖，也不是行動。當一個孩子抱怨他／她不被了解或適當地對待、被愛時，家長或教師在這部分沒有好的意圖、目的，或課程目標可以轉變這個事實。不管這個老師的意圖為何，教育學上的重要問題總是：「對孩子而言，這種情形或行動像什麼？」、「對這個孩子什麼是好的，什麼是不好的？」。相同地，教育學不在一些可以觀察到的行為或行動中。如果是，我們所有人都需要把這些相關的行動或可觀察到的行為複製起來。但是實證主義卻傾向混淆教育學與教師或家長所能做的，也傾向於幾乎完全以達到相當產量、效率或能力的能力來判斷老師，因為他們被認為就是要具有這些價值。一個實證論者對於辨明教師是否與他的學生有「真實」(real)的接觸是有困難的，而這真實的接觸也就是教育學的接觸。舉例來說，實證主義會教老師在管理班級行為時眼光接觸的有效性，也可以在實證的情形下，以分類互動分析系統的方法或其他工具來評量目光接觸的影響方式。然而，目

光接觸頻率對特定學習任務完成具備最好的功能，完全註解了教育學中所說的師生間「有意義的注視」（meaningful look）。換句話說，教育學不同於可觀察到的行動，而是它在於何者首先使行動教育化。

　　進一步的，後現代主義會說教育學既不是身體，也不是心臟。教育學不會自肉體上神奇地隨之而生。事實是雖然我是這個孩子生理上的父母親，或者是類同於父母親般地教師，但那未必就使我成為一個真正的父母或老師。教育學也不是靠純然的愛就穩固的，就像我們從一些悲劇性的生活所知道的，孩子是被愛到死的。

　　所以後現代觀點警告我們，不要誤入歧途，以文本或是相關的資料，以過程或內容，或以中途或結局來混淆教育學。教育學既不是這個，也不是另外那個，它是持續有力地在這兩者之間運作。

　　跳出後現代主義的觀點，回到生活的實際面，我們必須問：「我們不是已經知道教育學是什麼了嗎？」答案是矛盾的：我們知道與我們不知道。我們知道，因為親職（或教職）在世界上是最古老的職業。對人類生活而言，養育孩子是本能，就是餵食、穿衣、照顧與庇護。教育學存在於對孩子自然無助的現象的反應。除了歷史上人類已經加害在他們後代子孫上的殘暴行為，我們認知到對年輕孩子好的一種自然需求（稱它為本能、感性、文化、母職、或父職，以你所喜歡的方式來說。）它是社會科學無法看到一個明顯事實的窮窘之處。年輕孩子，以其極易受傷害的德性，傾向於在成長過程中帶出最好的。父母親經驗新生兒是以懇求與轉換去做一些事的經驗，如：去抱、去保護孩子，為了孩子的福利做犧牲，還或許會擔心是否每一件事都做對。初為人父母經驗到第一個壓倒性的感覺經常是自然反應的能力，那就是我們教育學本性的敞開。做為一個初為人父母者，在有機會反思是否可以接納這個孩子以前，孩子已經讓我們忙了。而且，幸運的是，對人類會立即需求去做對的事情的經常就是對的事。當我們去抱孩子的時候（甚於走開讓他毀滅），我們已經行動得像教育學了！這就是我們教育學的實際知識。

它是先於理論的，先於省察的。那就是我們身為母親與父親身體的知識-有覺知的身體。

　　而且重要的是看家長與孩子間「自然的」(natural)教育學關係，那是從道德或規範開始的。責任是生活的形式，也是家長在孩子出生時就經驗到的(在我們的文化中，成人如果離開一個新生兒使其死亡將被控謀殺。)但接下來的問題是，是否家長盡責地使孩子信任他而繼續表現出盡責(而非忽視或暴力)。蘭奇弗列德(M. J. Langeveld)辯稱這已經有信度或可靠性的形式了。這個大人可以信賴嗎？他／她可被繼續依賴去照顧這個孩子嗎？這個依賴的問題自動引出下一個問題：這個人能力或有能力照顧這個孩子嗎？能力的要求是第三個生活形式，因為依賴並不保證能力。而如此我們從生活世界或現象學的角度就看到責任、依賴，與能力的形式自然從我們與孩子生活中升起。

　　所以當與成人一起生活時，孩子很快就不斷增加反思性問題。換句話說，我們一旦獲得活生生親職與教職中教育學的質感，我們便會開始發問並質疑自己。教育學就是這個質問，這個懷疑。我們疑惑：我做對了嗎？為什麼有些人以如此不同的方法教導或帶大他們的孩子？當看到或聽到孩子是如何受到身心上的暴力時，我們會感到震驚。我們也會痛苦地注意到許多孩子是如何隱微地遭受不好的對待或虐待。我們可以在周遭的購物場所，在公共的通車地點，在住家附近，在街上看到這些。我們懷疑何以孩子要經驗長時間被棄置在托嬰機構？對這些我們應該做什麼？我可以做什麼？教育理論提供教的模式、朝向訓練、教師效能技巧、課程方法、有效親職的管理程序、現代孩童照顧的基本理論等等。而我們懷疑應用這些技巧，遵循一個方案或信任社會政策是不夠的。如蘭奇弗列德(Langeveld, 1965)曾經說過，身為人類更基礎性的東西是需要的。讓自己可以去做某些事，你就必須是有能力的！我們知道蕭伯納(George Bernard Shaw)曾經諷刺：「可以的，就去做；不行的，就

去教(He who can, does. He who cannot, teaches.)」。但是教師總是會巧妙地說：「不能教的，教老師(He who cannot teach, teaches teachers.)」。我經常感覺到教師更甚於蕭伯納，隱藏了一個強而有力的重點。似乎家長的任務與教孩子並不是那麼難！我們難道不該為師範教育中暗示有不可置信的傲慢與不可避免的詭辯的觀念而顫慄嗎？誰敢提升他／她自己到如此崇高的地位？

　　某天，有人可能會勇敢地去做一個惡作劇的研究，去測驗掌控教育觀點與理論的教育價值，去檢驗製造教育方面學術著作的人的生活，去研究那些享有盛名聲譽的人，他們個人生活的教育學價值。一個人可能會想像完全與理性或常識相反但卻是真實的宣稱：這個人由於教育上的學術生涯，已經棄置他的妻子和孩子；那個人因為要寫出有關教導孩子的東西，將他的兩個孩子從早上八點到下午五點放在托兒中心；這個人在家裡覺得很困惑，因為她不知道如何跟她的女兒交談，因為女兒每天盤算著她的報復；那個人帶著後悔地承認，他不記得許多他孩子的童年往事(一個缺席的父職，而作者需要辯稱的是，這在偉大的教育理論中已經成為普遍的病態。)這一位需要離開去體驗生活、性，而他的孩子有機會在暑假中與一個兼職父母有所謂的「優質時間」(quality time)。那一位(雖然幼稚)聲稱著迷於研究孩子的生活，卻不能冒險地與孩子有私人的教育學關係。每一個趣聞佚事都會變成教育學諷刺文章的派典範例。

　　但是為什麼那麼多人讓自己每天被他們自己深奧的教育理論預先佔領了，而似乎如此驚訝於自己的疏忽無能呢？那意謂我們所說關於孩子發現生活中沒有回響，與孩子生活是一件事，而談論我們如何與他們生活又是另外一件事？形成理論、研究與學術性的想法的顯著性是什麼，如果他們絕對無法與每天生活的身體應用相聯結？如果無法讓一個人站出來支持某件事又意謂什麼？所以當承認教育學的不可言喻，我們知道我們需要去看、去聽教育學本身。當然，在我們還沒「看到」(seen)教育學或捕捉教育學存在的一瞥

以前，我們不會喚起去和孩子一起生活做問題式的反思，就像我們
應該做的一樣。我們需要以我們的生活行動，與孩子肩併肩，然後
也會質疑，總是會質疑，是否我們做對了？我們需要去「聽」
(listen)教育學，如此明天才可能以較好的教育方式來行動。

第三節 「看見」教育學

　　「聽」(listen)教育學是什麼意思呢？在我們日常生活中，
「看」(see)教育學又是什麼意思呢？這麼多傳統的（更多實證的）
教育研究在形成理論上苦於某種聾與盲。由於教育學對一些真實的
事情合理的概念化使它受困於分類性與操作性的例子中，如果「去
看」(to see)意謂觀察教育學的教學操作性的可評量性的實例，它
是無法看到我們不能看到的教育學。它無法看到教育學的意義且顯
著性仍然隱藏著，以我們在矛盾的努力下所架構的理論的覆蓋與觀
點的骨架下，把一些教育學的應用看得更清楚（經常被稱為「教學
行為」(teaching behaviors)、「課程效果」(curriculum effects)
等）。

　　我們被實證觀點所設計的範圍混淆了教職或親職的意義，以及
所看到老師或家長的*作為*。如果在特定的情境中教育學缺席了，我
們如何能說出有什麼不同呢？但以深層的感覺而言，實證論也無法
知覺到教育學不見了。它藉由教育學的基本建構而誤解了具體的描
述或教學個案研究，因此它無法看到教育學已不在了。它無法看到
在深層的感覺中教育學是把自己隱藏在本身的活動中，即：在顯露
自己的過程中也顯示出它隱藏的特性。

這種論辯暗示一個人可以是教育性的，但未必具有教育學。教育學不是某種可以「有」(had)、「擁有」(possessed)的東西，我們可以說一個人「有」(has)或「擁有」(possesses)一套專門技術或表現能力，甚至教育學是家長或老師在回憶的感覺上持續要去兌現、接收、一再獲得與再捕捉的東西。其中每一種情況我必須與孩子的需要行動得具備教育意義，必須持續地、省察地敏感於身為教育學的教師或家長而產生的權威。正由於教育學是一個至高無上的或必要的感覺深不可測，它對教育學反思的創造性活動提出了不停的邀約，而將教育學深層意義帶向光明　。

第四節　文本性的教育學實務

在教育裡，我們經常將什麼是可能的與什麼是教育學想要的相混淆。例如：即使對許多孩子來說，有可能在四歲時能夠閱讀，也不意謂孩子就應該在那麼早的年紀要閱讀。這種了解和技能在教孩子早一點閱讀時是必要的，但並不等於去知道什麼對某個孩子是適當的所需要的了解和技能，而第一類知識可能是閱讀理論專家，第二種知識類別就是教育學的。

我的重點是，不管它在發展理論或學習、閱讀、演算數學等等的模式如何受到挑戰，沒有學習理論、教學方法或學習模式告訴我們何者對這個情境中的孩子是恰當的（van Manen, 1988），那就是教育學理論的任務。教育學理論必須是在特定的個案中是獨一無二的，理論的唯一性是起始於單一的個案，搜尋普遍的特質，再回到此單一個案。教育理論學家，如教育學者，在反思性的思索時會象

徵性地離開孩子，以便與孩子真實地接觸，去知道此時此刻何者對
這個或這些孩子是恰當的。

　　一個孩子的學習經驗經常讓人訝異是如此地活潑、有變化，這
可說是在關係與個人的心境、情緒、精力與感覺上。那些吸收他們
孩子學著去讀、寫、玩音樂或任何一種特別校內或校外的學習經驗
的，會因高興與懷恨、困難與容易、困惑與清楚、冒險與恐懼、放
棄與壓力、信心與懷疑、興趣與無聊、堅忍與擊敗，信任與怨恨等
搖擺的變數而感到震驚，孩子的經驗有如每日都會發生的事。家長
可能知道、了解這個事實，有些老師也是，但是有多少課程專家或
教學專家知道孩子的生活經驗像什麼呢？多少教師─教育者知道某
一孩子如何學習？如果不了解孩子經驗的起伏，教室方法論可以負
責嗎？我們必須做什麼？必須追求什麼知識？有什麼敏感於教育學
本質的特定問題是我們必須產出的研究文本？

　　要做研究，要形成理論是要沈浸到文本的思慮中、對話的文本
性意義與其教育學的承諾，因為教育學式的思考與行動是與孩子為
伍。在本書中，我們對於對話的文本性有許多次討論狀況，方法論
的需求提供人文科學文本某種力量與使人相信的效用。這些研究／
寫作的狀況可以摘要如下：我們的文本需要方向、力量、豐富與深
度。

　　我們可能會說，這四種情況也是任何一種現象學的人文科學文
本評量的效標。經由先前的章節，這四個觀念已經有提過，現在我
試著來捕捉它們的意義。

我們的文本需要方向

　　不管我們尋找發展的方向是什麼，它總是需要以答案對題目般
地被了解，一個教育工作者如何站在生活的角度，如何需要去考慮
到孩子，如何觀察、傾聽與孩子的關係，如何練習教育學上風行的

說與寫的方式。方向這個概念似乎可能是蠻瑣碎的，我們撰寫課程、教學或教育不已經就是表明某種教育學的方向的事實嗎？我的懷疑是幾乎沒有教育學者了解以反思的、本體論的感受來表現方向的需求。文本需要有教育學的方向，是要求我們研究與寫作的方向要覺察內容與格式、說話與行動、文本與文本性之間的關係。身為研究者或理論家的方向意謂著我們不能把理論從生活中分離，把隱私與公開分離。我們不能僅僅在這裡只是教育家，在那裡只是研究者，我們是以教育學的方式導向世界的研究者。

我們的文本需要力量

我們在談論及思考關於孩子、教學或親職所發展的任一興趣，總需要針對某個特定現象有最強有力的教育學的詮釋。當我們試著對某個觀念－閱讀、寫作、訓練、遊戲、孩子的經驗困難、責任、冒險、驚訝或老師察覺動機、應用、方法或規劃－得到澄清時，我們應該用我們的方向當成製造教育學的理解、詮釋與制式化的資源，並且在研究或形成理論時加強這個資源。它需要我們不要對待我們的方向如同只是很多方向的其中一個（似乎教育學像是一個關係軸），但是我們試著要形成的教育學的理解是排除在其他興趣之外的。當尼采(Nietzsche, 1984)說到關於閱讀（與寫作）藝術時，「每一個強烈的方向是被排除的」(every strong orientation is exclusive)(p. 164)。一個強烈的教育學的方向需要人讀到任一種情況，就是成人發現他／她自己與孩子在教育學的情況，也就像我們應該如何應對孩子的問題與答案一般。

我們的文本需要豐富

一個教育工作者對真實的孩子世界有一個強烈的方向會發展出真實生活的魔力。對活生生的現象識見的意義不是他們即時經驗的耗損，豐富而厚實的描述是具體的，在所有經驗的網絡中探索一種現象。教育工作者，像作者一樣，試著在劇本或故事中去捕捉生活經驗（行動或事件），因為故事的邏輯就是故事擷取獨特的部分，特別是無可取代之處。因此以文本的術語來說，這些知識論(epistemology)的考量是翻譯劇本、故事、旁白或描述現象學的興趣。而這些對話品質的設計是明顯的，因為它雇用我們，涉入我們，而且需要我們的反應。

我們的文本需要深度

深度給予我們傾向現象學或生活經驗的意義與堅持，以使我們更完全的了解，或者像梅洛－龐蒂(Merleau-Ponty, 1968)所說的：「深度是讓事情必須維持清楚的手段，去維持事情，而不是我現在所看到的」(p. 219)。當我們奮力於意義，奮力於克服這種堅持時，某種程度的開放是需要的。而開放的衡量需要了解到某些事情也是它深層天性的衡量。豐富的描述探索超越立即經驗到的意義架構，而得到深度的層面。研究與理論化簡化了生活，沒有留給我們基本的曖昧與神祕，因此扭曲而膚淺了生活，也無法顯出它深層的特性與輪廓。馬叟(Marcel，1950)討論深度概念時參考了「祕密」(the secret)的觀念，即超越平凡，「虛渺的遠處」(dazzling yonder)。當我們談到「深邃的思考」(deep thought)或「深奧的概念」(profound notion)時是什麼意義呢？我們不應該將深度與不平常、奇特或怪異相混淆：

深奧的概念不僅僅只是不平常的概念，特別如果當我們只以……
「怪異」(odd) 來說「不平常」(unaccustomed)，其意義更不是如
此。有成千似是而非的說法具不平常的特質，卻缺乏深度；它們從
陰濕的土壤中冒出，而且很快地散開。我會說，一種思想感覺是深
邃的，或者概念是深奧的，如果它超越了自己的界限，其凹洞的巨
大是甚於眼睛所能攫取的……。(p. 192)

　　在我們生活的許多層面與範圍中，這類型的深度是可以感受到
的，當然在我們與孩子生活的層面，也在我們與自己的孩童時代與
自己的生活層面中。特別是馬叟談到「當一個人停止並想到生活如
同故事或電影必須充分去表達時，故事或電影只是故事性的，被我
們猛拋的暫時替用橋樑，跨過一個海灣它總是還在那兒」(p. 192)
。深邃的思想可以藉由文本獲得，但卻不應該被文本本身困擾。
　　而如此一來任何一個文本可能教我們關於教育學本質的深度特
性，而且與某一個詮釋的目標相連：追尋某種超越，藉由再蒐集某
些失去、過往或遭侵蝕的回憶再恢復已經遺忘或破裂的整體性，而
且我們得憑什麼是應該做的視野在目前的經驗去調解它。這類文本
是不能摘要的，以反思的文本來提出研究不是在提出發現，而是在
做閱讀（像一個詩人一般）文本所顯示出來的教導。一個人必須去
接觸它、經歷它、面對它、因它受苦、消化它，而且同樣被它消化
。
　　在從事寫作和閱讀文本的工作，我們必須經常問：我們如何可
以在文本中創造一個適當的空間，在何處可聽到教育學它自己為孩
子發聲？而當然，當我們聽到它的聲音時，它可能是訴苦的、控訴
的，或是諷刺我們的偽裝、我們的行事作風或應該是我們與孩子相
處的方式。

第五節　人文科學可作爲批判導向的行動研究

　　當詮釋現象學經常被以一種「僅僅」(mere)描述的或解釋性的方法來討論時，它其實也是一種行動的批判哲學。首先，人文科學在詮釋現象學的反思中加深思考以關心行動，因此從中激發了思考與行動。所有嚴肅與原始的想法最終是革命性的－是一種比政治感受更為寬廣的革命性感覺，因此而變得更深思或更注意人類生活的觀點。人類生活迄今只被認為在掩飾，或理所當然把我們更帶入說到、說出、或在社會情境中要求更明確行動的邊緣。當現象學以調查的形式不指示任何合於某一特定的團體，或社會階級的社會歷史結果的特殊政治議程，深思熟慮的現象學所贊助的更易導致憤慨、關心或承諾，如果適當的話，可能促使我們轉到這一個政治議題。它是理解的基礎，對人類的好處是，來服務對這個或這些孩子的需求。人可能因此而陷入*集體的*政治行動：反對政治、科層體制或意識型態的行動；或者或許更降至地面的：人可能忙於那些將有助於在困境中的特殊兒童的*個人*行動，例如：讓那些被套住的孩童及家長逃避貧窮的輪迴。

　　其次，現象學是一種行動哲學，尤其在教育學的情境中。教育學本身是生活的一種模式，總是在定義上與實際生活有關。我們必須對與孩子生活或對那些我們有教育學上責任的人永遠持續行動。現象學的態度給予教育工作者的是一種特定的知識型式，一種獨特的理論化類別，支持教育學的實際型式，而卻是在教育學的生活中漸增的科層體制與技術層面所闕如的。我稱這種知識與行動為「教育學的深思熟慮」(pedagogical thoughtfulness)與「教育學的機智」(pedagogical tact)(van Manen, 1986；1988)。

　　最後，現象學是一種行動哲學，總是以個人的與情境的覺察來行動。當一個人轉向現象學的反思就脫離個人的契約，假如一個孩子似乎過度害怕或焦慮於一個人獨處，那我想要曉得這種害怕或焦慮的意義，因為這個孩子與任何一個孩子在我生活中的角色是重要的。當我對孩子們行動，我感到有責任心，是全然了解在這個世界上當一個孩子是像什麼。而且，基於這個或這些孩子的原因，我要懷疑任何一個行動的理論、模式或系統只能給我們一個類化的方法論，幾組技術或可預期的或可控制的情境下的行動法則。

　　教育學的情境總是獨特的，而且我們更需要的是一些非類化的理論，因為類化的理論使我們難於應用於具體現狀與持續改變的情境。而獨特的理論，亦即，理論顯然適合於處理這種特殊的教育學情境，這個學校、那個孩子，或是這一班的年輕人。藉著加強研究與生活或深思熟慮與機智之間的親密關係，可以使我們邁向獨特的理論：

　　一、個人可以藉由再次陳述生活經驗本身當作實際行動的有效基礎，來強化知識與行動的親密關係。這也意謂著在教育界的研究者，我們需要發現、再發現我們研究活動的新的資訊來源，如：生活經驗、哲學、文學小說、詩、藝術形式、個人經驗等等。

　　二、藉由移向個人的原則性知識與生活洞察力，我們能夠進一步強化知識與行動之間的親密關係。教育研究與理論化不應該只是朝向產生做決定程序或行動規則的系統，也應該是朝向持續釐清指導原則，這個原則將任何一種社會情境或成人與孩童的關係轉向教育學的關注。在任何一種成人與孩童的情境，我們總是應該問：對那些信任我們個別照顧的孩子來說，什麼是教育學上負責任或正確該做的事？

　　三、再者，我們了解以深思熟慮來學習的研究／寫作形式，也將研究和生活拉得更緊密地在一起。深思熟慮的學習具有辯證的效果，使我們更注意並覺察教育學情境與關係的意義和顯著性。

四、從反射性的觀點我們應該提醒自己，研究和理論化本身是
生活的一種教育學形式，因此是無法分開的。我們就是追求這個知
識形式，也使自己就是朝向這樣的主題，事實上就是在顯示生活上
我們自己是如何的立場。做為研究者與理論家，我們建議在知識的
形式上我們分享是否一個人應該讓自己朝向孩童，以科層體制地或
個人地，父權體制地或真實地，工具性地或人文性地等等方式。

五、最後，如果我們以行動導向研究的方式來思考現象學，研
究與生活間立即會建立親密關係。現象學的人文科學並不是外在的
，由上而下的，專家或契約的研究。像批判理論家說的，它是被某人
做，而非為某人而做。現象學的投入永遠都是個人的投入：對我們
每一個人是一種訴求，我們如何了解事情，生活的角度如何，身為
教育工作者我們如何了解自己等等。甚至我們以作者／讀者的對話
涉入人文科學文學中，我們以身為這個孩子或這些孩子的家長或教
師，被個人地、傳記式地、情境性地詮釋所包圍。

第六節 敏思行動的知識導致
教育學的能力

當我們比較行為社會科學與現象學的人文科學的實用結果時，
我們注意到傳統的行為研究導致工具性的知識原則：有用的技術、
管理政策與行動準則。相反地，現象學的研究給我們明智的深思熟
慮：情境知覺、辨識力與深層的了解。基本論述是教育學的深思熟
慮與明智，是教育學能力的本質要素。但是我們應該同樣留意在每

天生活情形中，知識就像生活：*事情總是比我們想的更為複雜些！*身為教師、家長、校長、諮商人員或心理學家，我們得行動得教育學些，可以藉著教育學能力在各方面以獨特且複雜的方式來啟動。

　　人文科學研究製造獨特性理論。獨特性理論的特色是它適合於特殊的個案，不是預期地或內省地，而是回顧性地。我們與孩子的生活是在自然情境中的親職與教職，遠比以教師為「反思的實務者」(reflective practitioner)或「商討的做決定者」(deliberative decision—maker)的理論更讓我們相信，親職與教職很少以經常性選擇與理性做決定為特色。而是在具體又特定的情境脈絡中，我們更會精確地涉入立即而直接的行動中。

　　越來越多教育機構的科層體制與教育研究與知識形式的技術影響，傾向侵蝕我們每天生活中教育學能力的了解與實踐。甚至於當家庭結構變弱，而孩子逐漸轉到照顧機構時，父母與孩子的生活世界似乎變得更加灰暗。白天照顧機構與學校似乎吸收了越來越多的教育責任，而這些曾經被認為是屬於為人父母應有的任務。因此人文科學研究具有激進的結果，以現象學開導了對生活意義的嚴肅思考以及對具體教育學的情境與關係的行動。現象學反應了獨特理論的需求，現象學的反思使教育學習被忽略的形式變得可能，那就是：深思的學習。比技巧性學習更基礎的是，深思性的學習是身為母親、父親、教師、心理學家、社會工作人員與教育人員的教育生活核心。

　　一些人將孩子帶到這個世界上卻拋棄他們，另一些人捉緊他們卻不知道如何愛他們，有些父母親愛他們的孩子而且盡力栽培他們，但卻弄得一團糟。所以我們需要法律來保護孩子免於被忽略，或更糟的是，遭到兒童虐待。同樣情境可以用來描繪老師。似乎談教育的無能要比有能力來得容易些（我們大膽地說那些不覺得談教育能力課題有困難的人，不知道用嚴肅的方式來談論它）。當已經要養育或教導（教育）孩子時，是什麼使我們談論（理論化）能力成為

可能？那意謂我們能夠在孩子的生活中做到，並且使事情做對。可是研究與理論化的現代（實證的）概念不再允許我們提及某些形式或理論是對或錯，好或壞，合理或不合理。現代理論化的概念更常藉由有用的（可管理的、實用的、有效的）而非藉由好的來引導。事實上尼采（Nietzsche，1962）、海德格（Heidegger，1968）與其他人已經指出，我們對知識與合理思考的概念已經從傳統「好的」（good）的觀念中分開。而且當我們提到一個成人是「好的」（good）教師或「好的」（good)家長，我們必須了解所謂「好」（good)以便提供能力的意義內容。

因為認知到將孩子帶進世界而且愛他們，或是接受教師的工作去教歷史或科學是不夠的，我們因此對教育學的能力有興趣。我們也必須藉由學習什麼是值得知道與值得形成，來幫助孩子成長與塑造生活。所以我們對能力有興趣，因為想知道要做什麼，也想能夠區辨什麼對孩子是好的，什麼是不好的：身為教育學者，我們必須行動，而且在行動中我們必須忠於自己的呼喚。如果我們被期望與孩子的教育關係中去做對的事情，我們可能需要一個教育能力的觀念使教育學的實踐變得可能。然而，以形成一個概念、理論或教育能力的模式來拼湊出適當的教育學表現是徒勞無功的努力，因為這種努力假定我們概念性地知道那個基本上無法知道的概念或正向的感受。但我們確實知道必須朝什麼方向去找尋教育學能力的重要性。

當媽媽在看雜誌時，馬克安靜地在地板上玩。但是這個小男孩已經帶著愉悅，輕聲低笑開始快速爬向門去了。接著他停下來，坐著，而且看著媽媽，被她捕捉到鬼鬼祟祟的一瞥。下一刻馬克回到手腳並用，移動得甚至更快了，當他的笑聲轉興奮的喘氣時，馬克再次停住，再回頭看他的媽媽。要忽略這種興奮是不可能的，媽媽從掉淚的閱讀中離開，發出噪音而玩笑地朝馬克的方向前進。現在是全力地追逐！而馬克興奮地超越自己，以致他的笑聲轉成打嗝與高調的尖叫聲。「我要抓到你了，我要抓到你了！」媽媽笑著、踩著腳而且拍著手。馬克幾乎不能控制自己，他快樂的笑聲實際上使

他不能快速爬動，相反地，他現在移動地特別慢。但他就是無法逃開媽媽，在她下一個移動時就要捉住他了。然後她接住他，把他拉向一個玩耍式的擁抱。「我抓到了！」讓這個小男孩帶著全然得意的尖叫。還好媽媽機智的親吻如此甜美，否則無能的感覺可能會使馬克愉悅的興奮轉至困惑的哭叫。在一些擁抱與在媽媽髮際間的臉部摩擦後，馬克回到地板上，媽媽坐下來，離開雜誌，她知道下一個「來抓我」就在幾秒鐘之後。

　　我們仍然在談教育學的能力問題嗎？當然！一個好媽媽知道馬克(Mark)所謂的「起始行為」(initiation behavior)真的是一種邀請。一個顯出她真的在乎的邀請—足以停止她所做的，機智地讓這個小男孩知道他還不能走掉。而且這麼一來，母親在乎的確認轉向一個歷險的追逐。當馬克從母親跑開時，他逃離的經驗變成原始的獨立模型。僅僅幾分鐘，母親變成一個陌生人要來抓這個小男孩。因為母親確定是如此的熟悉，把她想像變成另一個陌生人是有可能的，而孩子是不會跟一個真正的陌生人玩「來抓我」(come and get me)的遊戲！馬克的激動在於認知到自己在這種想像的捕捉行為中是容易受到傷害的，他如何能逃開這個巨大又有權力的人呢？所以此處在安全與冒險，親密與生疏之間產生了一種緊張的情形，父母親的親密範圍的安全性暫時被懸置，而換成冒險的氣氛。雖然在玩耍的驚駭中被追逐與捕捉，事實上如果沒有人在乎到需要你的話，它可能是更嚇人的。母親和孩子雙方都在跟對方表示他們不能沒有對方，所以這個追逐就變成母親可依賴性的、遊戲性的試探。是的，「安全感」(security)、「愛」(love)與「獨立」(independence)也是這種關係的教育學類別。但是如果這些字是使我們更能溝通，甚於兒童發展文學裡理論的──說教的告誡，我們就得學習教育學能力所牽涉到的深思熟慮，在這個有教育學顯著性主題的追逐中的一個實踐型式（深思熟慮的行動：富含思考的行動與富含行動的思考）經驗上，在真實且具體的情況中被理解與感到真實。能力意謂

母親明智地知道什麼時候做什麼且如何去做,而且什麼時候結束此追逐的遊戲,「因為太多的興奮就太過了」!

教育學的能力問題涉及撫養、塑造、指引孩子解放地成長為大人的預期與反思能力:你所應該要有的能力,你自己應該要有的心態,與你應該如何像個人(Langeveld, 1965)。兒童教育發展的教育學解放興趣並不要孩子「被教育」(educated)到變成像教育他們的成人一樣。成人自己也都受到教育學興趣解放的挑戰,那就是,去看他們自己生活的潛在性,是生活所導向的存有與轉化。

教育學能力不只是在實踐中、在我們與孩子的具體關係、活動與情境之中顯示本身,它也在理論化中,在家長或專業教育學者反思地提到教育學的情境意義中顯示自己。每天教育學的理論化型式經常會發生,當孩子被塞置在床上時,當班級已經解散時,家長與老師發現他們的教育生活得暫緩;當朋友來訪,教師退休或家居生活時,在這些場合,成人會與成人談論「孩子」(kids)——這就是一種世俗的或偶然的教育學理論化的型式。

第 7 章

考慮部分和整體以平衡研究情境脈絡

林月琴 譯

第一節　研究計畫

　　實驗或調查研究計畫經常以勾勒出統計的設計與分析特性，以提出研究問卷、測驗工具等作仔細地規劃（為了得到委員會或贊助基金會的同意）。本書所描述的這種人文科學無法以上述的研究計畫來確切捕捉。準備人文科學研究計畫最好是用敘事的形式來表達，介紹研究問題的性質與重要性，而且以真正的研究文本會像什麼來做示範性的表達。舉例來説，一個人可以提出訪問腳本的範例，將工作區分於邊邊對照的欄框中，提供這個文字稿將如何進行，詮釋可能像什麼樣子，以及基於這些文本能夠製造出什麼寫作形式。研究計畫要能提供基於前置工作所衍生的主題做試探性的討論，也要能夠指出將要研究的學術來源，以及這些來源如何與基本的研究問題相關。既然這一類的研究活動與寫作活動是緊密的糾纏在一起，個人需要顯出真的有這種描述—解釋的寫作能力，而且也能從敘事中產生原始的洞見。

　　有某些具體的研究計畫是很重要的，像：「我正計劃與六個小學生做會話式的訪談，談談他們喜愛的遊戲空間」，「我要陪孩子在他們的遊戲空間裡玩」，「我要問孩子並寫出、畫出他們喜愛的遊戲空間」與「我要為孩子的遊戲環境拍些相片」等等。較不重要的是寫出詳細的研究方法論理由，除非是直到真正的研究完成之後。在人文科學研究中，某種開放是必要的，它允許選擇方向與探索的技術、程序與來源，而這些在研究計畫的外觀上總無法預先看到的。同樣地，相較於在計劃的研究主題上仔細著手討論現象學，只談論一般有關詮釋學或現象學歷史與性質的哲學論文通常較無助於計畫是否被外界的委員會接受。

第二節 人文科學研究的影響
與倫理

　　人類經驗所暗示的任務與挑戰是多樣的。這些任務可能是教育學校兒童，幫助被施加暴力的年輕人，療傷生病的人，給那些悲傷的人心理上的安慰，動員政治上的弱勢者等等。

　　前一章已經強調過，當教育學研究不能與教育學的挑戰聯結時是截掉了它自己的生活，而這些挑戰就存在於人類經驗中來導引教育學研究本身。教育學的研究不能置身於教育學本來就具備的意義的道德價值之外。傾向教育性人文科學研究者至少需要覺察以下幾項：

　　一、研究可能對某些人有特定的影響，因為研究關心他們，而且他們也會對現象學的研究有興趣。他們可能感到不舒服、焦慮、不真實的希望、膚淺、罪惡感、自我懷疑、沒有責任感，但是同時希望、有漸增的覺醒、道德刺激、識見、自由感與某些特定的深思熟慮等等。

　　二、研究方法可能會對執行研究的機構有影響，例如：因為母親、孩子、父親對生產經驗逐漸覺察，健康方面的實務可能因此受到挑戰或有所改變。

　　三、所用的研究方法可能對涉及研究的真正「主體」(subjects)有持久的影響。例如：持續的會話式訪談可能導致新層次的自我覺察，也可能改變生活型態與生活的優先順序。但是如果做得不好，這些方法可能反而導致憤怒、討厭、挫敗、不能容忍、遲鈍等等。

　　四、現象學的計畫與其研究方法通常對研究者本身有轉換的影響。真的，現象學的研究本身通常是深入學習的型式，導致意識的轉化，強調知覺、漸增的深思熟慮與機智等等。

第三節 研究專案的計畫
　　　與情境脈絡

　　在構想和計劃一個人文社會科學研究時，情境脈絡需要清楚地提出，因為情境脈絡在一般應用與接受方法論的程序會有某些特定的限制。實際上來說，研究者需要有創意地找到唯一適合這個特定計畫的取向及程序，以及適合這個個別的研究者。在我們希望去說或寫關於一個孩子，一個特殊的事件，一項具體的練習，一個特殊的人際關係或情境的範圍，如要保持看到基本的研究問題時，我們需要去接近永遠符合情境脈絡的方法。這些研究問題與計畫情境脈絡的顧慮與情況可能與個人的、機構的與實質上的觀點有關。以下的問題有助於考量實際的研究取向：

什麼是人類經驗要研究的對象？

　　這些對象可能與手上唯一適合的主題是很不一樣但卻是必要的方向，例如：探索「孩子喜愛的遊戲空間經驗」(the child's experience of favorite play spaces)，我們可能實際上跟隨孩子並參與他們的遊戲活動。一個小的錄音帶、經常作筆記、相片、繪畫等等，可以提供蒐集重要時刻與事件的劇本與敘述（參看Hart，1979；Bleeker & Mulderij，1978，1984）。在豐富的生活中蒐集這些資料，可拿來與從成人訪談他們孩童時代所喜愛的遊戲空間相對照而更具反思性的再蒐集。有時候個人會被要求得寫出個人對這些經驗的個別描述，而且當然，這些描述從文學或藝術的來源贏得。

　　人類存在的一個非常不同的主題，像「經常威脅的疾病經驗」(the experience of a chronic life-threatening illness) 的研

究可能需要創造一種獨特的方法。歐森(Olson，1986)使用從文學材
料中選取的劇本當成詮釋，藉其涉入疾病經驗引發對話的訪談。為
了要研究並反思病患的經驗，歐森運用《一本日記》；為了反思醫
生的經驗，她使用選錄自卡繆(Camus)的《折磨》；為了探索護士
的經驗，她採用從南丁格爾(Nightingale)的《護理筆記》；為了
反思主教的經驗，她選自托爾斯泰(Tolstoy)《伊芳·依里奇之
死》；而為了從一位近親（患者的母親）的觀點探索疾病的經驗，
她採用了田尼森(Tennyson)的詩《回憶》。其次，她藉由這些文學
劇本與短文進入一位病患、醫師、護士、主教及母親，為了引發他
們能詮釋性地反思他們自身的經驗，並且用這些文學素材當成生病
的有意義素材使他們說出自己的生活經驗。對於這些反思式的訪談
文字稿，研究者同樣要求解釋性的分析，因為要製造對於生病經驗
的人文科學描述。

　其他人類經驗現象可能也需要非常不同的程序方法，舉例來說
，當我們試著要了解「孩童學習困難的經驗」(the experience of
difficulty in the child's learning) 的意義與重要性時，我們
可能跟小學生或高中生談他們選擇性的學習經驗，而且我們可能要
求大一點的孩子用個人書寫來描述他們的經驗。相反地，心智障礙
的孩子就不能參與這種方式。一個人應該擁有敏銳的觀察與互動技
巧去注意，並解釋心智障礙的孩子在世界上的重要時刻、事件（見
Maeda, 1986）。

　一個非常不一樣型式的現象是，「在電腦上寫作的經驗」(the
experience of writing on the computer)可能需要很多程序活動
與方法。巴德森(Baldursson, 1988)用日記記載他個人使用文字處
理器產出不同型式文本的經驗。而且，這個主題似乎要求偵測出自
然說的或寫的文學的反思式哲學材料的意義與重要性，測試專業作
家在長期的寫作過程偏愛藉由打字機或文字處理器的經驗。

　如「孩童生活中冒險的經驗與重要性」(the experience and
significance of risk in the child's life)的現象，可以引導

到幾個可能的方向，且需要不同的研究方法。史密斯(Smith, 1989)
問道，當父母親看到他們的孩子在某些情境中或當他們觀察到自己
的孩子在做遊樂場冒險或做危險的事情時如何經驗冒險？研究問題
會被形構成：「父母親看到冒險時的經驗是什麼？」。當我們覺察到
孩子同樣目睹冒險時，這個問題很快地會變得更複雜，甚至於孩子
注意到他們自己的父母親對於他們經驗冒險和危險的反應。反過來
說，父母親需要有一些這種經驗，所以不可避免地，「目睹冒險」
(seeing risk)的研究假定教育學的自我反思層面。在史密斯的研
究中，當大多數人是我所熟悉的，有時候得做困難的決定，關於要
採取的資料蒐集的取向、選擇訪談及觀察的主體及參與者，記錄訪
談，分析與解釋的組織與傾向，如何從其它來源中點點滴滴統整資
料，如何決定與形成主題，而且如何為了產出仔細「論證」(argued)
的描述來發展文本的（寫作的）練習。

　　另一個聚焦在親職經驗的方法是，提出親職經驗觀點的原始性
問題。柏甘(Bergum, 1986)問道：一個女人如何經驗到成為母親的
過程？或一個男人如何經驗到成為父親的過程？在她「轉換女人成
為母親」(the transforming experience of woman into mother)
的研究中，柏甘跟隨五個女人從她們懷孕到生產的經驗。一連串非
結構性的會話訪談讓她架構了每一個女人的生活故事。而每一個生
活故事可以看到包含轉換女人成為母親經驗的基本主題。那些轉換
的主題是：「決定要有孩子的天性」(The nature of the decision
to have a child)，「懷有並經驗到孩子的存在」(Carrying and
experience the presence of the child)，「生產的疼痛」(The
pain of birthing)，「在心裡與孩子共存」(Living with the
child on one's mind)等等。

所研究經驗的可理解性是什麼？

我們本身所在乎的經驗之可理解性的本性可能與其它直覺上、認知上可以理解的簡單經驗相當不同。通常分享的經驗如：「閱讀一本小說」(reading a novel)、「被評鑑的」(being evaluated)；可能比那些較不普遍的經驗如：「跳降落傘」(parachute jumping)、「攀岩」(rock climbing)，或是屬於一些特定的生活情況如：「生產疼痛」(birthing pain)、「老年遺忘」(old age forgetfulness)等等更加容易達到與理解。因為我們大多數人都讀過小說，而即時的人際經驗領域會被移為探索並適當描述「閱讀經驗」(the reading experience)。然而，在「生產疼痛經驗」(the experience of birthing pain)的案例中，50%的人按自然的定義是不能個別恰當地解釋這些經驗的。蒐集有關生產疼痛經驗的訪談資料的目的，研究者顯然較掬限於受訪者的配合及訪談的時效性等等。

研究者要進入的經驗情境是什麼？

人文科學研究的挑戰是經驗情境可能相當不同，因此可能被誤導使用一個研究為另一個研究環境的應用模式。研究現象發生的情境可能不同於某個特殊的學校教室、遊戲場、家、醫院、專業職場、青年中心等等，例如，藉由醫院，病患、護士、醫生、技師等人的經驗情境可能也是相當不同的。

這些問題在人文科學研究的複雜情境中可以有線索，但是重要的是要提醒一些基本的東西：人文科學研究就是活過的人類經驗的研究。人文科學研究者問道：這種生活經驗像什麼？這個經驗的意義和重要性何在？貫串本書教育學的觀點經常被用來做為範例式地探索親職與教職現象的意義，方法論上重要的是保留在心裡對基本研究問題的優先性。上述的例子對本書的作者我而言是：教育學的經驗是什麼？親職與教職現象的意義與重要性是什麼？這是一個相

當廣泛、相當大的問題，值得畢生的時間去做。

要使每個研究更加可以管理，讓一個人的焦點變窄到一個可以指認與管理的主題或問題經常是有幫助的。事實上，教育學的現象學研究有必要使一個人涉入到某些親職或教職等等的特定層面（類別）。例如：一個人可能會疑惑父母親與其他成人是如何不一樣地看待孩子？父母看見一個孩子的經驗是什麼？親職希望的經驗是什麼？父母的希望與老師對其孩子的希望又如何不同？什麼是教育學責任感經驗的本性？（例如參見van Manen, 1986）。

因此，任何一個特定研究計畫的目的，是要好好地定義並聚焦在個人題目的選擇上，否則個人會很快失去其問題純然的廣度與深度。

第四節　致力於文本

傳統上，社會與行為科學的研究是在某個特定的文本模式中發表，在此我們不需要贅述。現象學的人文科學也是產生一些「發表」(presenting)研究的組型。然而，跟隨著這種發表模式的研究已不全然是最有趣或最有遠見的。一些質性研究所包含的幾乎僅止於無休止的再製與文字稿的片段，外表上研究者已經決定「讓資料自己說」(to let the data speak for themselves)。本書的取向一直是研究過程本身實際上不能與寫作的過程分離，因此幾乎僅做發表與組織文字稿的研究已陷入缺少解釋與敘事的任務。

然而，仔細地想想研究的架構或型式會有幫助，即使這個決定性型式的架構只是產生於個人在工作上有文本的進度。有時候因為

沒有研究設計或藍圖可追隨，研究者不確定要採用那個方向，這種挫折的感覺會阻礙工作的效果，而這個狀況正像作者有時經驗到寫作的阻礙情況一般。要把這種困難的情形除掉得在心裡試著保持個人研究中部分－整體的關係。當或許不可能用一固定的大綱或內容表格來預期一個人的研究時，應該可以用個人所陳述的基本的問題或想法，從事廣角架構取向的整體感，可將這個取向與畫家在準備油畫所保留的想像空間作比較。

雖然沒有強制的理由，沒有任何特殊的方法去建構現象學的研究，但用與現象學本身基本架構有關的方式來組織寫作應該是有幫助的，當然用「組織個人的寫作」(organizing one's writing)，我們不僅僅只是以表面的文本順序與編排來關心我們自己而已；而是，我們找尋一種組織型式與文本有機的整體感，與研究取向所強調的方法是一致的。這裡接著有一些可以用來架構研究的方法：

主題式地 (Thematically)

首先，我們可能採用漸漸成形的主題作為研究寫作的指引。換句話說，整個研究，或者至少是研究的主體是被切割為章、節或段落，以此詳細說明所研究現象的基本層面。每一節的標題清楚說出那個標題所描述的主題，而且，當然複雜的現象會被進一步區分於次主題內。例如：從研究範例各節中的一些基本主題，個人在描述親職的生活經驗時可能繞著底下這些主題來組織其寫作：

- 懷有孩子
- 為孩子的世界預備為一個生活與成長的地方
- 滿懷希望地與孩子共同生活
- 行使親職的責任

‧需要機智圓融地對待孩子

　　這些主題雖不是窮盡親職的現象，但是他們提供一個系統性的探查。

　　人文科學是人類經驗的一種系統性的研究，但有時候難於堅持一個主題並有系統地探索其意義的層面。個人必須抗拒採取一下子戳這個意義，一下子戳那個意義，然後又盲目前進到另一個主題的誘惑，那會生產出缺乏整體架構的描述。每一個現象的描述都要有某種強制的質感，如果用主題來組織寫作，那麼挑戰將變成如何有系統地看待對些主題，即使一個主題永遠暗示著其它主題的意義層面。舉例來說，如果想要系統地追隨教育學關於機智的主題，底下的問題與組織可能就會產生（見van Manen，1988）：

機智的面向是什麼？
每天生活中的機智有其自我驗證性。
要機智就是要「觸動」（touch）某些人。
機智無法被設計，是不能規劃的。
機智被知覺能力所監控。
機智支配著實踐。

教育學的智慧如何顯示它本身？
機智以開放於孩子的經驗來表現自己。
機智以協調於主觀性來表現自己。
機智以隱微的影響來表現自己。
機智以自制來表現自己。
機智以情境式的信心來表現自己。
機智以即興的天分來表現自己。

教育學的機智能做什麼？
機智保留一個孩子的空間。
機智拯救脆弱。
機智避免受傷或傷害。
機智治癒破損（使完整）。
機智強化優點。
機智加強獨特性。
機智倡導個人的成長與學習。

教育學的機智如何實現它所能做的？
機智經由演說調節。
機智經由沉默促成。
機智經由眼睛傳達。
機智經由姿勢傳遞。
機智經由氣氛轉交。
機智經由範例協調。

機智在教學上的重要性是什麼？
機智對突發的情境給予新穎且獨特的形塑。
機智將偶發事件轉換成重要事件。
機智的接觸給孩子留下深刻印象。

　　伊凡(Evans，1989)訪談學校校長以檢視學校行政人員每天例行
生活裡的趣聞佚事、問題與發生的事情，這些可能被視為教育行政
的敘事式（實務上）的定義。如同第六章所說的，教育人員所說的
故事可視為行動上的推薦。在我們的理論化中，把生活帶入演說中
，我們的態度是在推薦某種站在世界的方式，因此，要公正地看待

某人的「理論」(theory)，我們需要將此理論視為它意圖的一種
強烈視野(Blum & McHugh, 1984)。當一所學校的校長正在說有關
於他／她處理學生、老師或者家長的故事時，他／她是在有效地
說：「這就是校長的生活」、「這就是一個校長如何去行動的方式」。
因此伊凡的研究牽涉到行政人員所述說的每天故事之強而有力的閱
讀性，以試著要使故事更強勁。他發現趣聞佚事成為強而有力的閱
讀性，能揭發各種不同的主題，說明重新儲存教育行政裡的教育學
的或教育的基石。

分析式地(Analytically)

　　另一種選擇是，可以一種更廣為搜尋基本的分析方式來從事自
己的寫作，這一種取向可以採用追隨本書中所討論的方法活動為形
，例如：假設研究牽涉到與某些人深度的會話式訪談，那麼這些訪
談可能會被重新運作進入*再建構的生活故事*中，或是這些會話可能
按趣聞佚事來分析，或者可能用訪談中所描述的事件來架構故事性
的*矛盾理由*所帶出在具體情境中所看到或行動的相反方式。在重新
建構生活故事或挑選趣聞佚事，個人要仔細包含只有那些例示或強
調的主題，而且這個主題以在此研究中可以成為有意義理解的現象
成為詮釋的工具。研究的下一個主要部分可能採取有系統檢測各種
不同的主題，那些每一個敘述的（重構生活故事、趣聞佚事、反思
性的反應，詮釋性地閱讀等）或是一組敘述所顯現的。
　　另一個取向是以對某個特殊生活情況或甚至從日常生活中取材
，而用異於平常的描述作為開頭，因此顯出一個決定的研究問題本
質上是否叫人迷惑並且有深度。接下來的任務是緊接著實際生活情
境中發生問題的幾個值得調查的問題。
　　第三個分析取向是以描述目前一般社會科學如何讓一些特定的
現象有意義開始。其目的在顯示經驗是如何被傳統的社會科學所誤

解，又如何被視為理所當然，或通常接受被帶上面具的概念化，而非顯露對某個特定主題的本質有更深思熟慮的理解（看「解釋假定與先前理解」(Explicating Assumptions and Pre-understandings)一節，頁56-60）。再來，一個人可以反思地顯示出某些主題如何考慮從字源學的與片語的來源產生，或是從檢測經驗的描述、文學與現象學素材等等。

範例式地(Exemplificatively)

　　另一種進行現象學寫作的方法是，將現象的基本性質變成可看見的描述開始，然後系統地分類例子來填充最初的描述。舉例來說，在說明親職現象的重要架構之後，可以執行這個描述是如何設想以親職的各種不同型式來例示：
- 成為領養的父母親
- 成為一個繼母或繼父
- 教養低能的孩子
- 成為一個年輕的或年老的父母親
- 成為一個單親或離婚父母親
- 成為一個失去孩子的父母親，等等

每一類別均可能引發一些親職性質的基本觀點。

訓詁式地(Exegetically)

　　第四，現象學描述的組織方式，可參照其它現象學作者的思考，即跟著這個領域的傳統，並藉由對話或訓詁的方式放入個人的寫作。這個取向經常在現象學主題的古典式討論中被採用。例如：理查‧簡納(Richard Zaner)的《賦予肉體的問題》(*Problem of*

*Embodiment, 1964)*就是在章節中環繞著沙特(Jean-Pul Sartre)、馬叟(Gabriel Marcel)、梅洛-龐蒂(Maurice Merleau-Ponty, M.)等人主體現象學的寫作來組織。

在父職現象的例子中,可以直接從其它人的作品開始敘述,例如:馬叟(Marcel, 1978)與蘭奇弗列德(Langeveld, 1987)看父職本質的主要部分是「信條」(vow)與「主動宣稱的責任」(the active declaration of responsibility)。訓詁式的取向是首先導向自己,或主要是組織可用的現象學的人文科學文學,以形成對那些作者已經指出並討論的文本與結構性的主題加以討論。訓詁式的取向對待其它作者的作品如同未完成的會話草稿,需要強而有力的閱讀(Blum & McHugh, 1984)以克服那些文本的限制。因此這種組織一個人的作品方式有確定的詮釋品質。不應該誤認訓詁式取向的研究寫作是「簡單」(simple)的太師椅哲學。當將他/她本身置於學術性的人文科學傳統時,研究者需要帶出他/她個人生活經驗反思的過程,以及本書所討論過的其它可能的經驗來源與素材。

存在式地(Existentially)

第五種執行現象學寫作的方法是編織個人的現象學的描述,去對抗暫時性的存有(存活的時間)、空間(存活的空間)、軀體(存活的身體)、社會性(與別人的存活關係)(看「詮釋現象學的反思」(Hermeneutic Phenomenological Reflection)一章,頁95-134)。在我們以例子顯示的案例中,親職意義的問題可能建構現象學繞著父母親如何與非父母親的人不同地經驗時間問題的描述,父母親如何與非父母親不同地經驗空間或地方,人們如何賦予親職的經驗,父母親如何經驗他們與其配偶等等對孩子的教育學關係。

許多不同的學者（例如看Bergum, 1986）已經在原始的、有趣的人文科學現象中使用上述四個存在當成解釋的指引。然而，這裡藉由其它任一個我們前面討論過的取向，我們必須防範抗拒嘗試追隨任何無心的、奴化的、或機械方式的建議。以強烈的、原始的而有思慮的方式引導研究主題的慾望，才能使作品生動有聲。

創造一個取向

以上對於組織現象學文本化的寫作的五個建議，主題式地、分析式地、範例式地、訓詁式地，或存在式地，既不完全也不相互排除。可以採用結合以上的取向，或是創造一些不一樣的組織。一個人應該是有心的，然而，現象學研究所採用的文本取向大多取決於被研究現象的性質，以及適切的調查方法。

人文科學研究如同一項原始的活動，沒有系統的論證，沒有我們必須遵從以達到結論、通則、或事實敘述的命題序列，因為那將視寫作本身為技術方法。對於效度的宣稱就像以品德本身為一種方法證明真理，滿意於特定的步驟或階段。以教育學引導人文科學理論化就是嘗試達到教育學的理解，是超越語言可描述的。如果文本的研究與理論化的發現想藉由語言來表達，這種無可言喻的祕密藉由以教育學的方式與孩子相處來表達，這使我們確知使事情變得可能的基礎。

教育學的人文科學取向不同於其它研究的方法，在於它並非提供一種「新的」（new）知識論，或者一種另類選擇的研究方法論，使兒童與教育學的主題以某種方式形成問題。而是，詮釋現象學的人文科學態度提醒我們，兒童對我們而言，已經或相當具教育學的考量，並優先於任何知識論的選擇重點。因此，教育的詮釋現象學人文科學不僅僅是一種教育學研究的「取向」（approach）（與其它取向為伍）而已；也就是說，現象學不只是製造教育現象的「另

類」(alternative)解釋或描述而已，它更深的意義是，人文科
學幫助我們立基於反思式的發現，並提供我們從教育學關心孩子
的可能性。

語彙(Glossary)

　　本語彙的目的不僅是要說明本書中的一些技術上的專有名詞與片語，也要強調一些普通概念與常用片語，以使讀者可以面對人文科學的來源。

真理 (Aletheia)

　　*Aletheia*是早期希臘對於「真理(truth)」的專有名詞。在人文科學裡，真理較被看成是某事物必須揭露或顯示自身到毫無隱瞞。前蘇格拉底學派(pre-socratic)哲學家赫利克里托斯(Herakleitos)說：「天性喜愛隱藏」(Nature loves to hide)(Herakleitos & Diogenes, 1979, p. 14)。這個真理的觀念相對於以符合某些真實世界的事件狀態的命題之實證性的真理概念。

存有 (Being)

　　存有是海德格(Heidegger, 1962)詮釋現象學中最普遍的概念。存有不是在描述一個整體或極致的基礎，而是可被視為如海德格在本體論分析的基礎術語。「存有永遠都是實體的存有(Being is always the Being of entity.)」（頁29），因此要求某物的存有就是要了解那個現象的性質或意義。換句話說，「存有」是人文科學研究過程本身的一個基礎性術語。

在世存有 (Being-in-the-World)

　　是海德格派(Heideggerian)的一個片語，參考自人類生存、行動，或涉入世界的方法，例如：身為父母親、教師、男人、女人，或是孩子。

放入括弧 (bracketing)

放入括弧（看「還原」(reduction) 一詞）在描述一種行動，
是懷疑個人在自然世界的實體性之各種不同的信仰，以研究世界的
基本結構。「放入括弧」一詞是借自現象學之父胡塞爾(Husserl)
的數學，他本身是一位數學家。

肉體 (corporeality)

參考生活形體(lived body)或賦予肉體(embodiment)的觀念（
參見「詮釋現象學的反思(Hermeneutic Phenomenological Reflection)
」一章，pp. 95-134）。

批判理論 (critical theory)

批判理論現在時常被稱為是法蘭克福的社會學院(Institut fur
Socialforschung)過去的代表性成就（經常被稱為法蘭克福學派
[Frankfurt School]），尤其是藉著哈伯瑪斯(Jürgen Habermas)的
作品(Arato and Gebhardt, 1978)。批判理論聲稱它自己與馬克思
(Marxist)的傳奇嘗試打造一個哲學辯證的綜合體與一個科學理解的
社會。這個綜合體的一些特徵如：(1)訴求一個更寬廣的理性觀念，
(2)堅持所有形式的支配權，(3)傾向論辯式的實踐，(4)聚焦於解放
的概念。在其「知識與人類興趣(*Knowledge and Human Interests*
)」一書中，哈伯瑪斯(1971)已經區分出三種有關認知興趣的知識形
式：科技的(technical)、實用的(practical)、與解放式的
(emancipatory)。任何一種知識興趣都被視為是根基於原始的人類
活動：工作、符號互動以及權力。

哈伯瑪斯以科技興趣所指稱的是實證分析科學(empirical
analytic sciences)，實用興趣被視為結合在詮釋學(hermeneutics)
或人文科學(human sciences)中，而解放性的興趣則以批判取向的
科學來顯示。哈伯瑪斯因此將現代實證分析社會科學放在一個比較

有限的影響位置。而對現代社會的批判成為工具性理由的批判，被視為統治支配的社會科學，需經由社會來理解它自己，並藉由合法化解放被壓迫的經濟、政治、與社會實踐。

在教育裡，有一個批判理論的研究會直搗提升批判意識的目的，而且奮力要破壞那些複製壓迫意識型態與社會不平等的機關結構與安排，因為那些迫害與不平等是藉由這些社會結構意識型態來維持且製造的。

存在 (Dasein)

是海德格的一個術語，參考我們人性的實體或層面，它能夠懷疑其本身的存在與探究自身的存有(Heidegger, 1962)。

生命經驗 (Erfahrung)

*Erfahrung*是德文的「生命經驗」(life experience)，也是一個比較通用的術語。舉例來說，我們可以說一個人在生活中有許多的經驗(*Erfahrungen*)。生命經驗(*Lebenserfahrungen*)比生活經驗(*Erlebnisse*)更有涵蓋性的。生命經驗是我們可能從生活經驗中所理解、感受到的累積（看第二章，pp. 43-48）。嘉達美(Gadamer, 1975)顯示出這個特定的*Erfahrungen*，例如在審美的真理經驗的案例中，對我們的存有可以有轉換的效果。而因此當說到一個人的成熟智慧時，我們可以提及他／她是一個「有經驗的人」(experienced person)，就如同是生活累積經驗的結果，*Erfahrungen*。

生活經驗 (Erlebnis)

Erlebnis是德文的生活經驗—我們活過的經驗、並認知到那是一個特殊的經驗形式（參見「轉向生活經驗的天性」(Turning to the Nature of Lived Experience)一章，pp. 43-48）。狄爾泰(Dilthey, 1985)用這個術語來顯示經驗有某種意義的組型與特定的

實體。從我們的語言可以看出一個極大的語言地圖來說出人類生活經驗的可能性。

本質（essence）

「essence」這個專有名詞是源自希臘文ousia，意謂某物內在基本的性質，是某物的真正存有。拉丁文essentia，從esse意謂「成為」(to be)。本質是事物使它成為它自己（而沒有了它就不成為它自己），使某物成為它自己勝於它的存有或成為其它的某物。在柏拉圖的想法中，本質是抓住某物真正性質的東西，任何特殊的事例只是不完美的例子或模仿。Eidos是柏拉圖就觀念(Idea)或形式(Form)的另一個可以選擇的名詞，是胡塞爾(1961)用來指稱普遍性的本質。亞里斯多德(Aristotle, 1941)提到的本質觀念是某事物成為它自己本身最後完成的狀態，即該事物的基本性質（內在的原則）。在胡塞爾的著作(1913/82)中，「essence」經常比照物體的「什麼(*whatness*)」，而非他們的「那個」(*thatness*)(例如，他們的存在)。有些現象學者區分*Grundwesen*（基本或基礎的本質）與*empirisches Wesen*（實證的本質）。在此胡塞爾派的區別是，基本本質或理想的本質都可通向現象學的直覺。例如：真實「教師」的實證本質是所有他們不可避免的特質與不勝任，這就是教師的基本或理想的本質，就像每一個真正的教師所傾向的本質。

俗民誌（ethnography）

俗民誌研究每天經驗所知覺到的文化共享與常識。俗民誌的任務在描述一個特定的文化(ethnos)，例如：一個市區初中教室的生活型式，在某個特定學校系統裡的學校行政人員文化，一個特殊的托兒(day-care)環境，或者某個醫院的病房等等。俗民誌學者採用報導人或參與觀察的取向來研究文化的「場景」(scenes)或文化情境。他們會問：「人們在這裡做什麼？是什麼人在這裡？」社會情境被看成是人類以特殊方式重覆互動的場所（職員辦公室、置物櫃

間、圖書館書桌、校長室等等），人們保留某些特定知識的團體，做事的方式，與屬於那些地方的知覺。所以俗民誌學者想要了解一個特定團體的成員必須知道什麼，以合宜地表現得像是那個團體的成員。一個「好的」(good)俗民誌應該是，如果這個人已能內化這個特定情境的文化特徵，則一個非其文化成員就可以如同一個內部的人來描述這個文化實體。在特定的範圍內，俗民誌學者對於歸類或將俗民誌的記事加以分類的文化知覺會有興趣，因此，個人經驗活過或存在的品質會被文化、社會或場景的焦點所犧牲。

深厚的描述可能被視為俗民誌研究的方法論分支，而「深厚的描述」(thick description)是從人類學家梅林諾斯基(Malinowski)的作品所借用，也被濟慈(Geertz, 1973)用得風行起來。俗民誌研究的目的在做深厚描述，它傾向提供緣由，不只是以與他們有關的報導人來提出與組織故事，而且也要探索社會團體成員可能無法確知或確認的深層意義結構。換句話說，深厚的描述比主流的俗民誌工作更具解釋性與分析性的。

俗民方法論 (ethnomethodology)

俗民方法論是研究人們用來完成或架構某個客體或社會實體感受的「方法」(methods)。目的是要闡釋理所當然或視而不見的「規則」(rules)是如何立基於社會行動者每天的溝通與互動對話之中。咖凡寇(Garfinkel, 1967)鑄造俗民方法論的觀念是從舒茲(Schutz, 1973)的現象社會學取得一些觀念，而將他們與某些結構論者的旨趣與語言學（語意學的）取向相連結。俗民方法論者顯示出人們是如何製造出實際社會世界的常識實體，然後如同自己的產品去加以經驗。舉例來說，米漢(Mehan, 1974)顯示對孩子這一部分的解釋技巧是如何地重要，但卻沒認知到對於教室功課的正規品行的必要性。俗民方法論者可能顯出教師是如何「不自覺地」(unknowingly)對其學生制訂了某些規範性的要求，不懷疑地假定部分學生的某些溝通能力，如：發問、講述、測驗、閱讀與成就測驗，而將其用在

標準的教室程序中。例如：有時候層級老練的學生可能顯出當他們需要去處理一個遠比測驗材料難的正規測驗情境時，他們就有可能「失敗」(failing)。

俗民方法論的中心主題是將實際行動的合理性視為進行中的實際成就。將焦點放在社會情境中去構築人們的活動、背景的期望與「規則使用」(rule use)或「成員的方法」(members' methods)，以使得這些社會的結構性活動「在所有實用的目的下，顯見其合理與可轉述性」。

柏拉姆(Blum)與馬克休(McHugh)所形成的(McHugh, et al., 1974) 分析理論(Analytic theory)，對描述（報告）並沒有興趣，如俗民誌與俗民方法論，其興趣是在分析（陳示）。分析理論是一個激進的、較無實證論的俗民方法論。分析理論學者感覺並無強制的需要去做實徵資料的蒐集或觀察描述（例如：使用錄影帶或錄音帶來分析），他們辯稱，生活主題的分析在我們自己的言說中就已準備好了，分析理論學者用合作式的分析方法去提醒會話夥伴，他／她必須忘記以便於說（或寫）。要做關心主題的研究（如孩子的玩具、特殊教育、父職等），理論家以一個問題有系統性地陳述他／她的興趣，然後用這個問題（而且直接或間接地與那些已經對這個問題發展出一個取向的人）來發展一個蘇格拉底的對話。在分析取向中，早期有希臘的（新柏拉圖的，neo-Platonic）與海德格學派(Heideggerian)的因素(Blum, 1978)。理論家興趣於探究他／她自己的反映性的特色。理論化意謂著使個體傾向於將可能性置於首要位置，因此，理論化是一種道德教育：理論家必須顯示出任何一個理論化的過程如何將它本身導向善的示範，而且是理論化的善。

詮釋學 (hermeneutics)

詮釋學是解釋的理論與實務。這個字起源於希臘的神，赫米斯(Hermes)，他的任務就是要將宙斯(Zeus)與其他諸神的溝通訊息傳

遞給一般人。史萊爾瑪赫(Schleiermacher, 1977)說，當可能有誤解時，詮釋學是必要的。他以理論或解釋的「技術」(technology)開啓詮釋學的觀念，尤其是尊重神聖的（聖經的）研究與古典的文本。史萊爾瑪赫的學程是批判性的（當掙扎於誤解中時）與浪漫的（在想要恢復一個作者思考的特殊性，或是活潑的天份或觀點時）。他的目標也同樣在了解一個作者，或甚至於比他／她了解自己還要好。

狄爾泰(Dilthey, 1985)所強調的不是對別人的基本想法，而是從作者的文本—「生活經驗」(lived experience)所表達出來的世界本身。他的詮釋學公式就是生活經驗：是人文科學開始的重點與焦點；表達：文本或表象是客觀化的生活經驗；以及了解：不是認知的行為，而是「生命了解它自己」(life understands itself)的那一刻。

海德格轉為更激進地將了解的觀點加以去心理化(Heidegger, 1962)，對海德格而言，詮釋學的了解這觀點，目標不在再次經驗別人的經驗，而是在捕捉個人以某種方式存在世界上的可能性。要解釋文本是要了解存有被文本顯露出來的可能性，海德格的詮釋學已經被描述為解釋的現象學。

嘉達美(Gadamer, 1975)補充道，解釋文本時，我們不能將自己從文本的意義中分開。讀者是屬於他／她在閱讀的文本，了解永遠是一種解釋，而解釋永遠是特殊的應用。對嘉達美而言，了解的問題牽涉解釋性的對話，包括從傳統中發現自己。文本從不同的傳統或會話關係傳給我們，可能會被解為對問題而言有可能的答案。而嘉達美說，要進行一個會話，意指允許自己藉由問題或觀點活潑起來，以便面對會話關係中的夥伴。

赫胥(Hirsch, 1967)提供了一個詮釋學更實證性的說明，對他而言，解釋的目標在重新建構作者意圖的意義。了解是讀者與作者對話的過程，而赫胥論證任何一個特定的文本解釋效度，都隨著知道關於這個寫作的人而增加。

李克爾(Ricoeur, 1976)把文本性的觀點擴大到任何人類的行為或情境。要解釋一個社會情境是要對待這個情境像一個文本，然後找尋可能掌控文本的隱喻。李克爾回應海德格與嘉達美，從本體論（以一種存有的模式了解）回到詮釋學，到知識論的問題（被了解為人文科學方法）。舉例來說，李克爾試著要清楚地說出說明與了解隔閡與參與的問題在方法論上的關係。

詮釋現象學 (hermeneutic phenomenology)

詮釋現象學嘗試要留意其方法論上的兩個名詞：它是描述性的（descriptive）（現象學的）方法論，因為它想關注事情是如何顯現出來的，它也要讓事情自己說出來；它是解釋性的（interpretive）（詮釋學的）方法論，因為它聲稱沒有無法解釋的現象。如果一個人承認生活經驗的（現象學的）事實(facts)，總已經是有意義地（詮釋學上）經驗，則隱含的矛盾是可能被解決的；更進一步，即使生活經驗的「事實」(facts)需要用語言（人文科學的文本）去捕捉，這不可避免的就是解釋的過程。

人文科學 (human science)

「人文科學」(human science)是集合各式各樣研究取向的名字，這個名詞是由狄爾泰(Wilhelm Dilthey)的 *Geisteswissenschaften* 想法所產生。狄爾泰(1987)認為人的（心智的、社會的、歷史的）現象與自然的（物理的、化學的、行為的）現象不同，人的現象需要解釋與理解，然而自然科學大部分涉及外在的觀察與說明。狄爾泰說，「我們說明自然；至於人，我們必須了解」。狄爾泰要為人文科學尋求發展詮釋學的方法論基礎，依據他的說法，我們可以再建構或重新製造從生活中人類的努力、工作及創造力的意義所發現的產品，來捕捉生活經驗的整體。

詮釋學與現象學被視為牽涉到所有人文與社會科學的領域，去解釋並有意義表達人類在社會、歷史與政治背景裡主動的內在、認

知、與精神生活。換個不同的說法,人文科學是意義的研究:組型、結構、經驗層次和(或)文本意義的描述性—解釋性(descriptiveinterpretive)研究。人文科學研究闡釋意義的活動,在這個觀點上,所有人文科學的基礎研究取向較接近人文與哲學的批判詮釋性的合理性,較少實證分析或行為認知科學的實證合理性。這說明了人文科學家例如:柏拉圖(Plato, 1961)、亞里斯多德(Aristotle, 1941)、聖奧古斯丁(St. Augustine, 1960)、康德(Kant, 1964)、黑格爾(Hegel, 1971)、齊克果(Kierkegaar, 1983)、與尼采(Nietzsche, 1962)等人哲學思考的興趣。對於人文科學的特殊興趣是更明確地傾向現象學的哲學家,如胡塞爾(Husserl, 1913/82)、謝勒(Scheler, 1970)、馬叟(Marcel, 1950)、沙特(Satre, 1956)、來布南斯(Levinas, 1981)、弗寇特(Foucault, 1977)、李克爾(Ricoeur, 1981)、艾迪(Edie, 1965)、加斯杜夫(Gusdorf, 1965)、史翠塞(Strasser, 1985)、璦德(Ihde, 1979)等等。

在教育裡,各種不同的人文科學取向都被實際用在以下領域的研究中,包括課程、教學、行政、心理學、政策研究、教育社會學與教育哲學、諮商、治療、師資教育、護理教育等等。

意向性 (Intentionality)

「意向性」(intentionality)是指人類對世界無法分離的聯結,布蘭迪諾(Brentano)與稍後的胡塞爾認為意識的基本架構是有意向的(Spiegelberg,1982),而且每一個意識經驗都是兩極的:客體顯現自身給主體或自我。這意謂著所有的思考(想像、知覺、記憶等等)總是在思考某件事。行動也一樣:抓是抓住某物,聽是聽到某物,指是指向某物。所有人類的活動總是導向(oriented)活動,直指導向它的活動。在這個方向上,我們發現一個人的世界或領土。

我們並不反射性地意識到我們與世界的意向關係,意向性僅僅是對意識有效的回顧,或者像是梅洛-龐蒂(Merleau-Ponty, 1964a, pp. 43-95)所說的,世界以早已成形與已經「在那兒」展現給我

們。「當」反思經驗（甚至於這個經驗本身是一個反思的動作）時就不可能同時經驗到某事。舉例來說，當我們經驗生氣並試著要分析它時，生氣的經驗就消散了。當意向性對動作是特定的，我們可能會說到「特定的意向性(specific intentionality)」，而且可參照此時此刻的思考與行動方式；當我們被以特定的方式指引到世界時，我們可能會提到「一般的意向性(general intentionality)」。而特定的方式就是我們選擇並發現自己被引見到世界上的方式，如：男人、女人、小孩、母親、父親、教師或作者等等。

生活世界 (lifeworld)

生活世界(Lebenswelt)的觀點，如同生活經驗的世界，都是出自胡塞爾最後大量以後幽默式(posthumously)出版的書《歐洲科學與先驗現象學危機》(The Crisis of European Sciences and Transcendental Phenomenology)(1970a)。他描述生活世界為「立即經驗的世界」(world of immediate experience)，這個世界是「已經在那裡」(already there)，「已經給予的」(pregiven)；這個世界是「自然的、原始的態度」(natural,primordial attitude)所經驗到的；那是「最初的自然生活」(original natural life)(pp. 103-186)。胡塞爾為下列兩者作出批判性、歷史性與現象學的區別：(1)我們對生活的理論性態度是借自希臘，(2)我們對生活自然的前理論態度是所有理論化的根基，也是所有理論化產生的源頭。胡塞爾使用「自然的」(natural)這個名詞，因為它是最初的、天真的、優先於批判的或理論的反思。

理論的態度是西方從希臘借到的智慧與科學文化，它必須被認知為一種新的（歷史的說法）、清晰明白的生活型態。相反地，生活世界的自然態度總是「實用的」(pragmatic)，總是直指世界「導向這個或那個，被導以目的或手段，相關或不相關，私人或公眾，導向什麼是每天必要的或強迫接受的新事物」(Husserl 1970a, p.281)。柏拉圖與亞里斯多德將這種想知道（哲學）的原始慾望歸

因到就是好奇事物存在的方式。但是當好奇成為每天生活的自然事件時,現代的理論態度傾向於使我們成為這個世界上非參與的旁觀者(spectator)或調查者。而且更重要地(或諷刺地),現代科學的理論態度經常沈默或扼殺我們的好奇感-梅洛-龐蒂(Merleau-Ponty, 1962, pp. vii-xxi)形容這種好奇是要求一種特定的警覺性,是某種捕捉這個世界意義的專注與意志。

　　根據胡塞爾(1970a)的說法,每一個生活世界總顯出並瀰漫某些需要研究的架構或型態,舒茲和拉克曼(Schutz & Luckmann, 1973)在其「生活世界的結構(*Structures of the Life-world*)」一書中以社會學取向詳細描述此觀念。而海德格(1962)給生活世界觀念架構一個更世界性的、存在的推力,他論及現象學為存有的研究,是我們存有的模式或在世存有的方式研究。維根斯坦(Wittgenstein, 1982)的「生活形式」(form of life)與「語言遊戲」(language games)觀念可以用一個對生活世界觀念更語言取向來加以理解,而最近與現象學相關的計畫方案似乎也同樣轉向更語意學的方向。

生活意義 (lived meaning)

　　生活意義言及一個人經驗並理解他或她的世界為真實而有意義的方式,描述當人身在其中去經驗一種情境的某些層面。舉例來說,老師想要了解孩子如何有意義地經驗或生活於某種特定情況,雖然這個孩子並不明確地警覺到這些生活意義。

純粹理性 (noema)

　　Noema(noematic)代表我們導向自己的立場,它是參考純粹理性的認識作用(noesis)的客體,是純粹理性的(noetic)行動。

純粹理性的認識作用 (noesis)

　　*Noesis*是直指一個意向性客體的解釋性活動,是純粹理性(或

純粹理性的客體）。

本體的（ontic）

本體的探究是關心事物或世界的實體。

本體論的（ontological）

本體論的探究關心它所謂的「成為」(to be)，以及事物或實體的存在。海德格(1962)稱本體論是存有的現象學。

現象學（phenomenology）

現象學是現象的科學。哲學家康德(Kant)僅僅使用這個名詞來區別客體與事件（現象）的研究，當客體或事件以它們自己(noumena)呈現時，它們便出現在我們的經驗中(1964，第三章)。在《精神現象學》(Phenomenology of the Spirit)一書中，黑格爾(Hegel,1977)有系統地以科學來陳述現象學，藉此使我們知道心靈就在它自身之內，經由這些所顯現給我們的方式來加以研究。然而，藉由胡塞爾的現象學而成為一種描述性的方法以及人文科學運動，將哲學的與人文科學的想法定為反思模式的核心。

胡塞爾的現象學是致力於描述世界如何組成並經驗有意識活動的一種學科。他的片語Zeu den Sachen同時意謂「到達事物本身」(to the things themselves)及「讓我們處理所在乎的事件」(let's get down to what matters)。現象學要描述即時的經驗所帶給我們的是什麼，而未被先前的知覺或理論想法所阻礙。胡塞爾進一步到先驗的現象學，但在他最後的主要作品《歐洲科學與先驗現象學的危機》(The Crisis of European Sciences and Transcendental Phenomenology)中，胡塞爾(1970a)形成Lebenswelt的觀念，生活世界－我們以自然地、視為理所當然的態度生活在其中的每天生活的世界。生活世界的觀念已然成為實用地發展一個更存在取向的現象學。存在現象學（不要與存在主義論的生活哲學混淆）目的在描述

現象如何在生活經驗及人類存在中呈現它們自己。因此海德格(1962)的現象學是本體論的，一種研究人類「在世存有」(being in the world)的模式。海德格公開承認目的在讓世界的事物為它們自己說話，他問道：什麼是此存有的天性（存有）？什麼讓此存有成為它現狀？

　　現象學與各式各樣的人文科學取向不同，像是俗民論(ethnography)、符號互動論(symbolic interactionism)與俗民方法論(ethnomethodology)，現象學對形體(appearance)和本質(essence)做了區分。梅洛-龐蒂(Merleau-Ponty, 1962, pp. vii)說：「現象學是本質的研究」。這表示現象學總是在問什麼是某物的天性或意義的問題。在他的《知覺現象學》 (Phenomenology of Perception)(1962)一書的「前言」(Preface)中，梅洛-龐蒂指出現象學的工作就像柏札克（Balzac）、普洛斯特（Proust）、席展（Cézanne）等藝術家一樣的辛苦。現象學要求我們在碰到立即的經驗時，再次學著去看這個世界。它要求我們「當意義存有時，要有同樣警覺性的要求，與捕捉世界意義的意志」(p. xxi)。換句話說，現象學不製造實證的或理論的觀察或理由；而是提供經驗的空間、時間與我們依存的人類關係。在各式各樣的學科中，現象學已經動員要製造一個現象社會學(Schutz, 1972)，現象心理治療或精神病學（van den Berg, 1972），現象心理學(Merleau-Ponty, 1962；Giorgi, 1970)等等。在教育上，現象學的教育學特別多產，例如荷蘭的蘭奇弗列德(Langeveld, 1965)、包諾(Bollnow, 1970)、畢慈(Beets, 1952)、畢克曼(Beekman, 1975)，還有更多教育哲學取向的作品，如北美的葛林(Greene, 1978)、文登柏格(Vandenberg, 1971)。

還原 (reduction)

　　還原是科技術語，用來描述現象學的設計，讓我們發現梅洛-龐蒂(Merleau-Ponty, 1962)所謂的生活世界的自然洪流。要達到了解某件事的本質性結構，我們需要藉由某種還原來加以反思，有幾種

層次或類型的還原是顯著的。首先，還原涉及喚醒對世界上神秘信仰的好奇與驚訝的深奧感受，而這種基本的驚奇可激發個人質問在世界上所經驗的意義。其次，在還原中，需要克服個人的主體性或私自的感覺、偏好、意向、或期望，那些將使人免於用生活中經歷的現象或經驗來獲致術語。第三，在還原中，必須除去理論或科學的概念與主題化，那些覆蓋我們希望研究的現象，也會使我們無法在非抽象化的方式中看到現象。第四，在清晰地保留於記憶中之形相的(eidetic)還原中，需要看過去或經由存在經驗的獨特經驗導向全體普遍性、本質或依存在其他生活經驗具體面的文化內涵(eidos)。梅洛–龐蒂(Merleau-Ponty, 1964a)強調（或許不像胡塞爾(Husserl)），我們不應該將還原視為它本身的結束。而是將還原視為達到結束的手段：是以豐富而深奧的方式回到世界。還原是「企圖超過意識中不能反思的生活使其達到反思」(the ambition to make reflection emulate the unreflection life of consciousness)。

關係性 (relationality)

參考我們與其他人的生活關係（參見「詮釋現象學的反思」(Hermeneutic Phenomenological Reflection)一章，pp. 128-131）。

語意學 (semiotics)

語意學是記號的科學（在北美是”semiotics”，在法國、歐洲是”semiology”），是結構論在文學研究、語意人類學等的應用。在《新科學》(The New Science)中，維高(Vico, 1725)建議人類藉由建構世界、社會與機構等，依照心靈結構的心智語言來創造自己與其世界（神話地、詩歌地、符號地）。事物的真正特性並不是依賴它們本身，而是在我們建構並從中知覺到的關係中。瑞士的語言學家梭塞爾(Ferdinand de Saussure)進一步提及，一個字(記號)的意義不是依賴一些實存的相互關係，他辯稱記號化的意義是表徵記號之

間差異性的武斷關係品質(Ray, 1984)。

　　文本或記號與他們的結構關係是語意學研究的主體。依據語意
學，真實外在世界沒有無辜的、純潔的或原始的經驗。為了使我們
可以經驗到它，我們「編碼」(encode)我們的世界經驗，而沒有中
立的文本。這種編碼產生某些型態，因此巴席斯(Barthes)提出結
論，寫作是所有的型態，是一個高度樣式化的活動(Sontag, 1982)。
巴席斯的批判性閱讀與寫作可被解釋為朝向解構移動，例如：現代
社會如何以其自身的意象在編輯實體中存在。一旦這個實體因此被
製造出來，我們就得相信那就是唯一可能的實體。

　　從語意學的觀點來看，任何社會行為或實際的記號，可能以文
本或某種語言來讀。舉例來說，沒有人僅僅只是談話，每一個演說
動作的展示是經由語言、姿勢、語音、穿著、姿態、髮型、臉部表
情、社會背景等等之上、之前、之後、之旁，甚至於是與單一字句
實際所說的來展示。同樣地，我們周遭的每一件事都有系統地與某
件對我們有意義的事來溝通，而因此可以說世界就像一個文本。戴
瑞達(Derrida)曾經提供一個有影響力的取向為語意學的寫作。在他
的文法學(寫作科學)中，他辯稱我們的標誌中心論與我們傾向處理
口語是主要的寫作語言，使我們承諾虛偽化的「現有存在的後設物
理」(metaphysics of presence)(1976)。它是基於我們最終可以
與每一個其他人及其他事情面對面。根據戴瑞達這個「現有存在」
(presence)的信念，表達一個渴望的期盼，儘管我們總有片斷的、
不完全的經驗，總是有理由去堅持補救與證明整體的存在，而且是
對於唯一性、本質、基礎或客觀實體中的信仰的最終想法。身為讀
者與解釋者，戴瑞達提出文本的解構性分析：雙重閱讀顯出這些方
式的影響，如：辯稱文本稱其自身的前提為問題。

空間（spatiality）

參考「生活空間」（lived space）（參見「詮釋現象學的反思（Hermeneutic Phenomenological Reflection）」一章，pp. 126-131）。

符號互動論（symbolic interactionism）

符號互動論是社會心理學的一個理論觀點，最初源於米德(Mead, 1967)與芝加哥學派(Chicago School)，主要的倡議者是柏蘭姆(Blumer, 1969)。符號互動論者了解社會實體是彼此互動的人們之間的複雜網絡，他們在社會世界中象徵性地解釋他們的行動。其方法論的規則是，社會實體與社會應該從行動者解釋他們的世界與社會互動的觀點來了解，它被應用在角色行為與知覺的研究中，它在實證研究的興趣是導向格拉塞與史特勞斯(Glaser & Strauss,1967)的「紮根理論方法」(grounded theory method)。

從符號互動論的觀點，人類意圖在他們相信別人如何對他們的行為基礎上來行動，而且他們的自我知覺與感受也朝向他們認為別人如何看他們，對他們的感覺如何來調整。在教育上，這個原則至今已被古典研究視為教師知覺孩童所謂的比馬龍效應(Pygmalion effect)，那些知覺在孩子感受自我與學術能力上的效應。簡單地說，符號互動論者研究我們如何看自己（自我定義），如何看別人（人際知覺）以及我們如何認為別人看我們之間的功能性關係。

高弗曼(Goffman, 1959)的編劇法取向是符號互動論者方法的分支，包含行動者每日互動的細微分析。他以舞台或戲院的隱喻，緊密類比的做這項社會學工作，他描述行動者「在互動中的自我」(self in interaction)，示範出社會關係與社會實體的不確定性（可同樣在俗民方法論(ehnomethodology)中看到）。

暫時性 (temporality)

參考「生活時間」(lived time)（參見「詮釋現象學的反思 (Hermeneutic Phenomenological Reflection)」一章，pp. 128-131）。

參 考 書 目

Arato, A. and Eike Gebhardt. (1978). *The essential Frankfurt School reader.* New York: Urizen Books

Ariès, P. (1962). *Centuries of childhood.* New York: Random House.

Aristotle(1941). The basic works. (R. McKeon, ed.) New York: Random House.

Auden, W.H. (1967). A short defense of poetry. Address given at a round-table conference on *Tradition and innovation in contemporary literature,* The International PEN Conference, October 1967, Budapest.

Baldursson, S. (1988). *Technology, computer use, and the pedagogy of writing* Unpublished Dissertation. Edmonton: The University of Alberta.

Barrett, W. (1978). *The illusion of technique.* New York: anchor Press.

Barritt, L., A.J. Beekman, H. Bleeker, and K. Mulderij (1983). Analyzing *phenomenological descriptions. Phenomenology + Pedagogy.* Vol. 2, NO. 1, pp. 1-17.

Barthes, R. (1975). *The pleasure of the text.* New York: Hill and Wang.

Barthes, R. (1986). *The rustle of language.* New York: Hill and Wang.

Beekman, A.J. (1975). *Dienstbaar inzicht: opvoedingswetenschap als sociale planwetenschap.* Groningen: H.D. Tjeenk Willink.

Beekman, A.J. and K. Mulderij. (1977). *Beleving en ervaring: werkboek Fenomenologie voor de sociale wetenschappen.* Amsterdam: Boom Meppel.

Beets, N. (1952). *Verstandhouding en onderscheid. Amsterdam:* Boom Meppel.

Bergum, V. (1986). *The phenomenology from woman to mother.*

Unpublished Dissertation. Edmonton: The University of Alberta.

Bettelheim, B. (1975). *The uses of enchantment.* New York: Knopf.

Binswanger, L. (1963). *Being in the world.* London: Souvenir Press.

Blaman, A. (1963). *Verhalen.* Amsterdam: Meulenhoff.

Bleeker, H. and K. Mulderij. (1978). *Kinderen buiten spel.* Amsterdam: Boom Meppel.

Bleeker, H. and K. Mulderij. (1984). *Pedagogiek op je knieën.* Amsterdam: Boom Meppel.

Blum, A. (1978). *Socrates: the original and its images.* Boston: Routledge & Kegan paul.

Blum, A. and P. McHugh. (1984). *Self-reflection in the arts and sciences.* Atlantic Highlands: Humanities Press.

Blumer, H. (1969). *Symbolic interactionism: perspective and method.* Englewood Cliffs, N.J.: Prentice Hall.

Bollnow, O.F. (1960). Lived-space. *Universitas.* Vol.15, NO.4, pp.31-39.

Bollnow, O.F. (1970). *Die pädagogische Atmosphäre.* Heidelberg : Quelle & Meyer.

Bollnow, O.F. (1974). The objectivity of the humanities and the essence of truth. *Philosophy Today,* Vol.18, 1/4, pp. 3-18.

Bollnow, O.F. (1982). On silence—findings of philosophico-pedagogical anthropology. *Universitas.* Vol. 24, No.1, pp. 41-47.

Bollnow, O.F. (1987). *Crisis and new beginning.* Pittsburgh: Duquesne University Press.

Bowlby, J. (1978).*Attachment and loss.* (3volumes). New York: Penguin Books.

Brown, N.O. (1966). *Love's body.* New York: Harper and Row.

Buber, M. (1970). *Voordrachten over opvoeding & autobiografische fragmenten.* Utrecht: Bijleveld.

Burch, R. (1986). Confronting technophobia: a topology. *Phenomenology +*

233

Pedagogy, Vol. 4 No.2, pp. 3-21.

Buytendijk, F.J.J. (1947). *Het kennen van de innerlijkheid.* Utrecht: N.V.Dekker & van de Vegt.

Buytendijk, F.J.J. (1962). *De psychologie van de roman: studies over* Dostojevski. Utrecht: Aula Boeken.

Buytendijk, F.J.J. (1988). The first smile of the child. *Phenomenology +* *Pedagogy,* Vol. 6, No.1, pp.15-24.

Cairns, H. (1971). Introduction. *Plato, the collected dialogues.* E. Hamilton and H. Cairns(eds.) Princeton, N.J.: Princeton University Press.

Canetti, E. (1978). *Auto Da Fé.* London: Pan Books.

Chesler, P. (1979). *With child: A diary of motherhood.* New York: Crowell.

Dauenhauer, B.P. (1980). *Silence: the phenomenon and its ontological significance.* Bloomington: Indiana University Press.

De Boer, T. (1980). Inleiding. *Edmund Husserl: filosofie als strenge wetenschap.* T. de Boer (ed.). Amsterdam: Boom Meppel.

Derrida, J. (1976). *Of grammatology. Baltimore,* Maryland: The john Hopkins University press.

Derrida, J. (1978). *Writing and difference.* Chicago: The University of Chicago Press.

Dienske, I. (1987). *Terugkeren en verdergaan.* Unpublished Dissertation. Utrecht: The Rijksuniversiteit van Utrecht.

Dilthey, W. (1976). (H.P. Rickman, editor) *Dilthey: selected writings.* Cambridge: Cambridge University Press.

Dilthey, W. (1985). *Poetry and experience.* Selected Works, Vol. V, Princeton, N.J.: Princeton University Press.

Dilthey, W. (1987). *Introduction to the human sciences.* Toronto: Scholarly Book Services.

Edie, J.M. (1965). *An invitation to phenomenology.* Chicago: Quadrangle Books.

Eliot, G. (1871/1988). *Middlemarch.* New York: Penguin Books.

Evans, R. (1989). *Ministrative insight: educational administration as pedagogic practice.* Unpublished Dissertation. Edmonton: The University of Alberta.

Fadiman, C. (ed.) (1985). *The Little, Brown book of anecdotes,* Boston: Little, Brown.

Flitner, A. (1982). Educational science and educational practice. *Education.* Vol. 25, pp. 63-75.

Ford, J. (1987). *The experience of living with the history of a heart attack.* Unpublished Dissertation. Edmonton: The University of Alberta.

Foucault, M. (1977). *Language, counter-memory, practice.* New York: Cornell University Press.

Freire, P. and D.Macedo. (1987). *Literacy: reading the word and the world.* South Hadley, Mass.: Bergin and Garvey.

Gadamer, H.-G. (1975). *Truth and method.* New York: Seabury.

Gadamer, H.-G. (1976). *Philosophical hermeneutics.* Berkeley: University of California Press.

Gadamer, H.-G. (1986). *The relevance of the beautiful and other essays.* Cambridge: Cambridge University Press.

Garfinkel, H. (1967). *Studies in ethnomethodology.* Englewood Cliffs, N.J.: Prentice-Hall.

Geertz, C. (1973). *The interpretation of cultures.* New York: Basic Books.

Giorgi, A. (1970). *Psychology as a human science: a phenomenologically based approach.* New York: Harper and Row.

Giorgi, A. (1985). Sketch of a psychological phenomenological method. *Phenomenology and psychological Research.* A. Giorgi (ed.). Pittsburgh: Duquesne University Press.

Glaser, B.G. and A.L. strauss. (1967). *The discovery of grounded theory: strategies for qualitative research.* Chicago: Aldine.

Goethe, W. (1963). *Goethe's world view, presented in his reflections and maxims.* New York: Frederick Ungar.

Goffman, E. (1959). *The presentation of self in everyday life.* New York: Doubleday.

Greene, M. (1978). *Landscapes of learning.* New York: Teachers College Press.

Gusdorf, G. (1965). *Speaking (La Parole).* Evanston: Northwestern University Press.

Habermas, Jürgen. (1971). *Knowledge and human interests.* Boston: Beacon Press.

Harlow, H.F. and M.K. Harlow (1965). *The affectional systems. Behavior of non-human primates,* 2.A.M. Schrier, H.F.Harlow, and F.Stollowitz(eds.). New York: Academic Press.

Hart, R. (1979). *Children's experience of place.* NewYork: Irvington.

Hegel, G.W.F. (1977). *The phenomenology of mind.* New York: Humanities Press.

Heidegger, M. (1962). *Being and time.* New York: Harper and Row.

Heidegger, M.(1968). *What is called thinking?* New York: Harper and Row.

Heidegger, M. (1971). *Poetry, language, thought.* New York: Harper and Row.

Heidegger, M. (1977). *Basic Writings.* NewYork: Harper and Row.

Herakleitos and Diogenes. (1979). *Herakleitos & Diogenes.* (Translated from the Greek by Guy Davenport.) San Francisco, Cal.: Grey Fox Press.

Hintjes. J. (1981). *Geesteswetenschappelijke pedagogiek.* Amsterdam: Boom Meppel.

Hirsch, E.D. (1967). *Validity in interpretation.* New Haven, Conn.: Yale University Press.

Hoy, D. (1978). *The critical circle.* Berkeley: University of California

236

Press.

Hultgren, F.H. (1982). *Reflecting on the meaning of curriculum through a hermeneutic interpretation of student-teaching experiences in home economics.* Unpublished Dissertation. Pennsylvania State University.

Hunsberger, M. (1982). *The encounter between reader and text.* Unpublished Dissertation. Edmonton: The University of Alberta.

Husserl, E. (1911/80). *Filosofie als strenge wetenschap.* Amsterdam: Boom Meppel.

Husserl, E. (1913/82). *Ideas pertaining to a pure phenomenology and to a Phenomenological philosophy: general introduction to a pure phe-nomenology.* The Hague: Martinus Nijhoff.

Husserl, E. (1964). *The phenomenology of internal time-consciousness.* Bloomington: Indiana University Press.

Husserl, E. (1970a). *The crisis of European sciences and transcendental phenomenology.* Evanston: Northwestern University Press.

Husserl, E. (1970b). *The idea of phenomenology.* The Hague: Martinus Nijhoff.

Ihde, D. (1979). *Technics and praxis.* Boston: D.Reidel.

Jager, B. (1975). Theorizing, journeying, dwelling. *Phenomenological psychology.* Vol. 11, pp.235-260.

Juhl, P.D. (1986). *Interpretation: an essay in the philosophy of literary criticism.* Princeton, N.J.: Princeton University Press.

Kant, I. (1964). *Critique of pure reason.* New York: Everyman's Library.

Kierkegaard, S. (1983). *Fear and trembling, repetition.* Princeton, N.J.: Princeton University Press.

Klein, E. (1971). *Klein's comprehensive etymological dictionary of the English Language.* Amsterdam: Elsevier.

Kristeva, J. (1980). *Desire in language: a semiotic approach to literature and art.* New York: Columbia University Press.

Langeveld, M.J. (1965). *Beknopte theoretische pedagogiek.* Groningen: Wolters.

Langeveld, M.J. (1967). *Scholen maken mensen.* Purmerend: J. Muusses.

Langeveld, M.J. (1971). *Erziehungskunde und Wirklichkeit.* Braunschweig: Georg Westermann Verlag.

Langeveld, M.J. (1983a). The stillness of the secret place. *Phenomenology + Pedagogy,* Vol. 1, No. 1, pp.11-17.

Langeveld, M.J. (1983b). the secret place in the life of the child. *Phenomenology + Pedagogy.* Vol. 1, No. 2, pp.181-189.

Langeveld, M.J.(1984). How does the child experience the world of things? *Phenomenology + Pedagogy,* Vol. 2, No. 3, pp. 215-223.

Langeveld, M.J. (1987). What is the meaning of being and having a father? *Phenomenology + Pedagogy,* Vol. 5, No. 1, pp. 5-21.

Lasch, C. (1979). *The culture of narcissism.* New York: Warner.

Levinas, E. (1981). *Otherwise than being or beyond essence.* The Hague: Martinus Nijhoff.

Linschoten, J. (1953). Aspecten van de sexuele incarnatie. *Persoon en wereld.* J.H. van den Berg and J. Linschoten (eds.). Utrecht: Erven J. Bijleveld.

Linschoten, J. (1953). Nawoord. *Persoon en wereld.* J.H. Van den Berg and J. Linschoten (eds). Utrecht: Erven J. Bijleveld.

Litt, Th. (1967). *Führen oder Wachsenlassen.* Stuttgart: Ernst Klett Verlag.

Maeda, C. (1986). Falling asleep. *Phenomenology + Pedagogy,* Vol. 4, No. 1, pp.43-52.

Marcel, G. (1949). *Being and having.* London: The Dacre Press.

Marcel, G. (1950). *Mystery of being.* Volume 1 and 2. South Bend, Indiana: Gateway Editions.

Marcel, G. (1978). *Homo viator.* Gloucester, MA: Smith.

McHugh, P., S. Raffel, D.C. Foss, and A.F. Blum. (1974). *On the beginning of Social inquiry*. London: Routledge & Kegan Paul.

Mead, G.H. (1967). *The philosophy of the act*. Chicago: The University of Chicago Press.

Megill, A. (1985). *Prophets of extremity: Nietzsche, Heidegger, Foucault, Derrida*. Berkeley: University of California Press.

Mehan, H. (1974). Accomplishing classroom lessons. *Language use and school performance*. A.V. Cicourel, K.H. Jennings, S.H.M. Jennings, K.C.W. Leiter, R.Mackay, H.Mehan, and D.R.Roth. New York: Academic Press.

Merleau-ponty, M. (1962). *Phenomenology of perception*. London: Routledge & Kegan Paul.

Merleau-Ponty, M. (1964a). *The primacy of perception*. Evanston: Northwestern University Press.

Merleau-Ponty, M. (1964b). *Signs*. Evanston: Northwestern University Press.

Merleau-Ponty, M. (1968). *The visible and the invisible*. Evanston: Northwestern University Press.

Merleau-Ponty, M. (1973). *The prose of the world*. Evanston: Northwestern University Press.

Milne, A.A. (1979). *When we were very young*. Toronto: McClelland & Stewart.

Mollenhauer, K. (1983). *Vergessene Zusammenhänge*. München: Juventa Verlag.

Mollenhauer, K. (1986). *Umwege: über Bildung, Kunst und Interaktion*. München: Juventa Verlag.

Mood, J.J.L. (1975). *Rilke on love and other difficulties*. New York: Norton.

Nietzsche, F. (1873/1954). *On truth and lie in an extra-moral sense*. Nietzsche. W. Kaufmann (ed.). New York: The Viking Press.

Nietzsche, F. (1962). *Philosophy in the tragic age of the Greeks.* Chicago: Regnery.

Nietzsche, F. (1984). *Human, all too human: a book for free spirits.* Cambridge: Cambridge University Press.

Nohl, H. (1967). *Ausgewählte pädagogische Abhandlungen.* Paderborn: Ferdinand Schöningh.

Olson, C. (1986). *How can we understand the life of illness?* Unpublished Dissertation. Edmonton: The University of Alberta.

Ong, W.J. (1967/81). *The presence of the word.* Minneapolis: University of Minnesota Press.

Ong, W.J. (1971). *Rhetoric, romance and technology: studies in the interaction of expression and culture.* Ithaca: Cornell University Press.

Ong, W.J. (1982). *Orality and literacy: the technologizing of the word.* New York: Methuen.

Perquin, N, (1964). *Pedagogiek.* Roermond: J.J. Romen en Zonen.

Palmer, R. (1969). *Hermeneutics.* Evanston: Northwestern University Press.

Plato (1961). *The collected dialogues.* (E. Hamilton and H. Cairns, eds.) Princeton, N.J.: Princeton University Press.

Polanyi, M. (1958). *Personal knowledge.* Chicago: The University of Chicago Press.

Polanyi, M. (1969). *Knowing and being.* Chicago: The University of Chicago Press.

Pollock, L.A. (1983). *Forgotten children: parent-child relations from 1500 to 1900.* Cambridge: Cambridge University Press.

Progoff, I. (1975). *At a journal workshop: the basic text and guide for using the intensive journal.* New York: Dialogue House Library.

Ray, W. (1984). *Literary meaning: from phenomenology to deconstruction.*

Oxford: Basil Blackwell.

Ricoeur, P. (1976). *Interpretation theory: discourse and the surplus of meaning.* Fort Worth, Texas: The Texas Christian University Press.

Ricoeur, P. (1981). *Hermeneutics and the human sciences.* New York: Cambridge University Press.

Rilke, R.M. (1977). *Possibility of being: A selection of poems.* New York: New Directions.

Robinson, M. (1980). *Housekeeping.* New York: Farrar Straus Giroux.

Rorty, R. (1979). *Philosophy and the mirror of nature.* Princeton, N.J.: Princeton University Press.

Rosen, H. (1986). *The importance of story.* Language Arts. Vol.63, No.3, pp. 226-237.

Rosen, S. (1969). *Nihilism.* New Haven: Yale University Press.

Rousseau, J.-J. (1969). *Emile.* New York: Dutton.

Rousseau, J.-J. (1980). *The Confessions.* Norwalk, Conn.: The Easton Press.

Sartre, J.P. (1956). *Being and nothingness.* New York: Philosophical Library.

Sartre, J.P. (1977). *Life/situations: essays written and spoken.* New York: Panteon Books.

Schaffer, R. (1977). *Mothering.* Cambridge, Mass.: Harvard University Press.

Scheler, M. (1970). *The nature of sympathy.* Hamden, Conn.: Archon Books.

Schleiermacher, F.E.D. (1964). *Ausgewählte pädagogische Schriften.* Paderborn: Ferdinand Schöningh.

Schleiermacher, F.E.D. (1977). *Hermeneutics: the handwritten manuscripts.* Missoula, Mont.: Scholars Press.

Schutz, A. (1972). *The phenomenology of the social world.* London:

Heinemann Educational Books.

Schutz, A. and T. Luckmann. (1973). *The structures of the life-world*. Evanston: Northwestern University Press.

Silverman, H.J. (1984). Phenomenology: from hermeneutics to deconstruction. *Research in Phenomenology*, Vol. XIV, pp. 19-34.

Silverman, H.J. and D. Ihde. (eds.) (1985). *Hermeneutics & deconstruction*. New York: State University of New York Press.

Sloterdijk, P. (1983). *Kritik der zynischen Vernunft*. Vols. 1&2. Frankfurt am Main: Suhrkamp Verlag.

Smith, D.G. (1984). *A hermeneutic of the language of living with children*. Unpublished Dissertation. Edmonton: The University of Alberta.

Smith, S. (1989). *Risk and the playground*. Unpublished Dissertation. Edmonton: The University of Alberta.

Sontag, S. (1982). Writing itself: on Roland Barthes. *A Barthes reader*. S. Sontag (ed.). Toronto: McGraw-Hill Ryerson.

Spiegelberg, H. (1982). *The phenomenological movement*. The Hague: Martinus Nijhoff.

St. Augustine. (1960). *The confessions*. New York: Doubleday.

Strasser, S. (1974). *Phenomenology and the human sciences*. Pittsburgh: Duquesne University Press.

Strasser, S. (1985). *Understanding and explanation*. Pittsburgh: Duquesne University Press.

Straus, E.W. (1966). *Phenomenological psychology*. New York: Basic Books.

Straus, E.W. (1982). *Man, time, and world*. Pittsburgh: Duquesne Unviersity Press.

Styron, W. (1980). *Sophie's Choice*. New York: Random House.

Suransky, V. Polakow. (1982). *The erosion of childhood*. Chicago: The University of Chicago Press.

Truffaut, F. (1976/81). *Small Change*. New York: Warnet Bros. Video.

Van den Berg, J.H. and J. Linschoten (eds.) (1953). *Persoon en wereld*. Utrecht: Erven J. Bijleveld.

Van den Berg, J.H. (1972). *A different existence*. Pittsburgh: Duquesne University Press.

Vandenberg, D. (1971). *Being and education*. Englewood Cliffs, N.J.: Prentice-Hall.

Van Manen, M. (1979). The Utrecht School: an experiment in educational theorizing. *Interchange*. Vol. 10, No. 1, pp. 48-66.

Van Manen, M. (1979). The phenomenology of pedagogic observation. *The Canadian Journal of Education*. Vol. 4, No. 1, pp. 5-16.

Van Manen, M. (1982a). Phenomenological pedagogy. *Curriculum Inquiry*. Vol. 12, No. 3, pp. 283-299.

Van Manen, M. (1982b). Edifying theory: serving the Good. *Theory into practice,* Vol. XXI, No. 1, Winter, pp. 44-49.

Van Manen, M. (1985). The phenomenology of the novel, or how do novels teach? *Phenomenology + Pedagogy*, Vol. 3, No.3, pp.177-187.

Van Manen, M. (1986). *The tone of teaching*. Richmond Hill, Ont.: Scholastic-TAB.

Van Manen, M. (1988). The tact of teaching. *Human Science Monograph*. Edmonton: Faculty of Education. The University of Alberta.

Verhoeven, C. (1987). *De letter als beeld*. Baarn: Ambo.

Wilson, B.R. (ed.) (1970). *Rationality.* New York: Harper & Row.

Wittgenstein, L. (1982). *Last writings on the philosophy of psychology,* Vol. 1. Oxford: Basil Blackwell.

Wolcott, H.F. (1988). Adequate schools and inadequate education: the life history of a sneaky kid. *Complementary methods for research in education*. R.M. Jaeger(ed.). Washington, D.C.: American Educational Research Association.

Woolf, V. (1932). *The common reader,* Vol. 1. Honolulu, HI: Hogarth.

Zaner, R.M. (1964). *The problem of embodiment.* The Hague: Martinus Nijhoff.

名詞索引
INDEX

B

C

D

E

F

H

J

K

L

S

國家圖書館出版品預行編目資料

探究生活經驗:建立敏思行動教育學的人文科學/
Max van Manen原著;高淑清, 連雅慧,林月琴譯.
— 初版.—嘉義市: 濤石文化, 2004〔民93〕
    面;   公分   參考書面:面   含索引
    譯自:Researching lived experience:
human science for an action sensitive
pedagogy, 2nd ed.
  ISBN 957-29085-3-7(平裝)
1. 教育-研究方法 2.教學法 3.現象學 4.解釋學
520.31   93000696

探究生活經驗

建立敏思行動教育學的人文科學

作　　者：MAX VAN MANEN *The University of Alberta*
總 校 閱：高淑清
譯　　者：高淑清、連雅慧、林月琴
出 版 者：濤石文化事業有限公司
發 行 人：陳重光
責任編輯：郭玉滿
封面設計：白金廣告設計　梁淑媛
地　　址：嘉義市台斗街57-11號3F-1
登 記 證：嘉市府建商登字第08900830號
電　　話：(05)271-4478
傳　　真：(05)271-4479
戶　　名：濤石文化事業有限公司
郵撥帳號：31442485
印　　刷：鼎易印刷事業股份有限公司
初版一刷：2004年2月（1-1000）　初版二刷：2005年7月（1-1000）
ＩＳＢＮ：　957-29085-3-7（平裝）
總 經 銷：揚智文化事業股份有限公司
定　　價：新台幣360元
E-mail ：waterstone@giga.com.tw
http://home.kimo.com.tw/tw_waterstone

研究方法 01

行動研究：生活實踐家的研究錦囊

Jean McNiff & Pamela Lomax & Jack Whitehead ◎著
吳美枝、何禮恩 ◎譯者
吳芝儀 ◎校閱
定價 320元

　　近數年來，台灣的教育體系在新世紀教育改革理念的引領推動之下，各項教育政策不斷推陳出新，令人目不暇給。最受到大眾廣泛關切的無疑是最基礎且影響最為深遠的國民教育階段之變革。從開放教育、自學方案、多元評量、多元入學、小班教學、九年一貫、基本學力測驗等各項方案，無一不對國民教育階段的課程、教學、評量與行政組織等，產生激烈的衝擊。

　　鼓勵教師針對個人教育實務工作上所面臨的各類問題，思考其癥結和解決的方法，提出有助於改善現況的具體行動策略，實施行動策略並進行形成性評鑑以修正策略，透過總結性評鑑以彰顯實施成效，並在整個行動過程中省思個人的專業成長等，一系列行動研究(action research)的循環過程，則是促使教師能秉其專業知能設計課程與建構教學的最有效方法。

　　本書『行動研究－生活實踐家的研究錦囊』關注行動研究的各個階段，並採取一個實務工作者－研究者的取向（從行動計畫到書寫報告），提供一些具體有用的建議，包括蒐集、處理與詮釋資料的議題，以及行動研究報告的評鑑標準等。本書的實務取向將鼓舞讀者嘗試新的行動策略來改善他們自身的實務工作，並持續尋求更好的專業發展。致力於以行動研究促成台灣教育和社會的革新與進步！

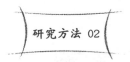

質性教育研究：理論與方法

Robert C. Bogdan & Sari Knopp Biklen ◎著

黃光雄 ◎主編/校閱

李奉儒、高淑清、鄭瑞隆、林麗菊

吳芝儀、洪志成、蔡清田 ◎譯

定價 450元

　　本書是「質性教育研究：理論與方法」的第三版。本書從第一版到第三版的數年之間，教育研究發生了相當大的變遷。「質性研究」一詞在二十年來逐漸增加其影響力，持續不斷地發展，也獲致了豐碩的研究成果。1990年代以降，質性研究取向吸引了更多曾經接受過量化研究訓練的人，也開始提倡質性研究應該要比早期的方法更具結構性、且更系統化－強調質性研究技術更甚於質性思考方式。同時，其他質性研究者則被強調後現代研究取向的人文學者所吸引，不重視小心謹慎地蒐集實地資料，而更專注於將研究作為透過書寫來表徵的方式，以及研究的策略。

　　本書的目的在於為質性研究在教育上的應用提供一個可理解的背景，檢視其理論根基和歷史淵源，並討論實際進行研究的特定方法，包括研究設計、實地工作、資料蒐集、資料分析、報告撰寫等。本書最後一章則聚焦於質性教育研究之實務應用，討論有關評鑑、行動和實務工作者的研究。我們希望本書對於即將展開質性教育研究的初學者有所幫助，也希望對有經驗的教育研究者而言，這是一本有用的手冊。

紮根理論研究方法

Basics of
Qualitative Research

*Techniques and Procedures
for Developing
Grounded Theory*

Anselm Strauss
Juliet Corbin

質性研究入門
《紮根理論研究方法》

Anselm Strauss & Juliet Corbin ◎著
吳芝儀、廖梅花 ◎譯
定價 400元

　　紮根理論研究(grounded theory study)係由Barney Glaser和
Anselm Strauss在1967年提出，主張「理論」必須紮根於實地中所
蒐集和分析的「資料」之中，特別是有關人們的行動、互動和社會
歷程。即理論係在真實的研究歷程中、透過資料分析和蒐集的不斷
交互作用衍生而來。質性研究者在蒐集和分析資料的過程中常會面
臨許多問題，如：我如何才能理解這些材料呢？我如何才能產生理
論性的詮釋，另一方面又能將詮釋紮根於我的材料中所反映出來的
經驗現實？我如何能確信我的資料和詮釋是有效和可信的呢？我如
何能突破我自己在分析情境中所無法避免的歧見、偏見和刻板化觀
點？我如何將所有的分析單元整合在一起，以對所研究領域產生精
確的理論說明呢？本書的目的，即是在回答與進行質性分析有關的
這些問題，企圖為準備展開其初次質性研究方案的研究者，以及想
要建立實質理論的研究者，提供基本的知識和程序。

研究方法 04

焦點團體訪談

RICHARD A. KRUEGER & MARY ANNE CASEY ◎著

洪志成、廖梅花 ◎譯者

定價 360元

　　質性研究法逐漸成為我國研究生偏好的研究方法之一。較之實地(field)觀察，訪談是一種簡便且可快速蒐集到資訊的策略，但稍不慎重則易流於下列缺失：

第一：提問之問題明顯受研究者既有思考架構所導引，忽略了
　　　參與者真實的經驗或意見；

第二：受訪者的招募不恰當。常見的缺失是將方便抽樣視為立
　　　意取樣，而未針對關鍵的訊息提供者(informants)進行
　　　訪談；

第三：參與者因故無法或不願意完整地回應受訪的問題。

　　本書介紹焦點團體訪談法(focusgroup interviewing)，特別針對上述常見缺失，提供實用的理念與明確的實施步驟；同時兼顧到如何引導研究參與者，透過團體互動來自我表露。藉由這個歷程，研究者得以窺見一些無從親身經歷的真實世界...。

研究方法 06

單一受試者研究

在教育與臨床情境中的應用

Stephen B Richards & Ronald L.Taylor &

Rangasamy Ramasamy & Rhondaa Y. Richards ◎著

王文科 ◎總校閱

吳勝儒、鄭翠娟、莊育芬、王志全、唐詠雯

王淑仙、唐紀絮、謝協君 ◎等譯

定價 480元

　　對於本書，我們先提供一些取向。無庸置疑地，有些人渴望獲得超過某種程度的複雜性勝過於這些強調的議題。研究文獻包含了一些實例和討論的資源，包括每個主要單一受試設計的每一個實際面、應用行為分析和資料過程的分析。我們的目的是提供給可能還不是單一受試研究專家的讀者，普遍地了解文獻之必要訊息及發展單一受試研究。所謂普遍地，就是讀者必須獲得知識，以了解設計、實行的過程和評鑑單一受試研究計劃。每一位研究者必須廣泛地回顧文獻，以獲得與她或他的研究中相關之特定的標的行為、個體、介入和環境訊息。我們確信我們提供了足夠的例子和實例，以了解有用的變化，但是實際上，對於任何適用之有潛力研究之選擇，可能尚未〝涵蓋所有的基礎〞。

　　本書主要適用於教育/臨床機構。當然包括了老師和相關的專業服務，例如語言臨床專家。我們避免任何明顯的討論使用於工業上應用，或是有藥物成癮和濫用成人之單一受試設計，雖然這些研究的例子被發表過，且和特定的讀者有關。單一受試研究的用途廣泛，及可用於許多不同的情況，然而我們的焦點是著重於有障礙的孩童、青年和成人。